京都大学アフリカ研究シリーズ 017

海をわたるアラブ
－東アフリカ・ザンジバルを目指した
ハドラミー移民の旅－

朝田 郁

The Arabs across the Ocean
Travels of Hadhrami Immigrants Headed for Zanzibar in East Africa
Akira Asada

目次

第 I 部　序論　1

第 1 章　東アフリカのアラブ移民　3
1.1　問題点と解決方法 4
　1.1.1　ハドラミー研究の現状 4
　1.1.2　先行研究における限界点 5
　1.1.3　解決方法 5
　1.1.4　本研究の位置付け 6
1.2　課題設定 7
1.3　調査期間と研究方法 7
　1.3.1　調査期間 8
　1.3.2　調査方法 8
1.4　論展開と表記法 9
　1.4.1　本書の章構成 9
　1.4.2　用語と個人情報の扱い 10

第 II 部　インド洋海域世界とザンジバル　13

第 2 章　イスラーム都市ザンジバルの素描　15
2.1　地理背景：海域世界におけるザンジバル 16
　2.1.1　3 つの大きな島 16
　2.1.2　海でつながる世界 18
2.2　宗教と分派：枝分かれするイスラーム 20
　2.2.1　ハドラミーとスンナ派 21
　2.2.2　オマーン系住民とイバード派 23
　2.2.3　インド系住民とシーア派 24
2.3　ザンジバル史：イスラーム都市国家の興亡 25
　2.3.1　史料における東アフリカ沿岸部のイスラーム都市（14 世紀まで）.....26
　2.3.2　ポルトガルのインド洋進出（15–16 世紀）....................... 27
　2.3.3　海洋帝国オマーンの台頭（17–18 世紀）........................... 28
　2.3.4　イギリスの進出とハドラミー（19–20 世紀）................... 29
　2.3.5　独立と革命，そしてタンザニア成立（現代まで）........... 32
2.4　おわりに 35

第 3 章 ザンジバル住民のエスニシティ　37

3.1 ザンジバル住民をどのようにカテゴライズするか ……38
3.1.1 コロニアル・レポート ……38
3.1.2 ザンジバル革命以前の国勢調査 ……39
3.1.3 資料の性質と住民のエスニシティ観 ……41
3.2 ザンジバルのアラブにおける 2 つの下位集団 ……41
3.2.1 アラブを代表するオマーン系住民 ……41
3.2.2 シフル人としてのハドラミー ……42
3.2.3 アラブ，マンガ，そしてシフル人として ……44
3.3 アフリカ系住民：スワヒリ人とシラズィ ……44
3.3.1 スワヒリ人とは誰か ……45
3.3.2 シーラーズィー伝承と諸集団 ……47
3.3.3 ザンジバルのアフリカ系住民とは ……50
3.4 様々な移住者たち：コモロ系住民とインド系住民 ……50
3.4.1 コモロ諸島からの移住者 ……50
3.4.2 インド系住民の移住と流出 ……51
3.4.3 アフリカ系とアラブ系のはざまで ……52
3.5 エスニシティの操作をめぐる問題 ……52

第 III 部　ハドラミー移民の生きる世界　55

第 4 章　海をわたるハドラミー　57

4.1 移住活動の背景 ……58
4.1.1 ハドラミーの故郷ハドラマウト ……58
4.1.2 インド洋におけるハドラミー移民史 ……60
4.2 インド洋西海域の海上ネットワーク ……62
4.2.1 ザンジバルを目指したハドラミー ……62
4.2.2 東アフリカ沿岸部における海運とダウ船 ……64
4.2.3 あるハドラミー移民の旅 ……66
4.3 移民のライフ・ストーリー ……69
4.3.1 ライフ・ストーリーとライフ・ヒストリー ……70
4.3.2 移民第一世代のライフ・ストーリー ……71
4.3.3 移民第二世代のライフ・ストーリー ……74
4.4 考察 ……78
4.4.1 ハドラミーの移住活動における共通性 ……78
4.4.2 インド洋西海域とイギリス ……80

4.4.3　インド洋の東西における相違 84
　4.5　おわりに 85

第5章　アイデンティティの周辺　　　　　　　　　　　　　　87
　5.1　ハドラミー移民のための協会 88
　　　5.1.1　革命前に存在した2つの協会 88
　　　5.1.2　ヤミーン慈善協会 90
　　　5.1.3　協会の過去と現在 94
　　　5.1.4　協会の存在目的と民族的アイデンティティ 95
　5.2　ハドラミーと社会階層 95
　　　5.2.1　カビーラと家名 96
　　　5.2.2　ハドラミーの階層性とは 100
　5.3　アイデンティティ分析 102
　　　5.3.1　データ分析の導入 103
　　　5.3.2　世代と民族的アイデンティティ 104
　　　5.3.3　世代とアラビア語運用力 108
　　　5.3.4　アラビア語と民族的アイデンティティ 112
　　　5.3.5　データ分析で何が明らかになったのか 113

第6章　ハドラミーのザンジバル革命　　　　　　　　　　　　115
　6.1　革命の経緯 116
　　　6.1.1　革命前夜 116
　　　6.1.2　革命勃発 120
　　　6.1.3　革命後 122
　6.2　革命をめぐる言説 123
　　　6.2.1　革命の当事者による著作 123
　　　6.2.2　政府による刊行物 124
　　　6.2.3　現地で出版された一般書 124
　6.3　ハドラミーの見た革命 125
　　　6.3.1　革命前：サーリフ氏の話 126
　　　6.3.2　革命当日：フサイン氏の話 127
　　　6.3.3　革命後：ターハー氏の話 128
　6.4　革命言説がはらむ問題 129
　　　6.4.1　「アラブ」とは誰か 129
　　　6.4.2　「アフリカ人」とは誰か 131
　　　6.4.3　伸縮自在な境界線 134

6.5　その後のザンジバル 135
　　　　6.5.1　日本人の見た革命後のザンジバル 135
　　　　6.5.2　傷口は癒されるのか 136

第Ⅳ部　アラウィー教団とはなにか　　　　　　　　　137

第7章　ザンジバルのアラウィー教団　　　　　　　　　139
　　7.1　ザンジバルのタリーカ概要 140
　　　　7.1.1　カーディリー教団 141
　　　　7.1.2　シャーズィリー教団 143
　　　　7.1.3　リファーイー教団 144
　　7.2　アラウィー教団の成立 145
　　　　7.2.1　アラウィー家とタリーカの成立 146
　　　　7.2.2　スワヒリ・コーストへの定着 148
　　　　7.2.3　アラウィー教団の拠点 149
　　7.3　ザンジバルにおけるアラウィー教団の儀礼 150
　　　　7.3.1　年単位の儀礼 150
　　　　7.3.2　週単位の儀礼 152
　　　　7.3.3　毎日の儀礼 156
　　7.4　タリーカの復活と革新 156
　　　　7.4.1　タリーカに対する批判と改革 157
　　　　7.4.2　アラウィー教団における革新 158

第8章　預言者生誕祭の構造　　　　　　　　　　　　159
　　8.1　マウリディとはなにか 160
　　　　8.1.1　預言者生誕祭とマウリディの歴史背景 160
　　　　8.1.2　スワヒリ・カレンダー 163
　　　　8.1.3　ザンジバルのマウリディを構成する諸要素 165
　　8.2　マウリディを支えるもの 169
　　　　8.2.1　マウリディの主催者たち 169
　　　　8.2.2　マドラサとマウリディ 170
　　8.3　マウリディの規模と性質 172
　　　　8.3.1　政府主催のマウリディ 172
　　　　8.3.2　政治団体・各種協会主催のマウリディ 173
　　　　8.3.3　街区のマウリディ 174
　　　　8.3.4　家族のマウリディ 175
　　　　8.3.5　結婚式のマウリディ 176

8.4　考察 177
　8.4.1　マウリドとマウリディ 177
　8.4.2　ザンジバルのマウリディが担う機能とは 179
8.5　おわりに 181

第9章　タリーカの境界線　　　　　　　　　　　　　　　　183

9.1　メンバーシップをめぐる言説 184
　9.1.1　加入プロセスについての語り 184
　9.1.2　タリーカへの帰属 186
　9.1.3　アラウィー教団と組織としてのタリーカ 187
　9.1.4　イジャーザとメンバーシップ 191
9.2　タリーカの活動に参加する動機 193
　9.2.1　ザンジバル住民における悪霊観 193
　9.2.2　タリーカと民間医療 195
　9.2.3　アラウィー教団が果たす役割とは 198
9.3　考察 199
　9.3.1　タリーカの成立過程 199
　9.3.2　タリーカとイジャーザ 200
　9.3.3　タリーカの多義性 202
　9.3.4　アラウィーというタリーカ 204
9.4　おわりに 207

第V部　結論　　　　　　　　　　　　　　　　　　　　　　211

第10章　総括と今後の展望　　　　　　　　　　　　　　　213

10.1　序論（第I部） 214
　10.1.1　東アフリカのアラブ移民（第1章） 214
10.2　インド洋海域世界とザンジバル（第II部） 215
　10.2.1　イスラーム都市ザンジバルの素描（第2章） 215
　10.2.2　ザンジバル住民のエスニシティ（第3章） 216
10.3　ハドラミー移民の生きる世界（第III部） 217
　10.3.1　海をわたるハドラミー（第4章） 217
　10.3.2　アイデンティティの周辺（第5章） 218
　10.3.3　ハドラミーのザンジバル革命（第6章） 218
10.4　アラウィー教団とは何か（第IV部） 219
　10.4.1　ザンジバルのアラウィー教団（第7章） 219
　10.4.2　預言者生誕祭の構造（第8章） 220

10.4.3　タリーカの境界線（第 9 章） 220
10.5　今後の展望 221
　10.5.1　社会階層論を再考する必要性 221
　10.5.2　ライフ・ストーリー論のさらなる深化 222
10.6　結語：越境するアラブ 223

謝辞　225

付録　227
　A　用語集 227
　B　歴史年表 229
　C　預言者生誕祭のプログラム 231
　D　アラウィー教団の教育用テキスト 233
　E　アラウィー教団の日課 235

引用文献　237

関連文献　249

索引　257

要旨　267

図表リスト

巻頭
- 図 1. インド洋西海域の地図 xii
- 図 2. ザンジバルを構成する島々の地図 xiii

第 1 章　東アフリカのアラブ移民
- 図 1.1　ザンジバルの都市部ストーンタウンの町並み 3
- 図 1.2　ハドラミー移民の語りに耳を傾ける 9

第 2 章　イスラーム都市ザンジバルの素描
- 図 2.1　インド洋に面したザンジバルの浜辺 15
- 図 2.2　ザンジバル全体図 17
- 図 2.3　ザンジバル政府の旗章 18
- 図 2.4　スワヒリ・コーストとモンスーン 19
- 図 2.5　イスラームの諸宗派 20
- 図 2.6　スンナ派の金曜モスク 22
- 図 2.7　イバード派の金曜モスクであるイスティカーマ 23
- 図 2.8　サイイド・サイードの肖像 28
- 図 2.9　第一次世界大戦後のインド洋におけるイギリス支配地域 31
- 図 2.10　演説するザンジバル革命政府初代大統領カルメ 34

第 3 章　ザンジバル住民のエスニシティ
- 図 3.1　様々な民族的背景を持つザンジバル住民 37
- 図 3.2　20 世紀前半におけるマダガスカル周辺の島嶼部 40
- 図 3.3　ウングジャ北部とトゥンバトゥを空から望む 49

第 4 章　海をわたるハドラミー
- 図 4.1　ザンジバル沖を進むダウ船 57
- 図 4.2　ハドラマウトの区分と都市 59
- 図 4.3　ハドラマウト周辺部の航空写真 60
- 図 4.4　インド洋西海域におけるダウ船ジャハーズィーの主要航路 65
- 図 4.5　タリーム近郊の村落 79
- 図 4.6　アデン保護領のパスポート 81

図 4.7　第二次世界大戦期のインド洋西海域におけるイギリス支配地域 82
　図 4.8　イギリス支配地域とジャハーズィーの航路 83
　表 4.1　東アフリカ沿岸部におけるハドラミー移民の性質 64

第 5 章　アイデンティティの周辺
　図 5.1　ハドラミー・サイイドの家系図 87
　図 5.2　ヤミーン慈善協会の集会所 91
　図 5.3　キアンガにあるハドラミー用共同墓地 92
　図 5.4　ヤミーン慈善協会の組織構造 94
　図 5.5　世代と民族的アイデンティティの相関 105
　図 5.6　世代とアラビア語運用力の相関 108
　図 5.7　アラビア語と民族的アイデンティティの相関 112

第 6 章　ハドラミーのザンジバル革命
　図 6.1　ハドラミー移民が眠る共同墓地 115
　図 6.2　処刑のために集められたアラブ系住民 121
　表 6.1　国勢調査におけるアフリカ系住民の推移 132

第 7 章　ザンジバルのアラウィー教団
　図 7.1　参詣儀礼が行われるイブン・スマイト廟 139
　図 7.2　テント内で儀礼を行うカーディリー教団 141
　図 7.3　ハドラマウトと東アフリカ沿岸部の位置関係 146
　図 7.4　インド洋におけるスンナ派シャーフィイー法学派の分布 148
　図 7.5　ドゥアーを行うアラウィー教団 151
　図 7.6　ウラディを行うアラウィー教団 153
　図 7.7　イブン・スマイト廟内でラウハを行うアラウィー教団 155
　図 7.8　新しい参詣地となった墓所 158
　表 7.1　ウラディを実施する曜日・場所と使用テキスト 154

第 8 章　預言者生誕祭の構造
　図 8.1　マウリディを行うハドラミー移民 159
　図 8.2　ラム島のリヤーダ・モスク 161
　図 8.3　ザンジバルのカレンダー 164
　図 8.4　ザンジバルで売られているマウリディ本 166
　図 8.5　キヤーマとバラ水のサービス 168
　図 8.6　政府主催のマウリディ 172

図 8.7	協会主催のマウリディ	173
図 8.8	街区におけるマウリディ	174
図 8.9	結婚式におけるマウリディ	176
表 8.1	スワヒリ語によるグレゴリオ暦のカレンダー	162
表 8.2	ヒジュラ太陰暦に基づくカレンダー	163

第9章　タリーカの境界線

図 9.1	アラウィー教団のウラマーの肖像	183
図 9.2	ミティ・シャンバなどの民間療法用の薬品	194
図 9.3	バー・サウダーンのラーティブ（祈祷書）	197
図 9.4	アラウィー教団に見られるアメーバ状のネットワーク型組織体	205
表 9.1	一般のタリーカにおける上下関係	188

第10章　総括と今後の展望

| 図 10.1 | ザンジバル都市部の目抜き通りダラジャニの賑わい | 213 |

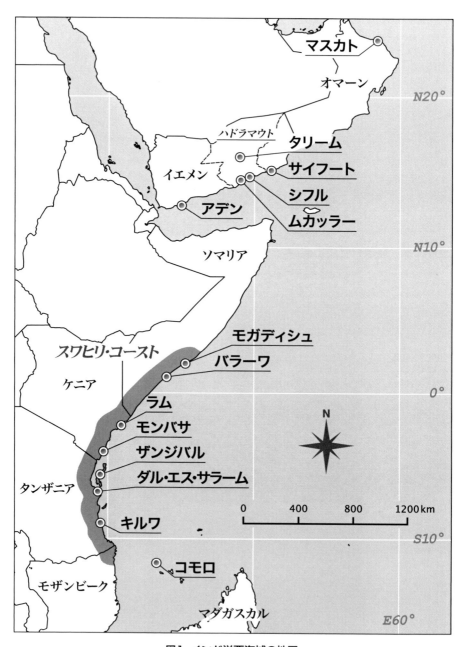

図1. インド洋西海域の地図
(Thematic Mapping の GIS データをもとに筆者作成)

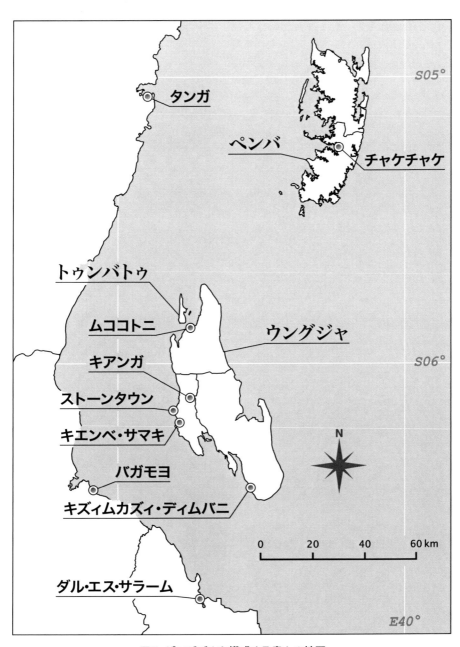

図2. ザンジバルを構成する島々の地図
(National Bureau of Statistics in Tanzania の GIS データをもとに筆者作成)

第Ⅰ部

序論

第Ⅰ部は，本書の序論に位置付けられる。ハドラミーと呼ばれるアラブ移民をめぐって行われる本研究の導入部であり，第1章の単独で構成される。この章では，まず冒頭部で研究目的を提示し，次にその背景として，ハドラミー研究の世界的動向と，得られた成果について整理する。そしてこれらの研究状況をふまえ，本書における課題設定を改めて行う。

第1章
東アフリカのアラブ移民

図1.1　ザンジバルの都市部ストーンタウンの町並み
（2011年12月18日に筆者撮影）

　本書の目的は，インド洋の西海域におけるアラブ移民ハドラミーの移住活動と，その社会的・文化的インパクトを，領域横断的なアプローチによって明らかにすることである。ハドラミーとは，アラビア半島南部に位置するハドラマウト地方[1]（Ḥaḍramawt）出身のアラブであり，東南アジア，南アジア，西アジア，そして東アフリカと，インド洋に面する広範囲な国と地域に移住してきた。本書では，彼らの移住先の中でも，東アフリカ沿岸部地域における代表的なイスラーム都市である，ザンジバル（図1.1）を目指したハドラミー移民に注目する[2]。

　全体の導入部となる本章では，本書の研究の位置付けと課題設定を行う。まず，ハドラミー移民をめぐる先行研究の成果とその限界点について検討し，次に，問題解決に必要となる視点を示すことで，先行研究に対する本研究の意義を明らかにする。続いて，これらの議論をふまえ，冒頭で掲げた研究目的から，本研究の

---

[1] ハドラマウトと調査地の関係は，巻頭（xii–xiii）の地図（図1・図2）を参照されたい。
[2] アラブ（ar. ʻArab）は集合名詞であり，すでに「〜人」という意味を含んでいる。そのため，本書では「アラブ人」という意味で言及する際に，単に「アラブ」と表記している。

課題設定を改めて行う。本章の後半部では，臨地調査の概要と本書の構成をまとめる。まず，調査期間と方法について述べ，次に全体の章構成と，本書における表記法や個人情報の取り扱い方針を提示する。

1.1 問題点と解決方法

1990年代以降，ハドラミー移民をめぐる研究が世界的に活発化している。インド洋に面した諸地域に点在する彼らのコミュニティは，これまで中東地域に向けられていたイスラーム研究者の関心を集め始めている。特に，領域国家の枠組みを越えて拡散する，彼らの人的・経済的なつながりは「ハドラミー・ネットワーク」と呼ばれており，それ自体が研究における一つのジャンルとして成長しつつある。しかし，その研究成果については，いくつかの点でいまだ不十分さが残るものである。そこで本節では，先行研究における限界点を示し，問題解決に必要な視点を検討することによって，本書の研究上の位置付けを確認したい。

1.1.1 ハドラミー研究の現状

まず，ハドラミー研究における現状を俯瞰しよう[3]。この分野における，もっとも基本的な研究成果としては，フライタークとクラレンス・スミス編集による論文集［Freitag and Clarence-Smith 1997］が挙げられる。これは1995年にロンドンのSOAS（School of Oriental and African Studies：東洋アフリカ研究学院）で開かれた，国際学会のために用意された原稿に基づく成果である［Freitag and Clarence-Smith 1997: ix］。扱われているテーマは多岐にわたり，政治経済，社会階層，イスラーム実践などに焦点が当てられている。また，地域の面でもインド洋の東西が広くカバーされており，東南アジア，インド亜大陸，西アジア，そして東アフリカも含まれている。これらのバラエティに富んだ論考は，各地域における個別的な事例を越えて，ディアスポラという枠組みでインド洋全域に散らばるハドラミーを総体的にとらえようとする意欲的なものである［Clarence-Smith 1997a: 1］。

編集者の一人であるフライタークは，さらにディアスポラとしてのハドラミー研究を推し進めており，その成果は単著の形で出版された［Freitag 2003］。フライタークは，ハドラマウトに軸足を置きつつ，東南アジアに定着した移民に対しても目配りをしており，テーマも先の論文集と同様，政治経済，イスラーム教育，ハドラミー・ネットワークを包括的に扱っている。

ノルウェーのベルゲン大学（University of Bergen）も，ハドラミー研究の拠点

---

[3] なお，個別的テーマを持つ先行研究については，各章の関連個所において適宜触れるため，ここでは概論に留める。

となっている。同大学のバンは，19世紀から20世紀初頭にかけての東アフリカ沿岸部にフォーカスをあて，神秘主義者かつイスラーム学者であった，アフマド・イブン・スマイト（Aḥmad b. Sumayṭ）の個人史および家系史を中心に，当時のイスラーム社会における知の系譜を，膨大な一次資料に依拠しながらまとめあげている［Bang 2003］。また，同じくベルゲン大学のマンゲールは，先のフライタークのようにディアスポラとしてのハドラミー研究に取り組んでいる。彼の近著［Manger 2014］では，シンガポール，インド，スーダン，そしてエチオピアにおいて，国民国家の成立期にハドラミーがおかれていた社会状況を描くとともに，ディアスポラ状態にある彼らの集合的なアイデンティティの形成についても，ハドラマウトとインド洋の両方を射程に入れながら考察している。

1.1.2　先行研究における限界点

　百花繚乱の感のあるハドラミー研究ではあるが，残念ながら不十分な点も散見されるのも事実である。特に問題となってくるのは，ディシプリン（学問分野），時代設定，そして研究対象となっている地域である。

　興味深いことに，これまでに挙げたハドラミー研究の大半が，歴史学を専門としているイスラーム研究者によるものである。したがって，必然的に研究対象となる時代が，新しい物でも19世紀から20世紀初頭までに集中している。また，地域的な偏りも指摘しなければならない。コミュニティ内のハドラミーの存在が目立つ東南アジアにおいては，多角的な研究が重ねられ，十分な研究成果の蓄積がある。これは当時の定期刊行物や，植民地行政局による文書，そしてアラビア語やホスト社会の言語で書かれたハドラミー自身による書物が多数残されており，研究者にとってアプローチが容易であったことが背景にあると思われる。

　ところが，インド洋の西側である東アフリカに目を向けると状況は一変する。ハドラミー研究としては，先に触れたノルウェーのバンや，フランスのゲネック・コパンの論考［Guennec-Coppens 1997］など，わずかな成果しか存在していない。後者は，東アフリカにおけるハドラミーに注目した研究の開拓者としては評価できるが，古いアフリカ研究の二次資料に依拠している部分が多く，データがない箇所は東南アジアの事例をそのまま東アフリカに当てはめるなど，今となっては問題が多い内容であると言わざるを得ない。また，バン［Bang 2003］は，東南アジアを対象としたハドラミー研究と同様に，典型的な歴史研究であり，現代を生きる移民を射程に入れたものではない。

1.1.3　解決方法

　先行研究の限界は，ハドラミー研究，アフリカ研究，イスラーム研究の三者が分離していた点にある。従来，ハドラミー研究者やイスラーム研究者の関心は，

東南アジアや西アジアに向けられていた。東アフリカを視野に入れることの重要性は認識されつつも［家島・新井 2008: 102］，言語の問題や入手できる資料・史料の少なさから，積極的な研究は行われていなかった。アフリカ研究者もまた，ザンジバルをはじめとする東アフリカ沿岸部のイスラーム社会に対して，これまで十分な関心を払ってこなかった。日野［日野 2002］や富永［富永 2001］など，日本人研究者による先駆的な研究も一部にあるが，ハドラミーはその関心領域から外れている。また，移民が暮らすアフリカのイスラーム社会自体に対する研究も不足している。学界全体の傾向としては，東アフリカで見られる宗教実践を，本来のイスラームの姿から離れたものとする立場に留まっており，それを文化的混淆の結果と見る姿勢が，いまだに色濃いという状況にある。

　問題の解決方法は極めてシンプルである。それはこれら三者の連携を取ることである。シンクレティズムを説明原理としないためには，イスラーム研究の知見をアフリカ地域研究に活用することが求められる。また，ハドラミー研究においては，彼らのコミュニティがインド洋全域に点在していることから，その東海域の中心地である東南アジアに加えて，東アフリカなど西海域の事例が重要になってくる。また，対象とする時代についても，近現代に加えて 20 世紀以降を視野に入れる必要がある。そのためには，歴史学だけではなく，文化人類学や地域研究など，臨地調査と参与観察に基づく現代的な視点が欠かせない。

1.1.4　本研究の位置付け

　ハドラミーが暮らすインド洋海域世界とは，すなわちイスラームを基軸とした移民たちの世界である。したがって，その研究にあたっては，宗教の範疇にとどまらず，社会生活のあらゆる領域にまで浸透するイスラームの知識と経験が必要不可欠である。また言語の問題もある。調査の対象となる地域のローカルな言語はもちろん，アラビア語の運用力なくしては，研究の遂行が極めて困難である。筆者は，学士過程時代よりイスラーム学に取り組み，アラビア語の知識を活用しながらも，一貫してアフリカでフィールドワークを重ねてきた。これらの経験に基づいて取り組まれるのが本書の課題である。そこで，先行研究に対する本書のユニークな立ち位置が明らかになるであろう。ハドラミー研究，アフリカ研究，イスラーム研究の三者から，アクセス困難な課題として周辺化されてきた，インド洋の西海域におけるハドラミーの移住活動と，ホスト社会であるザンジバルに彼らがもたらした社会的・文化的インパクトについて，領域横断的なアプローチによって明らかにすることを目指すのである。

1.2 課題設定

本書では，ハドラミーの移住活動を多角的に評価するため，大きく2つの課題を設定している。第1の課題は，彼らの移住そのものの実態を明らかにすることである。ここでは，移民がどのような人生を生きてきたのか，つまり彼らの移住経験に焦点をあてる。次に第2の課題は，彼らの移住活動がホスト社会に与えた，社会的・文化的な影響を探ることである。この課題では，現在の移民たちと彼らを取り巻くザンジバル住民とのインタラクションに注目する。これらの課題は，それぞれ複数の問いから構成される。以下，詳しく見ていきたい。

第1の課題では，現象としてのハドラミーの移住を考察するため，3つの問いを設定した。まず，「なぜハドラミーはザンジバルへ移住したのか」である。何が彼らを移住に駆り立てたのか，アラビア半島から数千キロメートルも離れた場所である東アフリカへ，それも決して安全とは言えない帆船の旅に乗り出したことの背景には何があったのかを検討する。次に，「ホスト社会において移民の民族的な意識はどう変化したのか」である。移住先の社会において世代交代を繰り返す過程で，次第に希薄化されていく彼らの民族的アイデンティティについて分析する。最後は，「ザンジバル革命期をハドラミーはどう生きたか」である。一般にオマーン人対アフリカ人という図式で語られるザンジバル革命を，ハドラミーの視点から再評価し，彼らの移住活動に終止符を打ったこの出来事の本質を探る。

次に第2の課題は，ハドラミーとザンジバル住民の関わりをとらえるため，移民たちがもたらした，アラウィー教団と呼ばれるタリーカ（ar. ṭarīqah：イスラーム神秘主義教団）に注目し，次の3つの問いを設定した。まず，「アラウィー教団はどのような活動を行っているか」である。先行研究でも教団名は登場するが，これまで具体的な活動内容が知られていなかった，同教団の儀礼について明らかにする。次に，「預言者生誕祭の機能と役割は何か」である。同教団が行ってきた預言者ムハンマドの生誕祭は，ザンジバルのすべてのムスリム住人が関わるまでに一般化している。そこで，この現象の背景にある儀礼の性質と機能を考察する。最後は，「アラウィー教団はどのような組織体か」である。同教団の活動をタリーカとしてどう位置付ければ良いのか，儀礼に関わる人々の語りから探る。

1.3 調査期間と研究方法

筆者は，学士課程時代からハドラミーを研究対象として，複数回にわたって臨地調査を実施してきた。調査地域は，ザンジバルを中心とした東アフリカ沿岸部である。現地では，インド洋を舞台にした彼らの移住活動の姿を現代的な視点からとらえるために，様々な手法を組み合わせて調査を行った。そこで本節では，

本研究の完成までに実施した臨地調査について，期間と方法を中心にまとめる。

1.3.1 調査期間

　東アフリカで行った臨地調査は計5回であり，また東南アジア地域に存在するハドラミー・コミュニティも1度訪問している。最初に研究目的でフィールドへ入ったのは，2005年4～5月のザンジバル調査である。この調査では，預言者ムハンマドの生誕祭と，現地で活動する複数のタリーカの取材を行った。次に，2006年9月にシンガポールを訪問した。シンガポールはザンジバル同様，ハドラミーの移住先となった場所であり，現在も移民が暮らしている。ここでは彼らについての資料を収集したほか，現地のハドラミー研究者と意見を交わした。同年10～11月には，再度，東アフリカを訪問し，ザンジバルのペンバとウングジャの両島で，ハドラミーの中でも預言者ムハンマドの子孫に関する調査を行った。さらにケニアのラム島にわたり，現地で活動するハドラミーのイスラーム学者と交流を深めた。翌2007年の3～5月には，ザンジバルでアラウィー教団に対する集中的な参与観察を実施した。また，2009年9～10月と2011年10～12月には，ザンジバルで暮らすハドラミーのインタビューを目的に渡航し，2015年9月には，日本在住の調査協力者を対象とした追加取材を行った。

1.3.2 調査方法

　調査に際しては，イスラームを基調とした彼らの社会関係を探るために，主として人類学的な手法で，ハドラミー・コミュニティの中に身を置いた。それは，参与観察を中心とするアプローチ方法であり，イスラーム関係のイベント，特にタリーカが行う集団儀礼に参加した。調査では，ウラマー[4]から教えを受けたり，スーフィー[5]と一緒にズィクル[6]を唱えるといった，他では得難い体験をした。また，インタビューも調査の主要部分を占めている。移住活動の背景を知るため，50人を越えるハドラミーから聞き取り調査を行った。さらに，移住当時の状況を詳しく覚えている移民からは，より具体的なトピックを設定し，彼らの人生経験についての語りであるライフ・ストーリーを収集した。一連の調査においては，移民第一世代から子や孫世代までが情報提供者となってくれた（図1.2）。

　本書が対象とする時代は現代であるが，移住活動の歴史的側面は，文献資料に依っている。歴史学者を中心とする他の研究者がまとめた二次資料はもちろん，現地調査の際には可能な限り一次資料を集めるように努めた。ザンジバルがイギリス保護領となっていた19世紀末から20世紀中頃までについては，ザンジバル

---

[4] ウラマー（ar. ʻulamā）は，イスラーム諸学に通じた知識人を意味する。
[5] スーフィー（ar. ṣūfī）は，一般にイスラーム神秘主義者を意味する。
[6] ズィクル（ar. dhikr）は，神を想起するためにスーフィーが行う基本的な儀礼である。

図1.2　ハドラミー移民の語りに耳を傾ける
（2011年10月23日に撮影）

州立公文書館（Zanzibar National Arichives）において管理されている，書簡や回報も確認している。また，イスラーム社会においては，研究対象となっている人々自身が，アラビア語を用いて書き記した本が残されている。現地人ウラマーとの個人的な親交を通して，現在では入手不可能となった資料や，私家版としてのみ発行された書籍も収集することができた。

1.4　論展開と表記法

　本研究は，本章の1.2節で述べたように，2つの課題を設定している。本書ではこれらの課題をサブ・トピックに分割し，序論と結論を含め5部構成としている。各部は，さらに複数の章から構成され，全体で10章にわたって議論を進めていく。本節では，各部の章構成とその内容を整理し，続いて本書におけるアラビア語を中心とした用語の表記法と，個人情報の扱いについて述べる。

1.4.1　本書の章構成

　第Ⅰ部は，本研究全体の序論に位置付けられており，本章単独で構成される。アフリカというイスラーム世界の周縁部[7]において，移民として暮らすハドラミー

---

[7] 地理的な周縁部であって，イスラーム世界における重要性や正統性といった，質的な意味での周縁ではない。むしろ本書における研究テーマは，これら両者がしばしば混同されてきた先行研究に対して，異議を唱えるという姿勢から設定されたものである。

に注目した経緯を述べ，本書における研究の基本姿勢を示す．

　第 II 部は，ザンジバルについての基本的な情報の共有を目的としており，2 つの章で構成される．まず第 2 章では，ザンジバルとインド洋との関わりに注目し，海域世界の一角としての地理的特徴，そこで育まれた文化の基底を成すイスラーム諸宗派の分布，そして都市国家の興亡という視点でとらえたザンジバルの通史を取り上げる．続く第 3 章では，ザンジバル住民における錯綜した民族的背景を整理する．議論にあたっては，この地域を保護領としたイギリスによるレポートと国勢調査を手がかりにし，彼らのエスニシティについて検討する．

　第 III 部は，ハドラミーによる移民経験をめぐる考察を通して，越境するアラブとしての彼らの姿に迫る．3 つの章から構成され，まず第 4 章では，彼らがザンジバルを目指した経緯について取り上げる．移民が語ったライフ・ストーリーをもとに，彼らを取り巻く社会状況と移住活動の関わりを多角的に検討する．次に第 5 章では，ザンジバルで暮らすハドラミー移民のアイデンティティに注目する．新しい分析手法を活用し，ザンジバルというホスト社会において世代交代を経る中で，彼らの民族集団としての意識にどのような変化が生じたかを明らかにする．続いて第 6 章では，移民たちを襲ったザンジバル革命について考える．革命についての彼らの語りを手がかりに，流布された言説の問題点を検証する．

　第 IV 部は，ザンジバルで活動するイスラーム神秘主義教団に対する参与観察の結果に基づき，ハドラミー移民がこの地域にもたらした，文化的なインパクトを検討する．3 つの章から構成され，まず第 7 章では，ハドラミーのタリーカであるアラウィー教団の集団儀礼を取り上げる．先行研究において活動内容が不明とされてきた同教団について，その儀礼の全貌を明らかにする．次に第 8 章では，同教団の活動において，最も規模が大きい儀礼である預言者生誕祭に注目する．祝祭の取材と分析を通して，現在では一般住民も関わるイベントとなった，生誕祭の構造と機能を明らかにする．続く第 9 章では，アラウィー教団の持つ開放性について考察する．メンバーシップ観に現れた教団の思想と，儀礼に参加する側の動機から，タリーカとはなにか，その役割と位置付けを解明する．

　第 V 部は，本研究の結論として位置付けられる．第 10 章の単独で構成され，本書で進めてきたすべての議論について総括を行う．越境する民としてのアラブと，アフリカに根ざしたアラブという，ハドラミー移民における 2 つの側面から，彼らによる移住活動とはなんであったのかを考える．

1.4.2　用語と個人情報の扱い

　本書における外国語に由来する用語や固有名詞は，一定の基準に従って音訳・転写を行う．イスラームなどの専門用語は，初出時にまずカタカナによる音訳を記載し，続いて原語をローマ・アルファベットによって転写する．また，合わ

せて日本語訳も添える。その際，元となった言語の種類を略号によって示し，「ar.」はアラビア語，「sw.」はスワヒリ語，「en.」は英語，「pr.」はペルシャ語，「de.」はドイツ語とする。地名や人名等については，カタカナによる音訳と原語の綴りのみを表記する。アラビア語とペルシャ語の転写方式については，基本的に米国国会図書館が定める基準を採用するが，イダーファ（ar. iḍāfah）と呼ばれる，名詞の属格を用いた限定構造においては，格変化や末尾の子音を表記しない。なお，次の章へ進んだ場合には，各用語を初出扱いとする。

　本書においては，インタビューやライフ・ストーリーなど，個人情報を含むデータを扱っている。臨地調査に際しては，調査協力者に対して，研究の趣旨，目的，手法，想定されるリスクについて，事前に口頭で説明を行った。また，研究協力への同意は，口頭による意思表示をもって確認した。

　調査の結果を書籍の形でまとめるにあたっては，調査協力者の安全とプライバシーに十分に配慮する必要があった。そこで本書においては，本文中に登場する人物や，調査協力者として脚注で触れる人名については，すべて仮名とする。この種の研究における匿名化に際しては，名簿上の実名と対応関係を維持する方法である「連結可能匿名化」と，対応表を破棄する手法である「連結不可能匿名化」が提唱されている［日本学術振興会 2015: 41–42］。本書は，基本的に後者の方法に依っているが，数字や符号，イニシャルを用いると，情報の相互関係が分かりにくくなるため，一般的なムスリムの名前などに置き換えている。なお，歴史上の人物や著作物の筆者については，匿名化を行わずにそのまま表記した。

第 II 部

インド洋海域世界とザンジバル

第II部のテーマは,「インド洋海域世界とザンジバル」である。ハドラミーの移住先となったザンジバルを,海域世界のイスラーム都市として位置付けながら,本研究において議論の前提となる基本情報の共有を目指したい。この部は2つの章から構成される。まず第2章では,地理背景・宗教分布・歴史展開の各側面について概要を述べる。続いて第3章では,ザンジバル社会における錯綜したエスニシティの状況について考察する。

第2章
イスラーム都市ザンジバルの素描

図2.1　インド洋に面したザンジバルの浜辺
（2011年12月11日に筆者撮影）

　本書の研究対象となったザンジバルは，東アフリカ沿岸部の国，タンザニア連合共和国（United Republic of Tanzania，以下タンザニア）の島部州の名称である。現在のザンジバルは，インド洋に浮かぶ珊瑚礁に囲まれたリゾート・アイランドとして（図2.1），あるいは迷路のように入り組んだ石造りの都市が残る世界遺産の島として，ヨーロッパ等から多数の観光客を集める場所となっている[1]。しかし，そこには海洋交易の結節点としての地理的な重要性，アラブとアフリカの邂逅によって生じた固有のイスラーム都市文化の特性，また，この地域の支配をめぐって様々なアクターが登場した重層的な歴史性など，多くの語るべき点がある。
　そこで本章では，海のイスラーム都市としてザンジバル社会を理解するために，背景をなすインド洋との関わりに注目しながら，その特質を多角的に検討する。まず，海域世界の一部を構成する島として，自然地理学的な視点を交えながら，

---

[1] 2001年の時点で，ザンジバルのGDPに占める観光収入の割合は14%である［Zanzibar Commission for Tourism 2003］。ザンジバル観光局のプランでは，この数値を2012年に21%まで高めることが計画されていた。

ザンジバルの位置付けを明らかにする。次に，ザンジバル社会の基調となっているイスラームと，その宗派の分布状況を，主要な民族集団との関係から整理する。本章の後半は，ザンジバルと東アフリカ沿岸部の通史である。アラブをはじめとする中東諸地域との人的な交流や，ポルトガル・イギリスといったヨーロッパ列強による支配，そしてアフリカの国として独立するまでの過程を，イスラーム都市国家の興亡を中心にした大きな歴史の流れとして描出したい。

2.1 地理背景：海域世界におけるザンジバル

　イスラーム都市としてのザンジバルの独自性が，その背後に広がるインド洋との関わりをとらえることで，初めて明らかになってくる。事実，陸域だけに注目した場合，東アフリカ諸国全体の宗教分布におけるイスラームの割合は，全体の3分の1程度に過ぎない[2]。特に内陸部はキリスト教徒の割合が多く，イスラーム化された都市が存在する場所は，一部を除いてインド洋に面した海岸地域に限られている。これには地勢的な理由があり，なぜザンジバルにイスラーム都市が建設され，そこに現在もアラブが暮らしているのかを理解するためには，海域世界を中心とした視点が必要となる。そこで本節では，まずザンジバルの地理背景とその特色をまとめ，次にこれをインド洋の文脈に位置付けていく。

2.1.1　3つの大きな島

　現在のザンジバル（図 2.2）は，タンザニアを構成する島嶼部の名称であるが，歴史的には大陸部とは独立した地域であった。ザンジバルの本島は，ウングジャ（Unguja）と呼ばれており，面積は1,494平方キロメートル[3]におよぶ。これは，北方領土の中で北海道に最も近い国後島とほぼ同じ大きさである。単にザンジバル島と言った場合，通常はこのウングジャ島のことを指す。ウングジャは都市部と農村部から成り，前者にはユネスコの世界遺産に指定[4]されたストーンタウン（Stone Town）がある。この町は，ザンジバル史の主要な舞台となってきたイスラーム都市である。また，ウングジャ島は，国内外からの船舶が出入する国際貿易港[5]

---

[2] タンザニアの場合，全人口に占めるキリスト教徒の割合が30%，ムスリムが35%，その他の民族宗教が35%となっている［Central Intelligence Agency 2015］。

[3] ザンジバル地図局（Department of Surveys and Urban Planning）発行のGISデータをもとに筆者が計測。本島のみの数値で，周辺部の離島は含まない。

[4] 2000年に文化遺産として登録された［UNESCO 2000］。

[5] かつては，木造帆船であるダウ船を利用した交易の場であったが，現在は大型タンカーも入港できる近代的な設備を持った港となっている。なお現在でも，ダウ船の専用ポートが近くに設置されている。

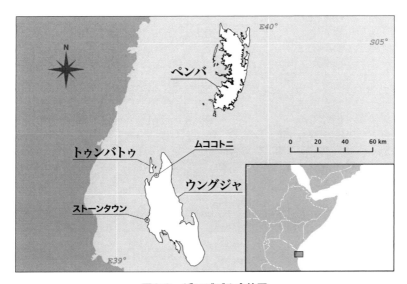

図2.2　ザンジバル全体図
(National Bureau of Statistics in TanzaniaのGISデータをもとに筆者作図)

と国際空港[6]も設置されるなど，ザンジバルを代表する島となっている。

　ウングジャ島から海上を東北に50キロメートル進むと，起伏のほとんど見られない平板な島にたどり着く。この島はペンバ（Pemba）と呼ばれており，面積は846平方キロメートル[7]に達する。平野部が多いことを利用した，ヤシや香辛料の畑が島内全域に広がっており，緑の多い島となっている。近年になってようやく電力供給が開始される[8]など，都市部の開発はこれからの段階であるが，ペンバは農業生産や人口の点でも，ウングジャと並んでザンジバルを代表する島となっている。また後述するように，ペンバに言及した史料[9]が複数残されているなど，歴史的にもウングジャに匹敵する重要性を持っていた。現在のザンジバル政府の旗章は，この両島を組み合わせてデザインされている（次頁，図2.3）。

　ウングジャとペンバの周囲には，さらに数十の小島が点在している。これらの大半は，潮の満ち引きで相互につながったり水没したりする程度の小さなもの

---

[6] 2017年現在，国際線としてケニア航空とカタール航空が就航している。
[7] ザンジバル地図局（Department of Surveys and Urban Planning）発行のGISデータをもとに筆者が計測。数値に周囲部の小島は含まない。
[8] 現在は，大陸側の対岸に位置する都市，タンガ（Tanga）から海底ケーブルで送電を行っている（2011年10月26日に実施した，ユースフ氏へのインタビューに基づく）。
[9] 例えば，10世紀のバグダード出身の学者，マスウーディー（Abū al-Ḥasan al-Masʿūdī, 896–956）が記した『黄金の牧場と宝石の鉱山（Murūj al-Dhahab wa-Maʿādin al-Jawāhir）』においては，カンバルー島（Kambalū）という名称で触れられている［Ingrams 1931: 80–81］。

図2.3　ザンジバル政府の旗章
（出典：http://www.sondacomblog.com/2014/05/ripoti-ya-kamati-ya-baraza-la.html）

で，多くは無人島である。しかし，一部には村が存在するなど，人が居住している島も見られる。その最大のものは，ウングジャ島北西部の漁村，ムココトニ（Mkokotoni）から，3キロメートル先の海上に浮かぶトゥンバトゥ島（Tumbatu）である。簡単な港はあるものの小型ボートが接岸できる設備しかなく，土作りの家が並ぶ村がいくつかある程度の島であるが，石造りのイスラーム建築の遺構が残されており，かつての繁栄の様子をしのばせる。また，この島でヒジュラ太陰暦[10]の第3月に行われる預言者ムハンマドの生誕祭は，ザンジバルの中でも最大規模のイベントであり，ウングジャ島からも多数の参加者を集めている。

2.1.2　海でつながる世界

　総面積7,600万平方キロメートルに及ぶインド洋では，海域の北部エリアにおいて，半年ごとに向きを反転させる風が吹いている［松山 2000: 4–7］。この風は，アラビア語で季節を表す言葉，マウスィム（ar. mawsim）から転じてモンスーン（en. monsoon）と呼ばれ［Pickard and Emery 1990: 270］，日本語では季節風と訳されている。12月から3月にかけては北東の風が，6月から9月にかけては南西の風が吹き（図2.4），海流の表層循環も，季節風に合わせた動きをしている［Tomczak and Godfrey 1994: 126–127］。アラブやペルシャの商人たちは，古来からこの風の特性について良く知っており，ダウ[11]（en. dhow, ar. dāw）と呼ばれる三角帆を張っ

---

[10] イスラームの暦。太陰暦を採用しているため，1ヶ月は29日か30日になる。詳細は第8章 8.1.2節『スワヒリ・カレンダー』を参照。

[11] ダウ船の外見は第4章の図4.1を，種類については第4章 4.2.2節を参照されたい。

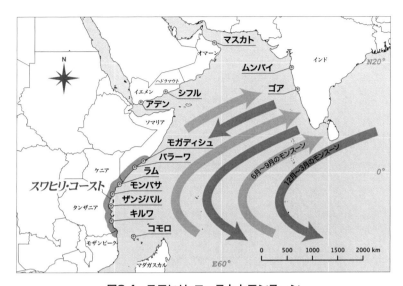

図2.4 スワヒリ・コーストとモンスーン
(Tomczak and Godfrey[Tomczak and Godfrey 1994: 6-7]をもとに筆者作図)

た木造船を用いて，インド洋海域を縦横に航海していた。地域を越えた彼らの交易活動は，地理的に隔てられた東アフリカ，西アジア，南アジア，東南アジアの間を結び付け，人と物，そして文化の相互的な交流を促進・活発化させた。その結果，インド洋に面した諸地域は，文化的な連続性を持つに至り，その様子はあたかもひとつの海域世界というべき存在となった［家島 1993: 7–10］。

　ザンジバルを含む東アフリカ沿岸部もまた，インド洋を舞台とした海上交易圏の一角を担っており，港湾都市を中心に中東地域との直接的な交流が行われてきた地域である。現在のソマリアのモガディシュ（Mogadishu）からモザンビーク北部（Mozambique）までの南北 2000 キロメートルにわたる海岸地域は，スワヒリ・コースト（Swahili Coast）と呼ばれている。スワヒリとは，アラビア語で沿岸や境界を意味するサーヒル（ar. sāḥil）の複数形である，サワーヒル（ar. sawāḥil）が転訛したものだとされる［家島 1993: 312］。その名前が示している通り，この地域は，海をわたるアラブやペルシャ商人の交易ネットワークと陸域の境界部に位置しており，海からもたらされる中東のイスラーム文化と，後背地からのアフリカのバントゥー文化[12]（en. Bantu）が出会う場でもあった。

　現在のスワヒリ・コーストには，ザンジバルをはじめとして，イスラーム化された都市がいくつも点在している。これらもまたインド洋交易を背景に，アラブをはじめとする中東地域との人的・文化的な交渉の結果から生じたものである。

---

[12] アフリカのバントゥー系言語を使用する人々の文化を，総体としてとらえた概念。

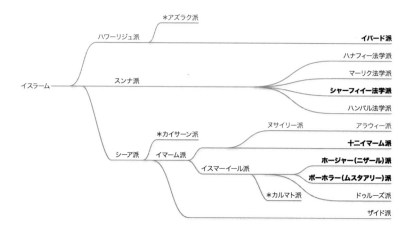

図2.5 イスラームの諸宗派
太字はザンジバルに存在，＊は消滅（大塚［大塚他 2002: 866］を元に筆者作図）

610年頃のマッカ[13]（Makkah）において，ムハンマドが預言者としての活動を開始すると，数十年のうちにイスラームはアラビア半島の各地に浸透した。続く正統カリフ時代や各王朝による征服活動は，イスラームに世界宗教としての基盤を与えていく。東アフリカ沿岸部地域もまた，交易を通じてアラビア半島との直接的なコンタクトがあったことから，7～8世紀には早くもイスラームが導入されている［家島 1993: 324］。イスラームを基調として，中東・西アジア的な要素とアフリカのバントゥー的な要素が影響しあうことで，東アフリカ沿岸部ではスワヒリと呼ばれる独特の歴史と文化が育まれてきた［日野 2002: 256］。

2.2 宗教と分派：枝分かれするイスラーム

続いて，ザンジバル社会の宗教分布について見てみたい。この地域では前述のような歴史的・地勢的な経緯から，住民の大半がイスラームを信仰するムスリムとなっている。現在のタンザニア政府による国勢調査では，人口に占める各宗教の割合が公表されていないが，アメリカ国務省の資料によれば[14]，ザンジバル住民の98%がムスリムであるとされる。この数値は年によって多少の変動が見られる

---

[13] イスラームの聖地メッカのこと。本書では，人名や地名などの固有名詞を，日本語の慣用的な呼称ではなく，可能な限りアラビア語やスワヒリ語における原音に近い表記を行う。

[14] 2013年5月20日発表のデータに基づく［U.S. Department of State 2013］。同資料は，信教の自由の観点から，各国における宗教と政治の関係を，数値を交えて報告しているもので，1999年から2013年までは，ほぼ毎年発表されてきた。

ものの，おおむね 98 〜 99% で推移している。

　総人口の 1 〜 2% にあたる，ムスリム以外の住民は，キリスト教，ヒンドゥー教，在来の民族宗教の信徒で構成される。2012 年に実施された国勢調査の結果によると，ザンジバルの総人口は 1,303,569 人となっていることから，これらの少数派に分類される宗教の信徒数は，それぞれ 1 万人弱程度であると考えられる［National Bureau of Statistics in Tanzania 2012］。

　数値の上では，すべての成員がムスリムという状況に近いザンジバル社会ではあるが，実態としてはイスラームにおける宗派や法学派の違いから，いくつかの下位カテゴリーに分けることができる。この区分は，マズハブ（ar. madhhab：宗派）と呼ばれる（図 2.5）。詳細は次章で述べるが，ザンジバルは多民族からなる社会で，住民はアフリカ系，アラブ系（ハドラミー系とオマーン系），インド系，コモロ系などから構成されている。またイスラームの分布においては，各民族ごとに所属する宗派に特徴が見られる。そこで以下では，これらの民族集団とイスラームの諸分派との結び付きについて簡単にまとめたい。

2.2.1　ハドラミーとスンナ派

　先のアメリカ国務省の資料では，ザンジバルに暮らすムスリムの中で 80–90% がスンナ派であると報告されている。より正確に述べれば，ザンジバルにおけるムスリム住人の大半は，スンナ派の中でもシャーフィイー法学派（ar. al-Madhhab al-Shāfiʿī）を信奉する者たちである[15]。このグループのムスリムには，アフリカ系住民の大半，コモロ系住人とアラブ系住民の中のハドラミー（ar. Ḥaḍramī），そして一部のインド系住人とオマーン系住人[16] が含まれる。次章で詳しく述べるが，ザンジバルのアラブ系住民は，すべて移民および移民の子孫であり，アラビア半島における出身地域の違いによって，オマーン系とハドラミー系に二分される。ハドラミーは，彼らの故郷であるハドラマウト（Ḥaḍramawt）に由来する呼称で，彼らの全員がスンナ派シャーフィイー法学派に属している。

　モロッコ出身のムスリム旅行家であるイブン・バットゥータ（Ibn Baṭṭūṭah, 1309–1368/9）[17] は，14 世紀のスワヒリ・コーストを訪問しており，その様子を自

---

[15] スンナ派には，ほかにもハナフィー，マーリク，ハンバルの各法学派が存在し，これらは互いの正統性を認め合う存在である。一方で，ザンジバル住人には，シャーフィイーがスンナ派と同レベルに位置する宗派名であると認識している者も多い。

[16] スンナ派シャーフィイー法学派を信奉するインド系とオマーン系の住民は，基本的に他宗派からの宗旨替えを行った者たちである。

[17] イスラーム暦を用いた記録は，正確な西暦に換算することが難しい場合がある。太陰暦であるイスラーム暦と，太陽暦である西暦では，毎年 11 日程度のずれが生じる。結果として，前者の 1 年が後者の年末年始をまたぐことから，月名の記録が無いと西暦を確定できない。このような場合，本書では 1368/9 年のように，可能性がある年を併記する。

図2.6　スンナ派の金曜モスク
ハドラミーが集住する地区にある(2007年4月6日に筆者撮影)

著『大旅行記』の中で言及している。彼の記述によれば，この時代の東アフリカ沿岸部地域の住民は，すでにスンナ派シャーフィイー法学派のムスリムであったという［イブン・バットゥータ 1998: 145–146］。現在のインド洋に面した諸地域を俯瞰すると，ムスリムが多く暮らす場所においては，東アフリカに限らず，東南アジアなどでもスンナ派シャーフィイー法学派が主流を占めている[18]が，これはハドラミーが移住した影響によるものだと考えられている［Bang 2003: 23］。海をわたって各地に定着したハドラミーには，肉体労働者や商人，またイスラーム諸学を修めた学者や神秘主義者など，様々な出自を持つ者が存在したが，それぞれが移住先のホスト社会にイスラームを浸透させる役割を果たしてきた。

　本章後半で述べるように，ザンジバルは19世紀以降，オマーン人スルターン（ar. sulṭān：世俗的な君主）の支配下に入った。オマーン人は，別の宗派に属するムスリムであったが，支配地域の住民に対しては，彼らの宗派に合わせて，スンナ派シャーフィイー法学派のシャリーア（ar. sharī'ah：イスラーム法）を適用していた。そのため，スルターンはハドラミーを積極的に呼び寄せ，移民の中からカーディー（ar. qāḍī：裁判官）やムフティー（ar. muftī：法的見解を出す学者）を任命したとされる［Farsy and Pouwels 1989: xv–xvi］。このように，ザンジバルのハドラミーには，スンナ派シャーフィイー法学の担い手かつ運び屋[19]の側面があった（図2.6）。

---

[18] 同法学派の分布については，第7章の図7.4を参照されたい。
[19] ハドラミーが，キリスト教におけるミッションのように，組織的な布教活動を行ったわけではないことに注意されたい。第Ⅳ部で検討するように，ハドラミー移民と周囲の住民の自然発生的な交流を通して，この地域に同質のイスラーム的価値観が共有されていったと考えられることから，ここでは積極的に布教する伝道者ではなく，単に運び屋とした。

図2.7 イバード派の金曜モスクであるイスティカーマ
（2007年4月10日に筆者撮影）

2.2.2 オマーン系住民とイバード派

　ザンジバルの住人において，スンナ派に次いで多いのが，イバード派（ar. al-Ibāḍīyah）のムスリムである。イバード派は，イスラーム最初期に分離したハワーリジュ派（ar. al-Khawārij）から派生したグループである（図 2.5 参照）。歴史上，ハワーリジュ派において，過激な思想を持っていた一派とは距離を置いており，穏健派としてわずかながらも現代まで生き残っているマズハブ，つまり宗派である。ザンジバルは，数少ないイバード派ムスリムが存在する地域の一つで，この地域でイバード派に属するのは，アラブ系住民の中でもオマーン系だけである。
　スンナ派とは思想面やイスラーム法の解釈などにおいて違いがあるほか，礼拝時の所作にも独自の要素が見られる[20]。また，礼拝に使用するモスクも基本的に専用のものが設置されているが，各宗派に属するムスリム同士は協調的な関係を保っており，他宗派のモスクに入って礼拝を行うことも，相互に認められている。宗派の異なるムスリム同士が通婚することもめずらしくなく，そのような場合は父親のマズハブを子供が受け継ぐことになっている[21]。
　19 世紀から 20 世紀中頃まで，ザンジバルの支配者層に位置していたオマーン人であるが，スンナ派住民に対しては，そのマズハブを尊重する政策を取っていたことは前節で述べた。現在，ストーンタウンに残っているモスクの大半は，この時期に建てられたものであるが，オマーン人はイバード派のモスク以外にも，スンナ派住民のためのモスクを建設している［大川 2010a: 251-252］。また，イバー

---

[20] 2007 年 5 月 13 日に実施した，イスマーイール氏へのインタビューに基づく。
[21] 2011 年 11 月 9 日に実施した，アブドゥルカーディル氏へのインタビューに基づく。

ド派のモスクの中には，後に所属するマズハブをスンナ派に変更したものも存在している［Sheriff 1995: 50–51］。

イバード派の勢力は，後述する1964年の革命以降，オマーン系住民の減少とともに衰退した。しかし，近年，オマーン系住民はイバード派の復興に力を入れており，ストーンタウンのバガニ地区（Baghani）には，イバード派の金曜モスク[22]として，イスティカーマ・モスク（sw. Msikiti wa Jumuiya ya Istiqama, ar. Jāmi'al-Istiqāmah）を新たに建設している（前頁，図2.7）。また，同名のイスラーム高等教育機関も設立されており[23]，その門戸は宗派や出自に関係なく開かれているという［大川2010a: 256–257］。オマーン系住民は，ザンジバルにおける唯一のイバード派ムスリム集団として，現在もその存在感を示している。

2.2.3 インド系住民とシーア派

スンナ派とイバード派以外では，数は少なくなるがシーア派のムスリムが存在している。ザンジバルでは，インド系住人の大半がシーア派に属している。ただし，スンナ派同様にシーア派もいくつかのマズハブに分かれており，インド亜大陸における出身地域や所属する血縁集団によって，信奉する宗派が異なっている[24]。ザンジバルのシーア派で最大のグループは，十二イマーム派（ar. al-Ithnā 'Asharīyah）である。信徒の多さを反映して，この宗派のムスリム・コミュニティを代表する組織がザンジバルに存在する。また，十二イマーム派に次ぐ規模のシーア派グループとしては，イスマーイール派（ar. al-Ismā'īlīyah）がある。イスマーイール派は，さらにニザール派（ar. al-Nizārīyah）とムスタアリー派（ar. al-Musta'alīyah）に分かれており，ザンジバルでは前者がホージャー（Khōjā），後者がボーホラー（Bōhrā）と呼ばれている。これらのシーア派系の分派には，ストーンタウン内にそれぞれのムスリム専用のモスクが建てられている［Sheriff 1995: 50–51］。

すでに触れたように，ザンジバルのインド系住民は，基本的にシーア派を信奉するムスリムであるが，一部にはスンナ派シャーフィイー法学派に転向した者も存在している。近年は，ハドラミー移民が中心になって実施しているスンナ派の祝祭においても，インド系住民が参加している様子を見かけることが珍しくない。また転向者の中には，イエメンのハドラマウトにあるウラマー（ar. 'ulamā': イス

---

[22] 成人ムスリム男性は，毎週金曜の昼過ぎの礼拝を，集団で行うことが義務付けられている。金曜モスクは，そのために設置された礼拝所であり，大人数を収容できる巨大な建築物となっている。

[23] 2007年4月16日に実施した，ターリブ氏へのインタビューに基づく。

[24] インド系住民の出自と宗派の関係については，タンザニア本土側の都市ダル・エス＝サラームの事例ではあるが，富永と宇佐見の論考が詳しい［富永・宇佐美2000］。なお，この論考では，ホージャーは単にイスマーイール派と記述されている。

ラーム学者）の養成学校[25]に留学し，帰国後にマドラサ（ar. madrasah：イスラーム学校）の運営や指導に携わる者まで現れている[26]。

シーア派ムスリムが多いインド系住民であるが，かつては少数ながらもヒンドゥー教徒がザンジバルで暮らしていたことが分かっており［Ingrams 1931: 35］，ストーンタウン内には現在でもヒンドゥー寺院が存在している。ただし，このグループの大半は，1964年に発生したザンジバル革命と，その後に成立した新政府の政策によってザンジバルを去っており［Clayton 1981: 123］，現在の活動状況については不明である。また，インド系住民の中でも，20世紀半ばまでポルトガルが支配していたインドのゴア州からの移民は，その歴史的経緯からキリスト教徒となっている[27]。ゴア州からの移住活動は，ザンジバル革命後も少数ながら継続しており，彼らは現在でもインドとの強いコネクションを維持している[28]。

2.3 ザンジバル史：イスラーム都市国家の興亡

次に，ザンジバルの歴史に移る。ザンジバルや東アフリカ沿岸部地域は，インド洋交易における地理的な重要性から，洋の東西を問わず，歴史家の著作に幾度も登場してきた。その史料においては，インド洋に面して帯状に広がるスワヒリ・コーストで，数多のイスラーム都市が興隆と衰退を繰り返してきた様子が描かれている。本書では，そのすべてに言及することはできないが，オマーンとヨーロッパ列強の視点で語られることの多かったザンジバルの歴史に，ハドラミー移民の動きも視野に入れながら，大きな流れがつかめるように描出を試みたい。

本節では，まず史料に現れた古代から14世紀までのザンジバルと東アフリカ沿岸部地域について述べ，次に15世紀から始まった大航海時代におけるポルトガルとの関わりを概観する。続いて，海洋帝国としてオマーンが台頭した17世紀以降の様子と，19世紀からのイギリスによる統治期について触れる。本書で取り上げるハドラミー移民が，ザンジバルの歴史の表舞台に登場してくるのは，この時期以降のことである。その後は，20世紀半ばにザンジバルで生じた革命と，連合共和国としてのタンザニアの成立までを順を追って見ていく。

---

[25] 正式名称は，ダール・アル＝ムスタファー（ar. Dār al-Muṣṭfā）である。詳細は第9章9.1.3節『アラウィー教団と組織としてのタリーカ』を参照されたい。

[26] 2007年5月3日に実施した，ジャアファル氏へのインタビューに基づく。

[27] キリスト教徒の増加によって，在来ムスリム住民との間に緊張感も高まっており，近年は2012年と2014年に教会が襲撃される事件が発生している［Anglican Link 2014］。

[28] 2011年11月11日に実施した，カール氏へのインタビューに基づく。

2.3.1　史料における東アフリカ沿岸部のイスラーム都市（14世紀まで）

　記録の上で，現在のザンジバルやスワヒリ・コーストを含む，東アフリカ沿岸部地域が記載された最古の史料は，インド洋の交易商人によって，1世紀半ばに航海手引書としてギリシャ語で書かれた，『エリュトゥラー海案内記』である［家島 1993: 319–320］。その記述内容からは，アラビア半島と東アフリカ沿岸部地域の間において，すでに活発な交易活動が行われており，アラブとアフリカ人との通婚が進んでいたことが示唆されている。

　東アフリカ沿岸部における初期のイスラームに関する史料としては，16世紀頃に編纂されたと推定される，『キルワ王国年代記』が存在する。これには，船に乗ったペルシャの王侯が，9世紀頃に現在のケニアにある港湾都市モンバサ[29]（Mombasa），ザンジバルのペンバ，そしてタンザニア南部の島キルワ（Kilwa Kisiwani）などに移住し，イスラーム都市を建設したことが述べられている［家島 1993: 322–323］。彼らの出身地が，現在のイランのシーラーズ（Shīrāz）であったとされることから，この移住に関する言い伝えはシーラーズィー（Shīrāzī：シーラーズ人）伝承と呼ばれている。同伝承の変種は，スワヒリ・コーストの各所に残されている。これに関しては，第3章3.3.2節でも改めて取り上げる。

　ザンジバルで生じたイスラーム化の状況については，書物以外にも考古学的な史料が残されている。ザンジバルの本島であるウングジャ島の南端に近いキズィムカズィ・ディムバニ（Kizimkazi Dimbani）には，キズィムカズィ・モスク（Msikiti wa Kizimkazi）と呼ばれる古いモスクがある[30]。モスク内には，12世紀初頭の年号が記された碑文があることから，当時のザンジバルには，すでに一定数のムスリムが存在したことがうかがえる。

　次いで，13～14世紀に生きたイタリア商人であるマルコ・ポーロ（Marco Polo, 1254–1324）の『東方見聞録』にも，ザンジバル[31]についての言及がある。マルコ・ポーロは，ユーラシア大陸を西から東へと横断し，インド洋を通って帰国したとされる人物である。ただし，『東方見聞録』自体は，マルコ・ポーロの言葉を作家のルスティケッロ（Rustichello da Pisa）が口述筆記したものとされ［マルコ・ポーロ 2013: 701–703］，内容面でも事実を記録したものとは認めがたい部分が含まれる。例えば，ザンジバルの住人に関する記述では，巨人のような風貌であり，4人分の荷を担ぐことができ，5人分食べる，ほとんど裸の者たちであるとされている。また，島内にはライオンやヒョウ，さらにはゾウやキリンが複数見られるとある［マルコ・ポーロ 2013: 523–528］。これの記載は，キズィムカズィ・

---

[29] 本来は湾内に浮かぶ島であったが，現在は橋が複数箇所に架けられ，陸続きとなっている。

[30] 現在の建物は改築されており，見た目は新しいモスクと変わらない。

[31] 残された写本によって，ザンギバル（Çanghibar）やゼンジバル（Zenzibar）など，表記に揺らぎが見られる［マルコ・ポーロ 2013: 523–528］。

モスクがこの時代にすでに存在していたことや，後述する『大旅行記』の内容と相反し，地勢的にも大型野生動物が陸域から 40 キロメートルも離れた島に分布していたとは考えがたい[32]ことから，恐らくは当時のアフリカやその住人に対してヨーロッパ人が抱いていたイメージを，そのまま反映させたものであろう。

　マルコ・ポーロの時代から 1 世紀後に書かれた，イブン・バットゥータの『大旅行記』にも，東アフリカ沿岸部地域が登場する。イブン・バットゥータは，すでに触れたように 14 世紀のモロッコに生まれたムスリムで，マッカへの巡礼を契機として，イスラーム世界の各所を踏破した旅行家である［家島 2013: 22–27］。東アフリカ沿岸部地域については，先に触れたサワーヒルという言葉で言及されており，彼のモンバサとキルワ訪問時の様子が詳細に記されている［イブン・バットゥータ 1998: 144–146］。『大旅行記』では，これらの都市はイスラーム化されており，キルワ島は篤信のスルターンが治めていると述べられている。一方，島の対岸である大陸側は，異教徒たちが暮らす土地だとされ，海をわたってこの地に移住したムスリムは，陸域ではなくあえて島嶼部に定着していたことがうかがえる。また当時のキルワには，イエメンから来たスーフィー[33]（ar. ṣūfī）がいたと記されていることから，ハドラマウトを含むアラビア半島南部との人的交流が，この時代にすでにあったことが分かる［イブン・バットゥータ 1998: 147–148］。

2.3.2　ポルトガルのインド洋進出（15–16 世紀）

　次に，スワヒリ・コーストとポルトガルの関わりについて見ていきたい。航海術の発展と，大型船などの遠洋航海を可能とする技術を背景に，15 世紀に始まったヨーロッパ諸国による海外進出は，やがて大航海時代と呼ばれる動きへと発展していく。高性能な船舶の製造に成功したポルトガルは，幾度となくアフリカ西海岸から大陸部外周の南下を試みており，途中にある港市を次々とその支配下に収めていった［宮本 1997: 254–256］。そして，同世紀の後半には，アフリカ大陸南端の喜望峰を「発見」することになる。

　1497 年には，ポルトガルの航海者であるヴァスコ・ダ・ガマ（Vasco da Gama）が，喜望峰を経由してインド洋に到達した。このことによって，西ヨーロッパからアフリカ大陸の外周をまわりながら東アフリカ沿岸部へ，さらにインドへと航路が切り開かれることになった。そして，16 世紀初頭には，インド洋にポルトガルの艦隊が現れるまでの状況になる［宮本 1997: 250–252］。

　ポルトガルがインド洋を目指していた当時，スワヒリ・コーストに点在するモ

---

[32]　現在のザンジバルでも，当然ながら大型野生動物を見ることはできない。特にウングジャ島は，平野部が限られており，野生のほ乳類は，丘陵地帯に広がる森林で暮らす小型のサル程度である。

[33]　イスラーム神秘主義者とも訳される。詳細は本書の第 IV 部を参照。

図2.8 サイイド・サイードの肖像
（Zanzibar National Museum of History & Cultureにて，2011年12月18日に筆者撮影）

ンバサやキルワなどのイスラーム都市は，それぞれが独立しており，都市国家的な性質を帯びていた［福田 1997: 218-219］。そのため，ポルトガルによるインド洋への進出に際して，これらの都市群は連携を取って対抗することができなかった。また，ポルトガル自体もこの状況を把握しており，一部の都市国家を懐柔するなどして，東アフリカ沿岸部に対する足場固めと影響力の行使を試みていた。そして 1592 年，モンバサがポルトガルによって占領されるに至る［福田 1997: 222-224］。ポルトガルは，この港湾都市に拠点となる要塞を築くと，それ以降の約 100 年にわたってインド洋交易を直接支配下に置くことになる。

2.3.3 海洋帝国オマーンの台頭（17-18世紀）

アラビア半島の東端部に位置するオマーンは，16 世紀初頭からポルトガルの支配下に置かれていた。しかし，17 世紀初頭に成立したヤアーリバ朝（ar. al-Yaʿāribah）は，1650 年にアラビア半島東部における中心的な港湾都市であったマスカト（Masqat）を奪還し，オマーン領域内のポルトガル人を放逐した［福田 1997: 225-226］。そして海上交易活動に進出したオマーンは，インド洋西側海域における支配権の掌握を目指すことになる。

17 世紀に入ると，オマーンの進出に乗じる形で，東アフリカ沿岸部地域の各所において，弱体化したポルトガルに反旗を翻すイスラーム都市が現れはじめた。そして 1652 年には，オマーン人の勢力がザンジバルまで到来する。オマーンが派遣した軍隊は，激しい戦闘の末にザンジバルを支配していたポルトガル人たちを駆逐し，この地域を支配下に収めることに成功する。一説には，ザンジバル側の

現地人有力者が，オマーン人と通じていたことが，この支配者の交代劇の背景にあるとされる［Mohammed 1991: 19］。オマーンとポルトガルの衝突はスワヒリ・コーストの全域に拡大し，ついにはモザンビークを除くすべてのイスラーム都市から，ポルトガル勢が撤退するに至った。

　勢い付くオマーンではあったが，18世紀には，後継者争いに端を発した内戦が本国で勃発してしまう。混乱する王朝を尻目に，東アフリカ沿岸部地域に在住していたオマーン人の有力家系は，イスラーム都市の実効支配を進めた。そのため，スワヒリ地域におけるオマーン王朝のプレゼンスは，この時期に一旦は後退することになる［福田 1997: 226–228］。しかし，ヤアーリバ朝に代わって成立したブーサイード朝（ar. al-Bū Saʿīd）は，より世俗的な支配者としての性質を強めたことから，国内において宗教的権威を持つ勢力からの支援に頼る代わりに，海上交易網の支配を通して，関税や通商といった経済活動からの収益を求めるようになった［福田 1997: 230］。そして19世紀，サイード・サイード（Saʿīd b. Sulṭān b. Aḥmad, 1791–1856, 在位 1806–1856）の治世下で，オマーンは再び東アフリカ沿岸部地域への進出に乗り出す（図2.8）。サイードの圧倒的な軍事力を前にして，各地のオマーン系有力家系は，イスラーム都市の統治権を手放し，オマーンはスワヒリ・コーストの掌握を確実なものとした。

　東アフリカ沿岸部の全域を支配下に置いたサイード・サイードは，1832年にはザンジバルにオマーンの首都を遷都する決断を行う。彼は，乾燥して荒れた土地の多いアラビア半島のオマーン本国よりも，緑多いザンジバルの環境に惹かれていたとされる［Mohammed 1991: 20］。またサイードは，ザンジバルのウングジャとペンバの両島で，香辛料であるクローブを栽培する目的でプランテーションの開発を進め，商業的に大きな成功をおさめた。彼の治世下では，多数の貴族階級のオマーン人がザンジバルに移住し，プランテーション経営で富を築いたという［Mohammed 1991: 21］。このような大規模農場において，その労働力の担い手となっていたのは，アフリカの大陸内陸部からもたらされた奴隷であったとされる［富永 2001: 110–112］。当時のザンジバル両島においては，人口の実に3分の2が奴隷出身者であったとする推計もある［福田 1997: 236］。一方でサイード・サイードは，一連の農地開発に加えて，海外，特に欧米諸国との通商関係の構築に力を注いでいた。その結果，当時のザンジバルは，東アフリカ沿岸部を代表するトレード・センターに成長する。オマーン統治時代におけるザンジバルの港には，19世紀中頃までに，アメリカやイギリス，さらにドイツやフランスの商船が来航するようになっていたという［福田 1997: 233］。

2.3.4　イギリスの進出とハドラミー（19–20世紀）

　サイード・サイードの没後，ザンジバルを含む東アフリカ沿岸部とオマーン本

土は，個別の歴史を歩み始める。これは，オマーン本土のワーリー（ar. wālī：知事）であった，サイードの三男スワイニー（Thuwaynī b. Saʿīd, 1821–1866, 在位 1856–1866）が，アラビア半島側の世俗的支配者[34]となる一方で，ザンジバル側は六男であるマージド（Mājid b. Saʿīd, 1834–1870, 在位 1856–1870）が統治権を掌握したためである。スワイニーは，先代のサイードのように，オマーン本国とザンジバルの両方の支配を目論んでいたが，イギリス（英領インド政府）の介入により断念した［Ingrams 1931: 163–164］。その結果，オマーンはアラビア半島と東アフリカ沿岸部の 2 つの地域に分割されることになる[35]。

　19 世紀は，西欧列強によるアフリカ大陸分断の時代でもあった。スワヒリ・コーストとして，文化的・地域的な連続性を誇っていた東アフリカ沿岸部地域もまた，オマーン人の為政者たちの都合とは無関係に，イギリス，ドイツ，フランス，イタリアによって国境線が引かれていく。ザンジバルのオマーン人の支配下にあった大陸側の沿岸地域は，それぞれソマリアがイタリア領に，ケニアがイギリス領に，タンガニーカがドイツ領に，コモロ諸島とマダガスカルがフランス領とされた［富永 2001: 127–129］。名目上，これらの地域は保護領となっていたが，実態としては植民地と変わるところはなかった［Mohammed 1991: 21–22］。

　1890 年 2 月にザンジバルのスルターンに即位したアリー（ʿAlī b. Saʿīd, 1854–1893, 在位 1890–1893）は，同年 6 月に彼に残された最後の領地であるウングジャとペンバの両島を，イギリスの保護領とすることに同意した。スルターン位自体はイギリス統治下も存続したが，外交的な権限はオマーン人の手中から失われた。こうして，サイード・サイードが海洋帝国オマーンの版図とした，緑豊かな東アフリカ沿岸部地域は，重要性が低いとみなされた一部の離島を残して，すべて西欧列強による支配のもとに解体されることとなった［Ingrams 1931: 172–173］。

　現在では，否定的な文脈で語られることの多いヨーロッパ諸国による植民地支配であるが，インド洋の西側地域においては，海上での人の移動を活発化させたという側面があることも，また指摘すべき重要な点である。アラブとバントゥーの邂逅を通してイスラーム化されたという点において，文化的な共通性を備えていたスワヒリ・コーストであるが，ポルトガルの進出に対して政治的な連携が取れなかった事実からも明らかなように，個々の港市は都市国家的な性質を帯びていた。相互に独立性の強かったこれらのイスラーム都市は，サイード・サイードの治世下において，名実共に一体的な地域となったが，続く西欧列強による植民地主義の前に再度解体された。しかし，19 世紀後半に実現したスエズ運河の開通

---

[34] オマーンにおけるブーサイード家出身の世俗的支配者に対しては，当初，サイードのようにサイイド（ar. sayyid：閣下）が敬称として用いられていたが，19 世紀後半頃から，スルターン（ar. sulṭān：王）の称号が使われるようになった［松尾 2013: 11］。

[35] イギリスによる政治介入は，東アフリカにおける奴隷貿易の廃止のために，ザンジバルの政治・経済的安定が不可欠だと判断されたことが背景にあるという［松尾 2013: 66–71］。

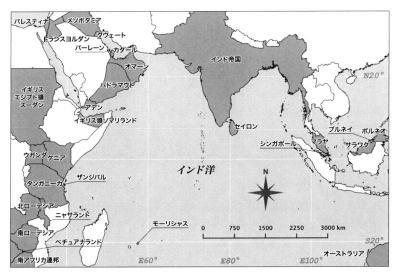

図2.9　第一次世界大戦後のインド洋におけるイギリス支配地域
（TNA『Maps in Time』をもとに筆者作図[The National Archives 2008]）

と，蒸気船の本格的な導入によって，インド洋においては地域を越えた人や物の動きが，飛躍的に高まることになる［新井 2000a: 179–180］。さらに，20世紀に入り，第一次世界大戦のドイツ敗戦によって，タンガニーカがイギリス領となると，東アフリカ沿岸部地域を含むインド洋の西海域は，英国保護領という形で新たに地理的な連続性を獲得した。

海上交通網の整備と，イギリスによる支配域拡大という状況を利用して，インド洋に面した諸地域を，縦横に移動していたのがハドラミーであった。前節でも触れたように，彼らはアラビア半島南端にあるハドラマウト地方出身のアラブである。この時代のハドラミーたちは，もっぱら社会経済的な問題を背景として，短期で帰国する出稼ぎ労働ではなく，恒久的な居住を目的とした海外への渡航を積極的に行っていた［新井 2010: 225–229］。

ハドラミーは，オマーン人スルターンが東アフリカ沿岸部一帯を支配していた時代にも，まとまった規模でザンジバルを含むスワヒリ・コーストに渡来していた［Farsy and Pouwels 1989: xv–xvi］。しかしながら，本章2.2.2節『オマーン系住民とイバード派』で述べたように，これはイスラームにおける宗派や法学派の違いを背景とした，オマーン人スルターン側の統治上の都合による面が大きく，イギリス保護領下で活発化した移住活動とは性質が異なっている。

19世紀末から20世紀初頭にかけてのイギリスは，積極的な植民地拡大を押し進めたことから大英帝国と呼ばれている。この時代，インド洋の東西にイギリス

の保護領や植民地が存在する状態になっており（前頁，図2.9参照），主要な港湾都市が関税が賦課されないフリー・ポートとして解放されていた。イギリス支配によってもたらされた地域の安定と海洋航路発展の時代は，後にパクス・ブリタニカ（Pax Britannica）と呼ばれることになる。当時，ハドラマウトを後にしたハドラミーは，これらの経済成長めざましい地域を目指して，マレー半島をはじめとする東南アジア，南アジア，そして東アフリカ沿岸部にわたった。

　インド洋の西海域においては，第一次世界大戦が終結した時点で，アラビア半島のオマーンとハドラマウト，ソマリア北部，ケニア，タンガニーカ，そしてザンジバルが，イギリスの支配下に置かれていた。スワヒリ・コーストに点在するイスラーム都市の多くで，ハドラミーたちは移住者のコミュニティを作ったが，それらの中でも，この時代に彼らを集めていたのはザンジバルであった。経済的成功の機会を求めて，東アフリカ沿岸部行きのダウ船[36]に乗り込んだハドラミーたちは，フリー・ポートが存在するザンジバルのウングジャ島や，プランテーションが広がり労働機会の多いペンバ島へ向かった[37]。彼らの移住活動の背景と動機，そしてザンジバルへの定着プロセスについては，第4章で改めて議論する。

2.3.5 独立と革命，そしてタンザニア成立（現代まで）

　保護領時代のザンジバルでは，オマーン人スルターンの上にイギリス行政当局が存在するという，間接統治の形式が取られていた。1914年からは議会制が導入され，1926年には人種・民族ごとに一定数の議席が割り当てられるようになる［Lofchie 1965: 63–65］。イギリス行政当局は，統治にあたって人種や民族に基づく枠組みを設定し，ザンジバル住人をアラブ，インド人，アフリカ人，イギリス人に区分しており，議会もこれにならった形で構成された[38]。

　イギリス行政当局による人種・民族のカテゴリー分けは，それがザンジバル住民の来歴や，彼ら自身のアイデンティティ認識に即したものであったかのは議論がある。しかし，これらのカテゴリー分類に合わせた人種別・民族別の協会が，相次いで設立されることで，統治の必要性から考案された概念上の区分が，民族集団として実態を持つようになってくる[39]。こうした民族集団別のナショナリズム

---

[36] 後述するように，東アフリカ沿岸部を中心とするインド洋の西海域では，20世紀半ばまで，蒸気船ではなく，木造帆船のダウが主要な海上交通手段であり続けた。

[37] 2009年10月26日に実施した，アブドゥルカーディル氏へのインタビューに基づく。

[38] ただし，アフリカ系の住民が議会のメンバーになったのは，1946年以降のことである［Lofchie 1965: 65］。

[39] 民族集団別の協会については，第6章でも触れる。これらの協会には，各民族集団に対する照会窓口を必要とした，イギリス行政当局の求めによって組織されたものや，相互扶助やスポーツ・クラブを目的とした団体などがあり，その設立の経緯は様々である。しかし，次第に性質を変化させ，政治活動を行うようになったという［Mohammed 1991: 40］。

意識の高まりと政治参加への要望を受ける形で，イギリス行政当局はザンジバルにおける総選挙の実施を計画することなる［Mohammed 1991: 6］。

最初の選挙は 1957 年に行われた。当初，アフリカ系住民のグループは，経済格差と教育水準の問題から不利な結果に陥ると考え，選挙のボイコットも検討していた［Mohammed 1991: 41］。しかし，結果はアフリカ系住民の政党である，「アフロ・シラズィ党（Afro-Shirazi Party：略称は ASP，以下 ASP と記述）」[40] の勝利に終わった。ところがその 2 年後には，ASP からシラズィのアイデンティティを持つグループが離脱し，独自の政党である，「ザンジバル・ペンバ人民党（Zanzibar and Pemba People's Party：略称は ZPPP，以下 ZPPP と記述）」を設立した［Bennett 1978: 258］。続く 1961 年と 1963 年の選挙では，この ZPPP が，アラブ系住民が支持する政党である，「ザンジバル国民党（Zanzibar Nationalist Party：略称 ZNP，以下 ZNP と記述）」との連携を選んだことから，勝利は ZNP 側がつかむことになった［Bennett 1978: 260–262］。そして，1963 年 12 月 10 日，ザンジバルは立憲君主国として，イギリス支配からの独立を果たすことになる［Kharusi 1967: 6］。

新生ザンジバル王国（Sultanate of Zanzibar）は，先の選挙で勝利した ZNP と ZPPP からなる連立政権が議会を構成し，その上に国家元首としてオマーン人スルターンを推戴した国家である［Mohammed 1991: 8］。しかし，この体制は長くは続かなかった。独立から年が明けた 1964 年 1 月 12 日，ASP と結び付いたアフリカ系の武装グループ[41] によって，ザンジバル革命が発生する［Kharusi 1967: 9］。革命の主導者は，ウガンダ出身のキリスト教徒の活動家であるジョン・オケロ（John Okello, 1937–1971?）である。革命は 9 時間で終わり［Okello 1967: 34］，オマーン人スルターンはイギリスに亡命［大川 2010b: 116］，ZNP と ZPPP による連立政権は転覆された。革命の際に亡くなった住民は 13,653 人に上り，その中で 11,995 人がアラブ[42] であったという［Okello 1967: 160］。また，革命時には，21,462 人の

---

[40] 当初は「アフロ・シラズィ連合（Afro-Shirazi Union：略称は ASU）」を名乗っていた。

[41] 先行研究においては，単にアフリカ人と記述されるか（例えば［富永 2001: 139］），保留付きで「アフリカ人」とされることが多い（例えば［大川 2010b: 115］）。しかしながら，この言葉は，ザンジバルで暮らすアフリカ系住民と単純なイコールとはならないことに注意が必要である。革命の主導者であるジョン・オケロは，自著において，革命を実行したのが，訓練を受けた武装集団であることを詳細に記している［Okello 1967: 28］。革命の主体として語られる「アフリカ人」という言葉に含まれる，あいまいさと問題点については，次章および第 6 章を参照されたい。

[42] ここで言う「アラブ」は，一般にはオマーン系住民のことであると説明される［大川 2010b: 115–116］。しかしながら，革命に際しては，ハドラミーも暴力の対象となっていた。革命の実行者であるアフリカ系武装グループは，「非アフリカ人」の風貌を持つ者を，無差別に殺害したという証言もある（2011 年 12 月 9 日に実施した，フサイン氏へのインタビューに基づく）。詳細は，ザンジバル革命について検討する 6 章を参照されたい。

図2.10 演説するザンジバル革命政府初代大統領カルメ
（出典：ASP [Afro-Shirazi Party 1967: i]）

「敵対勢力[43]」が身柄を拘束されている[44]［Okello 1967: 160］。スルターンと ZNP・ZPPP に代わって政権の座についたのは，ASP を主体として成立した革命議会（Revolutionary Council）であった［Bennett 1978: 266］。

議会を支配した ASP は，国号をザンジバル人民共和国（People's Republic of Zanzibar）と改め，その初代大統領には同党代表のアベイド・カルメ（Abeid Amani Karume, 1905–1972, 在任 1964–1972）が就任した［Bennett 1978: 266］。しかしながら，法的な裏付けを欠いた政権の簒奪劇は，ザンジバル社会に長期的な混乱をもたらすこととなる。反革命を恐れた ASP は，秘密警察を導入するなどしてザンジバル住民に対する締め付けを強化するとともに［Kharusi 1967: 12］，大陸側のタンガニーカとの連携を模索し始める。カルメ大統領は，タンガニーカの大統領であったジュリウス・ニエレレ（Julius Kambarage Nyerere, 1922–1999, 在任 1962–1985）と秘密裏に交渉を進めており［富永 2001: 218］，1964 年 4 月 26 日に，ザンジバルとタンガニーカの合邦が成立した（図 2.10）。

こうしてザンジバル人民共和国は，革命からわずか 3 ヶ月後に消滅，タンザニア連合共和国の島部州として現在に至る[45]。また ASP は，1977 年にタンガニー

---

[43] 革命の実行者にとっての敵対勢力，つまりはオマーン系をはじめとする，アラブ系住民を中心とした，非アフリカ系住民ということになる。

[44] アラブ系住民に対する身柄拘束は，革命政権の樹立後も，数ヶ月間にわたって繰り返されたことから，実態としてはこの数倍に達すると思われる。

[45] ただし，ザンジバルはタンガニーカとの統合後も，島部州だけを対象とした独自の統治機構と大統領制を有するなど，単独の国家に近い形で自治権を保持し続けている。また近年は，タンガニーカとの合邦を解消して，独立した国家を目指すという運動も生じている。

カの与党であったタンガニーカ・アフリカ民族同盟（Tanganyika African National Union：略称 TANU）と統合され，タンザニア革命党（Chama Cha Mapinduzi：略称 CCM，以下 CCM と記述）となった［Bennett 1978: 154］。ザンジバルにおいて，CCM は当初から一党独裁体制を敷いており，多党制に移行した現在でも，与党として政権を担い続けている。

2.4　おわりに

以上，本章では地理・宗教・歴史の各側面から，海のイスラーム都市としてのザンジバルの素描を試みてきた。単にタンザニアの陸域に附属した島部州と見るだけではとらえることのできない，ザンジバルの地理的な重要性や，様々な宗派に属するムスリムたちが協調的に暮らしているイスラーム社会としての姿，また海域世界を背景とした人々の移動と権力をめぐる闘争といった歴史の舞台として，その特徴が共有できたのではないかと思う。

ザンジバル住人の民族的な背景については，本章でイスラーム諸宗派との関わりを通して簡単に触れた。しかし，その民族名がどのような集団を指しているのかは，用語の使用者によって異なっており，さらに本人たちの名乗りも状況によって変化してきたことから，実態としては非常に分かりにくいものとなっている。そこで次章では，ザンジバル社会を構成する住民のエスニシティについて，もう少し踏み込んだ考察を行うことにしたい。

第3章
ザンジバル住民のエスニシティ

図3.1 様々な民族的背景を持つザンジバル住民
(2007年4月12日に筆者撮影)

　ザンジバルは多民族からなる社会である(図3.1)。ザンジバルを代表する都市，ストーンタウンを歩けば，誰でも一瞥しただけで，人々の肌の色や彫りの深さ，頭髪や服装の違いなどから，この島の住民が有している民族的な背景の多様性に気付くであろう。ザンジバルは，1964年に大陸側のタンガニーカと合邦して一つの国となったことから，大陸内陸部の諸地域からも移住者が増加しており，近年はよりいっそう民族的なバリエーションを持ちつつある。

　前章では，イスラームの各宗派が，どのような民族的背景を持つ住民によって信奉されているのかについて述べた。そこで挙げた民族集団名は，アフリカ系，アラブ系，インド系，コモロ系であったが，これらは実用面を優先したカテゴリー化であって，それぞれのグループに含まれる住民が，実際にどのような出自を持っているのかについては，慎重な検討が必要となる。そこで本章では，ザンジバル住人のエスニシティについて考えてみたい。

　議論に先立って，用語の定義を確認しておく。文化人類学者の綾部によると，民族集団とは「国民国家の枠組みのなかで，他の同種の集団との相互行為的状況

下に，出自と文化的アイデンティティを共有している人々による集団」であると定義される［綾部 1987: 103］。またエスニシティとは，「民族集団が表出する性格の総体」かつ「（民族集団の）性格やアイデンティティのあり様をさす」とある。本章では，ザンジバル住民による民族的アイデンティティの表出とその状況をエスニシティとし，この民族的アイデンティティに基づいて形成された集団を民族集団とする[1]。

3.1 ザンジバル住民をどのようにカテゴライズするか

ザンジバル住民の民族的背景について知るには，まず政府刊行物にオフィシャルな記述を求めることが考えられる。しかし，現在タンザニア政府が公表している国勢調査の資料に記載があるのは，行政区ごとの人口および年齢と性別の分布だけであり，民族分類に関する記述は一切含まれていない［National Bureau of Statistics in Tanzania 2012］。宗教についてもデータがないことから，これらの項目が現政府の関心領域から外れているか，あるいは意図的に集計・公表していないものと考えられる。しかし，1964年にタンガニーカと合邦する前のザンジバルにおいては，当地を支配していたイギリス行政当局によって，詳細な統計資料が公表されていた。そこで，民族集団の分類にあたって，まず行政当局による公刊物の性質と，これらを利用することで生じる問題点の有無を検証してみたい。

3.1.1 コロニアル・レポート

イギリスの保護領下でのザンジバルでは，コロニアル・レポートとして，人口統計をはじめとする，各種の統計資料が冊子の形でまとめられた。同様の資料は，各保護領や植民地において制作されており，その構成は基本的に同一である。まず，民族別の住民数が集計され，さらに職業別の賃金が技能レベルに分けて掲載される。次に，行政当局の財政状況と税収，通貨と銀行取引，通商・産業と，経済面における統計がまとめられる。これに社会面の資料が続き，教育制度や公衆衛生，司法・立法などの法制，電力や水道などの公益事業，船舶や郵便などの交通・通信システム，博物館などの文化事業について述べられている。最終部は，地勢や歴史など，保護領の概略である。このようなコロニアル・レポートは，基本的に毎年発行されていた[2]。

筆者が入手した中で最古のものは，1948年に発行された1947年度の資料である。

---

[1] エスニシティの定義には，客観的側面と主観的側面という，2つの視点の必要性が長年議論されてきた［Isajiw 1993］が，本章の考察に際しては区別を設けない。

[2] ザンジバルにおいては，保護領時代の終盤に隔年刊になった。

この年度のレポートにおける民族別の人口統計欄では，区分としてヨーロッパ人，アラブ，インド人，アフリカ人が挙げられている［Colonial Office 1948: 6］。一方，1955 年発行のコロニアル・レポートでは，従来の 4 区分に加えて，コモロ人とゴア人の人口が掲載されている［Colonial Office 1955: 6］。コモロ人はコモロ諸島からの，そしてゴア人はインドのゴア州からの移住者，つまりはインド人である。コモロは，ザンジバルから海上を南東方向に 750 キロメートル進んだ位置にある群島であるが，ザンジバルと同じくスワヒリ文化に属している。一方，インドのゴア州は当時，ポルトガル領であり，ゴア州からの移住者は，ザンジバルでは数少ないキリスト教徒であった[3]。つまり，イギリス行政当局が発行した資料におけるザンジバル住民の分類は，人種と民族，そして宗教を混在させたカテゴリー区分になっていることが分かる。

3.1.2　ザンジバル革命以前の国勢調査

イギリス行政当局は，コロニアル・レポートを作成するにあたって，国勢調査で得られたデータを用いている[4]。イギリス統治期のザンジバルにおいては，1924 年[5]，1931 年，1948 年[6]，1958 年に国勢調査が行われた。ザンジバル州立公文書館（Zanzibar National Arichives）には，コロニアル・レポートのもとになった国勢調査の記録が，タイプライター原稿の状態で残されている。

コロニアル・レポートにまとめる前の国勢調査データでは，民族別の人口数が，さらに細かく，さらに奇妙な分類に基づいて集計されている。最初の国勢調査である 1924 年の資料では，民族として 14 の名称が挙げられている［ZNA AB|33|3］。筆頭がアラブ（Arabs）で，スワヒリ（Swahili），ハディム（Hadimu），トゥンバトゥ（Tumbatu），シラズィ（Shirazi），ペンバ（Pemba）と続く。さらに，シヒリ（Shihiri）とコモロ人（Comorians）と記載されており，後は大陸側の内陸部から来た住人の出身民族が 7 つ[7] 列挙されている。トゥンバトゥとペンバは，ザンジバルを構成する島の名称であり，民族名とは言いがたい。また，コモロ人は先に述べたようにコモロ諸島からの移住者であり，彼らの祖国にもザンジバル同様に多様な民族

---

[3] 2011 年 11 月 11 日に実施した，カール氏へのインタビューに基づく。
[4] 国勢調査が行われない時期については，推計値や個別の調査などによって，数値の変動がある程度フォローされている。
[5] 1921 年には，アラブとアフリカ系以外の住民に対する人口調査が，本調査に先行して実施されている［ZNA BA|34|3］。
[6] 本来は 1941 年にも国勢調査が予定されていた。しかし，第二次世界大戦の影響で延期となり，1948 年になって改めて実施された［Colonial Office 1948, 1949］。
[7] 詳細については，本章 3.3 節を参照されたい。

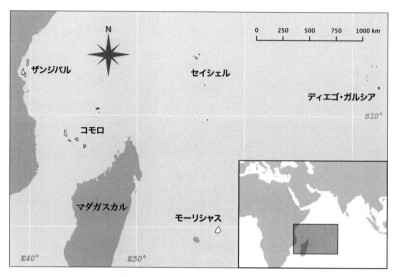

図3.2　20世紀前半におけるマダガスカル周辺の島嶼部
セイシェル，モーリシャス，ディエゴ・ガルシアはイギリス領であった

的なバック・グラウンドがある[8]。したがって，この分類もまた，必ずしも人種・民族に基づいたものではないことが分かる[9]。

　1931年の国勢調査も，原則的には1924年の分類を踏襲している［ZNA BA|34|3］。しかし，続く1948年の国勢調査では，分類が単純化されており，設定された人種・民族の定義が合わせて記載されている［ZNA AB|33|9］。この定義を見ると，アラブはアラビア半島に起源を持つ者で，アラブ系アフリカ人も含むとある。後者で想定されているのは，アラブ系の父とアフリカ系の母から生まれた子である。これは，父系制に基づいた血縁集団がイスラーム社会における家族の単位になっており，父親のアイデンティティを子が受け継ぐことをふまえている。ヨーロッパ人は，ヨーロッパに起源を持つ白人とされており，出身国は問われていない。インド人は，インド亜大陸に起源を持つ者たちで，インドとパキスタンの区別はない。また，その他のカテゴリーとして，中国人，セイシェル人[10]，モー

---

[8]　ただし，社会的な統合が進んでおり，民族間の境界線は意味を成さなくなっている。詳細については，本章3.4節も参照されたい。

[9]　国勢調査で各民族名として挙げられたラベルが，どのような民族集団を指しているのかについては，本章3.2節以降で順に検討する。

[10]　セイシェル島出身の移住者で，特定の民族集団を指す言葉ではない。当時のセイシェルはイギリス領で，現在はイギリス連邦（コモンウェルス）の加盟国である。マダガスカル島から北東の海上1,150キロメートルに位置している。

リシャス人[11]，そしてシンハラ人[12]が記載されている（各地域の位置関係については，図3.2を参照）。

3.1.3　資料の性質と住民のエスニシティ観

これまで見てきたように，イギリス行政当局による分類では，民族名と出身地域名が同列に扱われるなど，異なったレベルやカテゴリーの名称が混在している。これは，イギリス行政当局における民族区分の認識をそのまま反映しているというよりは，ザンジバル住民による意図的なエスニシティの選択も背景にあると考えられている［大川 2010b: 120］。特にアフリカ系の住民においては，彼らの自己申告に基づいて，所属する民族集団が決定されていたとされる［富永 2001: 132］。言い換えれば，行政当局による分類ではなく，ザンジバル住民自身のエスニシティ観が，ある程度は反映されていると考えることができる。そこで本章では，一定の留保が必要ではあるが，イギリス行政当局の資料に現れたカテゴリー区分を手がかりにしながら，ザンジバル住民の民族構成について検討したい。

3.2　ザンジバルのアラブにおける2つの下位集団

国勢調査における人種・民族名は，実施時期によってその分類法が変化しているが，アラブには常に独立した項目が立てられていた[13]。ザンジバルで暮らすアラブ系住民は，当時も，そして現在も少なくとも2種類の下位集団に分けることが可能である。その一つは，オマーンからの移住者や彼らの子孫のアラブである。本章では，この集団をオマーン系住民と呼ぶ。もう一方のグループは，ハドラミーである。第1章・第2章でも述べたように，彼らはアラビア半島南部のハドラマウト地方出身のアラブ移民である。本章では，ハドラマウトからの移住者およびその子孫を，単にハドラミーかまたはハドラミー移民と記述する。

3.2.1　アラブを代表するオマーン系住民

1948年の国勢調査資料における人種・民族の定義では，アラビア半島の出身者およびその子孫がアラブであるとされていた。この定義では，オマーン系住民とハドラミーの両者が含まれるように理解可能である。しかし，少なくとも1924年

---

[11] モーリシャス諸島（マスカリン諸島）出身の移住者で，セイシェル人同様，特定の民族集団を指す言葉ではない。当時のモーリシャスはイギリス領で，現在はイギリス連邦の加盟国である。マダガスカル島から東の海上940キロメートルに位置している。

[12] 現在のスリランカ（当時はイギリス領セイロン）出身の民族集団である。

[13] ただし，後述するように，アラブがどの民族集団を指すかは，時期によって違いが見られる。

の国勢調査の段階では，「アラブ」というラベルはハドラミーを含んでおらず，オマーン系住民だけを指していた。

　国勢調査におけるオマーン系住民はアラブとなっているが，ザンジバル社会で彼らを指す言葉としては，アラブ（sw. Mwarabu, 複数形は Waarabu）とマンガ（sw. Manga, 複数形は Wamanga）という2種類の用法がある。現在は，前者はオマーン系住民を指すニュートラルな言葉として，後者は侮蔑的なニュアンスを含んだ言葉として用いられている[14]が，保護領時代のザンジバル社会においては，厳密な使い分けがなされていた。この時代におけるアラブとは，サイイド・サイードがザンジバルを含む東アフリカ沿岸部一帯を支配下に収めた際に，アラビア半島にあるオマーン本国から移住してきた者たちの子孫を指している。一方のマンガとは，イギリス保護領下でオマーンからザンジバルにわたった，新参の移民に対して用いられた呼称であった［大川 2010b: 315–316］。

　歴史家のイングラムズは，外見や行動における特徴によって，この両者を弁別可能であると述べている［Ingrams 1931: 205–206］。古参アラブは，落ち着いた身のこなしで温和な瞳をした，ザンジバル生まれのアラブであるとし，一方のマンガは，オマーン本国のマスカトの山寨で生まれ育ったがゆえに，足取りが早く，眼差しも黒く鋭い者たちであるとしている。このような類型化がどの程度の妥当性を持つかのは疑問の余地もあるが，当時のザンジバル社会においては，両者が同じオマーン系住民でありながらも，それぞれ別のカテゴリーに所属する集団であるとみなされていたことがうかがえる。

　経済面に注目しても，これら両者には決定的な違いがあった。古参アラブは，オマーンと歴史的なつながりは持ちつつも，ザンジバルに数世代にわたって居住しており，その多くはクローブやココナツのプランテーションを所有する大地主である。豊富な資金を背景に優れた教育を享受し，それゆえに政府の要職にも就くことができた。まさに，経済的にも政治的にもエリートであったといえる［Lofchie 1965: 77］。一方で，マンガは資金を欠いた状態でザンジバルにわたり，定着後は小規模な商売で収入を得る暮らしを送っていた［Lofchie 1965: 78–79］。それゆえに，マンガたちが古参アラブからなるエリート植民者階級のメンバーには含まれることはなかった［Purpura 1997: 166］。

3.2.2　シフル人としてのハドラミー

　ハドラミーもまた，アラビア半島からザンジバルにわたったアラブであるが，ザンジバル社会においては，アラブではなくムシヒリ（sw. Mshihiri, 複数形は Washihiri）と呼ばれていた。これは，彼らがアデン湾に面した小さな港町であるシフル（al-Shiḥr）から，木造船のダウに乗ってザンジバルに向かったことに起因

---

[14] 2007年4月30日に実施した，ヤフヤー氏へのインタビューに基づく。

する。アデン保護領[15]からの出国に際しては，彼らの身分証明書[16]にシフル港のスタンプが押されていたことから，実際の出身地に関わらず，他のザンジバル住民からは，ひとまとめにシフル人とみなされたのである。この誤用は，1924年の国勢調査資料においてもそのまま継続しており，オマーン系住民を指す「アラブ（Arabs）」とは別の項目で，「シヒリ（Shihiri）」，つまりシフル人というラベルが，彼らに対する民族集団名として挙げられている。

先に触れたように，富永によれば，一連の国勢調査において，特にアフリカ系住民は自己申告により民族が決定されたという［富永 2001: 132］。しかし，少なくともハドラミーに対しては，このルールは適用されていないと見られる。ハドラミーが自らを指して，誤解に基づいた他称であるシフル人を名乗ることはなく［ZNA AB|12|22］，通常は単にアラブか，出身家系の名前を用いる。したがって，国勢調査におけるシフル人という記述は，彼ら自身の申告によるものではなく，第三者の視点による回答だと考えるのが妥当であろう。ザンジバルでは，ムター（sw. mtaa）と呼ばれる街区ごとに，世話役とお目付役を兼ねた，地区の代表者であるシェハ[17]（sw. sheha）が存在する。そのエリアの住民の素性については，この人物が一元的に把握・管理していることから，国勢調査にあたっては，シェハの地域住民に対する認識が大きく関わっていたと推察される。

オマーン系住民には，アラブとマンガという下位のカテゴリーが存在したが，実はハドラミーにも二次的な区分が存在する。しかし，前者の場合とは異なって，民族集団の外部の住民視点では呼称の使い分けが起こらず，すでに述べたようにハドラミーは一様にシフル人と呼ばれていた。ハドラミーにおける下位集団は，オマーン系住民のような，移住の時期や生計手段に根ざした階級区分ではなく，血統や出自を軸にした，独自の分類法[18]に基づいている。しかし，経済面に注目するならば，全体としてハドラミーが置かれている状況には，新参オマーン移民であるマンガと近いものがあった。彼らは主として経済的な理由によって故郷のハドラマウトを後にしており，移住先であるザンジバルにおいては，水運びなどの肉体労働を中心に生計を立てていた。

---

[15] 海上交通の要衝にあった，アラビア半島南部の港湾都市アデンは，1937年まではイギリス領インド帝国の州であり，その後はアデン植民地としてイギリスの直轄地となる。20世紀初頭のハドラマウトは，このアデンの後背地とともに，アデン保護領としてイギリスの支配下にあった。

[16] イギリス行政当局が発行した，ブリティッシュ・パスポートである。詳細は，第4章4.4.2節『インド洋西海域とイギリス』を参照。

[17] 現在は，政府によって任命される役職である。シェハの執務室がある建物の前は，それと分かるように旗が掲げられている。

[18] 詳細については，第5章5.2節『ハドラミーと社会階層』を参照されたい。

3.2.3 アラブ，マンガ，そしてシフル人として

　ここまでの議論を総括しよう。客観的事実としてのアラブは，保護領時代から現代まで，ザンジバルにおいて2つの民族集団を形成してきた。一方はオマーン系，もう一方はハドラミーである。オマーン系住民は，移住の時期によって所属する社会階層が異なり，古参移民は経済的エリートとして，新参移民は肉体労働者として，ザンジバル社会を構成してきた。ザンジバル住民[19]もまた両者を区別しており，古参移民をアラブ，新参移民をマンガと呼んでいた。一方，ハドラミー移民の場合も，彼ら自身の民族集団内部に，血統に根ざした下位のカテゴリーが存在していた。しかし，移住先のザンジバル社会にとって，彼らはアラビア半島南端の同じ港から来た労働者たちであり，在来住民の目には，一様にシフル人として映っていた。ハドラミーとオマーン系住民は，どちらもアラブでありながら，ザンジバル社会においては，それぞれ別の民族集団のように受け入れられ，また彼ら自身もそのように振る舞ってきたのである[20]。

3.3　アフリカ系住民：スワヒリ人とシラズィ

　次にアフリカ系住民である。先の1924年の国勢調査の資料には，ネイティブ・センサスというタイトルが付されている［ZNA AB|33|3］。つまり，ザンジバル在来とみなされた民族についての統計調査ということになるが，実際にはアラブとアフリカ系住民だけを対象としていた。それ以外の住民については，先行して1921年に人口調査が行われている［ZNA BA|34|3］。続く1931年の国勢調査では，これまでの単に民族名を列挙する形式から，出身地や人種などを軸に，ある程度の分類が試みられている。アフリカ系住民の場合は，「Local Africans」と「Other Africans」の下位区分のもとに，各民族名がグルーピングされている。

　ローカル，つまりザンジバル在来の住民として挙げられているものを見ると，スワヒリ，ハディム，トゥンバトゥ，シラズィ，ペンバの記載がある。もう一方の非在来グループについては，コモロ人，ニャサ（Nyasa），ヤオ（Yao），ニャムウェズィ（Nyamwezi），マニェマ[21]（Manyema），ザラム（Zaramu），キクユ（Kikuyu），その他の大陸出身アフリカ人から構成されている。

---

[19] これにはアラブ側の自己規定も含まれる。ただし，新参移民が自らのことをマンガと呼ぶことはなかった［大川 2010b: 319］。

[20] ザンジバルにおける社会・経済的地位としては，比較的近い状態に置かれていたマンガとハドラミーであるが，両者の関係は必ずしも良好ではなかった。1928年には両グループの衝突で死者も出ている［Mohammed 1991: 57］。

[21] マニェマが民族名であるかは異論もある。

コモロ人以外の非在来グループは，東アフリカの大陸部をルーツに持つ，バントゥー系を中心とした諸民族である。これらの民族名は，オマーン人やインド人の奴隷商人によってザンジバルに連れてこられた奴隷にも見られるものである。しかし，1873 年に奴隷貿易の禁止と市場の閉鎖が実現したことから［富永 2001: 119–123］，国勢調査実施まで約 50 年が経過していることを考慮すると，解放奴隷の子孫が，大陸部における親や祖先の出身地を答えるとは考え難い。イングラムズによると，当時は短期の賃労働者として，大陸部からザンジバルにわたる者が相当数いたとされることから，これらの一時滞在者ではないかと思われる［Ingrams 1931: 32］。ムスリムが多いザンジバルにおいて，彼らは信仰面でキリスト教，イスラーム，在来宗教と多様な背景を持っていた［Ingrams 1931: 33］。

またコモロ人は，1931 年の国勢調査では「Other Africans」に分類されているが，人種・民族的に他のアフリカ系住民とは異なった起源を持つグループである。このことは，1948 年の国勢調査において，アフリカ系住民から単独のカテゴリーに移されていることにも現れている［ZNA AB|33|9］。彼らについては，この後の本章 3.4 節で改めて取り上げることにする。

3.3.1　スワヒリ人とは誰か

1931 年の国勢調査で，在来のアフリカ系住民として筆頭に挙げられているのがスワヒリ人である。スワヒリという言葉自体は，第 2 章 2.1.2 節で述べたように，アラブ・イスラームとバントゥーの邂逅によって生じたもので，イスラーム化された東アフリカ沿岸部を指す地域名，およびそこで共有されている都市文化を表している。また，東アフリカ沿岸部地域において話されているリンガ・フランカ（en. lingua franca：地域共通語）もスワヒリと呼ばれており，バントゥー系の言語をベースに，アラビア語由来の語彙が数多く含まれるという特徴が見られる[22]。つまり，これらの観点に立つならば，スワヒリ人とは，東アフリカ沿岸部地域で暮らしており，スワヒリ語を話す，アフリカ系のムスリムということになる。

しかし，話はそう簡単ではない。スワヒリ人という名称は，使用される状況によって，どの民族集団を指すかが変化しており，先行研究においても研究者の用法は必ずしも一致していない。例えば，先のイングラムズは，東アフリカ沿岸部地域の先住民と，内陸部の奴隷出身者およびアラブが混血したものとしている［Ingrams 1931: 30］。オランダのアフリカ研究者プリンスは，スワヒリ人をスワヒリ文化の周縁に暮らす，系譜をたどれない奴隷出身者で，低い職業的地位に置かれた，粗野な身なりの人々であるとしている［Prins 1961: 11］。また，アメリカの政治学者ロフチーは，プリンスの言葉を引きながら，奴隷交易に根ざした起源を

---

[22]　スワヒリ語の語彙の実に 30% がアラビア語由来であるという［Pouwels 1987: viii］。

持つ，アラブとアフリカ人の混血であると述べている［Lofchie 1965: 75］。一方，日本の社会人類学者である大川は，アフリカ大陸から島嶼部に移った先住者と，ペルシャ系・アラブ系の移住者から混血によって生じた集団をスワヒリ人と定義しており，奴隷出身者をこのグループには含めていない［大川 2010b: 121］。

先行研究で見られたスワヒリ人を奴隷の子孫であるとする言説は，スワヒリ人と呼ばれる集団自身の認識と言うより，ザンジバル社会においてより高い社会的ステータスを持つ者たちから見て，彼らより劣ったとみなされたグループに対して付けられたラベルという側面があった［Prins 1961: 11］。このような奴隷起源説については，イギリス行政当局によって実施された国勢調査が契機となっているという指摘もある［大川 2010b: 122］。大川によれば，1924年の国勢調査において，民族名をスワヒリと自己申告した人々の多くは奴隷出身者であり，自身を「都市部に住む自由人で，スワヒリ語を話す人びと」と再定義する目的があったのだという［大川 2010b: 123–124］。また，1924年と1931年の国勢調査において，スワヒリ人の数が3万人以上も減っている［ZNA BA|34|3］ことについて，先の富永は，「奴隷の刻印を消すために，ほかの『部族』名に登録を変更した」と述べている［富永 2001: 134］。これらのことから，2回目の国勢調査が実施される頃には，スワヒリ人と奴隷出身者を結び付ける言説が広まっていたものと推察される。

以上のように，スワヒリ人という名称は，特定の民族集団を指す固定的かつニュートラルな言葉ではない。使用される文脈や時代によって，自らそのように名乗る人々も，他者の視点から定義される対象も異なっていた。当初は，本項冒頭で述べたように，東アフリカ沿岸部のイスラーム都市に暮らす，スワヒリ語を話すアフリカ系のムスリムという以上の意味はなかったと考えられるが，ザンジバル社会においては，奴隷交易とその後の奴隷解放を背景として，次第にネガティブな色合いを帯びるようになっていった。そして，ザンジバルのアフリカ系住民は，その時々の必要に応じてこの民族名を選択し，また放棄していった。

しかし，純粋な意味での「スワヒリ人」が，単に歴史上存在したとみなされる民族集団や，外国人研究者が操作する概念上の用語というわけではない。実際は，スワヒリ人に奴隷出身者が含まれないという見解が，現代のザンジバル住民からも主張されることがある。筆者も現地で実施した聞き取り調査において，「観光ガイドや本が嘘（奴隷言説）を言いふらしているが，本来，スワヒリ人は奴隷と無関係である」という調査協力者の発言を幾度となく耳にした[23]。筆者はこの新たな動きを，一度は否定的なイメージとともに見捨てられた「スワヒリ人」というアイデンティティが，ザンジバル住民自身の手で修正され，再び自らのものとして取り戻されるプロセスの現れではないかと考えている。

---

[23] 例えば，2006年10月26日に実施した，イーサー氏へのインタビューなど。

3.3.2 シーラーズィー伝承と諸集団

　国勢調査で挙げられていたザンジバル在来のアフリカ系住民としては，他にハディム，トゥンバトゥ，シラズィ，ペンバが存在している。これらのグループは，いずれも第 2 章 2.3.1 節で触れたシーラーズィー（シーラーズ人）伝承と関わりが深く，彼ら自身によってペルシャの起源が主張されている。歴史学者の家島によれば，シーラーズィー伝承は『キルワ王国年代記』を含む，7 つの史料で語られているという［家島 1993: 322］。その内容には若干の相違があるものの，現在のイランにあるシーラーズ（Shīrāz）から，9 〜 11 世紀頃に 7 人の王侯が船で東アフリカ沿岸部の諸地域にわたり，それぞれにイスラーム都市を築いたという構成をとる点が共通している［家島 1993: 321–323］。

　シーラーズィー王族のスワヒリ・コーストへの移住が史実かどうかは不明であるが，サーサーン朝（pr. Sāsāniyān, en. Sasanids, 226–651 年）の時代には，すでにペルシャ湾岸と東アフリカ沿岸部との間で，地域間の移動をともなう人的交流があったとされる［家島 1993: 321］。そしてザンジバルにおいては，シーラーズィー伝承と呼応するように，自らの起源をペルシャに求める民族集団が存在している。彼らの言い伝えでは，アラブ商人が到来する前からシーラーズ人がザンジバルに定着しており，先住者と混血しながらもペルシャ起源のアイデンティティを保ち続けてきたという［Mohammed 1991: 3］。この民族集団に対しては，シーラーズ人を意味するシーラーズィー（ar. Shīrazī）のスワヒリ語化した形である，シラズィ（sw. Shirazi）という呼称が，自他ともに使用されている。

　シラズィには，ナイルズィ（sw. Nairuzi）と呼ばれる有名な祝祭がある。これはイランを中心とした，中東地域で広く行われている春分の日の祭りであるノウルーズ（pr. Nowrūz, ar. Nayrūz）が元となった行事であるとされる［Ingrams 1931: 185–186］。現在のザンジバルで行われる祭事では，イスラームの暦であるヒジュラ太陰暦が基本的に用いられているが，ナイルズィは太陽暦に基づいたイランの暦に従って実施されることから，シラズィのペルシャ起源説を裏付けるものとなっている［Gray 1955a: 1–7, Gray 1955b: 69］。

ハディム

　ザンジバルの先住集団の一つに数えられるシラズィであるが，これはペルシャ起源を持つ民族集団の総称であり，彼らが居住している場所に対応して，呼び名は変化している。ザンジバル本島であるウングジャ島の南部を中心に，島の東海岸地域一帯に暮らしているグループは，ハディム（sw. Hadimu）と呼ばれている［Ingrams 1931: 30］。ハディムは，アラビア語のハーディム（ar. khādim）に由来する言葉で，本来は召使いや奴隷という意味があり，現代のスワヒリ語でも，従者に加えて解放奴隷という意味を担っている。しかし，歴史学者グレイによれば，これはオマーン人が先住者に付けた異名であり，現在ハディムと呼ばれる集団を，

武力で制圧して奴隷にした事実はないという［Gray 1977: 135］。なお，彼ら自身は，自分たちをシラズィと呼んでいる［Ingrams 1931: 262］ことから，本書では他のグループと区別する必要がある場合に限ってハディムと記述する。

　オマーン人の到来以前のザンジバルは，一定の独立性をもったいくつかの地方の集合体であった。政治的には，これらの地方ごとにシェハ[24]（sw. Sheha）と呼ばれる支配者がおり，その上には全体をまとめる首長が存在するという，ゆるやかな階層構造を取っていた［Purpura 1997: 59］。現在ハディムと呼ばれる集団の居住域であるウングジャ島南東部において，この首長はムウェニ・ムクー（sw. Mwenyi Mkuu）と呼ばれていた［Gray 1977: 137］。19世紀に，サイイド・サイードがザンジバルをオマーンの新しい拠点とするにあたっては，このムウェニ・ムクーから統治権を獲得する必要があった。先のグレイは，当時のアメリカ商人の話などを引用する形で，ザンジバル住民がポルトガルからの侵略を避けるために，サイイド・サイードの庇護を必要としたこと，そしてムウェニ・ムクーから支配権の委譲を受ける代わりに，巨額の恩給の支払いが求められたことについて述べている［Gray 1977: 139］。こうして，ウングジャ島のシラズィは，オマーン人スルターンのハディム，すなわち臣民となったのであった。

ペンバ

　シラズィはウングジャ島以外に，ザンジバルを構成する他の島でも見ることができる。ウングジャに次ぐ大きさのペンバ島は，先のシーラーズィー伝承でも言及されており，王侯の一人がたどり着いた場所であるとされる［家島 1993: 322］。かつてのペンバは，ウングジャ同様，シェハが治める5つの地方に分かれており［Mohammed 1991: 16］，ペンバ全体の統治は，王であるディワニ（sw. Diwani）が担っていた［Ingrams 1931: 154］。実際にペルシャ王族が移住したかどうかは裏付けがないが，ディワニという単語自体は，アラビア語やペルシャ語の語彙であるディーワーン（ar. dīwān：官庁・官房）が元になっていることから，アラブやペルシャとのつながりがあったことは確かである。また，近年の考古学調査によって，ファーティマ朝時代（al-Dawlah al-Fāṭimīyah, 909–1171）の地中海沿岸部で流通していたコインがペンバ島で発見されており，中東地域との人的交流の軌跡がうかがえる［Mohammed 1991: 16］。シーラーズィー伝承と結び付きの深いペンバ島であるが，ディワニやシェハといった支配者層だけではなく，被支配者層である一般の島民たちもまた，そのほとんどがペルシャ起源の一族，つまりはシラズィであった［Ingrams 1931: 147］。

---

[24] 本章3.2節で述べた，街区の管理人であるシェハと同じ言葉である。現在のザンジバルで見られるシェハ職は，このオマーン以前の時代における，地域支配者としてのシェハが，オマーン人によって導入された，都市を中心とする生活スタイルに合わせて，変化したものだと考えられる。

図3.3 ウングジャ北部とトゥンバトゥを空から望む
（2006年10月19日に筆者撮影）

トゥンバトゥ

　ウングジャ島の北西に浮かぶ島、トゥンバトゥ（図3.3）にも、シーラーズィー伝承に似た言い伝えが存在し、ペルシャから相当数の入植者が移り住んだとされる［Gray 1977: 150］。トゥンバトゥ住民の中でも、特に支配者を輩出してきた家系だけが、ペルシャ起源であるという説もあるが［Ingrams 1931: 129］、島民たち自身はシラズィを名乗っている［Mohammed 1991: 3］。彼らのようにトゥンバトゥに結び付きの深いシラズィ系の民族集団は、海を挟んだ対岸にあたるウングジャ島の北部にも進出していた［Ingrams 1931: 146］。つまり、トゥンバトゥ島を含むウングジャの北部地域をトゥンバトゥ系シラズィが、ウングジャの南部地域を後にハディムと呼ばれることになるシラズィが支配していたことになる。

　トゥンバトゥの首長は、ウングジャの地方統治者と同じくシェハと呼ばれており、名目上はウングジャ南部の支配者であるムウェニ・ムクーの配下にあって課税もされていた。しかし、トゥンバトゥ住民は、統治に関しては一定の独立性を享受していたという［Ingrams 1931: 160］。19世紀前半には、当時のトゥンバトゥを治める女性シェハとウングジャの男性ムウェニ・ムクーが婚姻関係を結んだこともあったが、この際もトゥンバトゥがウングジャの支配を受けることはなかったとされる［Lofchie 1965: 39–40］。しかし、東アフリカ沿岸部一体がオマーン人スルターン、サイード・サイードの領地に組み込まれ、19世紀後半に彼の息子であるマージドがザンジバルのスルターン位に就くと、その威信を背景にしたムウェニ・ムクーが、トゥンバトゥ系シラズィの支配していた地域にも進出するようになる［Gray 1977: 142］。スルターンとムウェニ・ムクーによる二重君主制［Gray 1977: 145］は、ザンジバルがイギリス保護領となると、イギリス行政当局とスルター

による支配に置き換わった。そして，トゥンバトゥを含むザンジバル北部地域は，オマーン人総督（ar. wālī, sw. liwali）の管理下に入り［Gray 1977: 152］，ウングジャと一体的な行政区域となって現在に至る。

3.3.3 ザンジバルのアフリカ系住民とは

　本節の議論をまとめる。ザンジバル在来のアフリカ系住民とされる民族集団には，スワヒリ人とシラズィという2つの下位グループが存在する。スワヒリ人は，言語や文化の面で，中東地域のアラブとアフリカ在来のバントゥー的な要素を合わせ持つ集団で，東アフリカ沿岸地域におけるイスラーム都市文化の体現者であった。しかし，イギリス行政当局による民族別の統治方針や国勢調査が契機となって，大陸からザンジバルに連れてこられた奴隷出身者の中から，自らをスワヒリ人であると定義付ける者が現れるなど，外部観察者から見たスワヒリ人と，当事者たちの意識の間にはズレが生じている。

　もう一方の在来アフリカ系住民であるシラズィは，民族としてのルーツを古代のペルシャの移住者に求める言説に基づいた集団である。ザンジバルでは，島ごとにシラズィ起源を主張するグループが存在しており，ウングジャ島ではハディム，ペンバ島ではペンバ人，トゥンバトゥ島ではトゥンバトゥ人というように，個別の名称が用いられている。イギリス行政当局が実施した国勢調査においては，それぞれが民族名のラベルとして使用されていた。しかし，これらは出身地域や歴史的経緯に注目した他称であり，彼ら自身はシラズィを名乗っていることから，民族集団としてはシラズィとするのが妥当であろう。

3.4　様々な移住者たち：コモロ系住民とインド系住民

　本章では，主として1924年から1948年までの国勢調査においてリスト化された，人種・民族名のラベルを手がかりにして，ザンジバル住民を構成する民族集団について，アラブ系とアフリカ系の2つのグループに分けて考察を進めてきた。最後に，これまでの議論で取り上げていない民族集団から，コモロ系住民とインド系住民について簡単に触れておきたい。

3.4.1　コモロ諸島からの移住者

　まずコモロ系住民である。彼らは，1931年の国勢調査において，大陸出身の諸民族とともに，非在来アフリカ系住民のカテゴリーに分類されていた。しかし，続く1948年の調査では，コモロ人として単独の項目が立てられていたことからも明らかなように，アフリカ系住民とは別の起源を持つ集団である。コモロ系住民

の定義としては，コモロ諸島からの移住者とその子孫であるという点に尽きる。しかし，コモロ諸島は，ザンジバルと同様にスワヒリ文化の色濃い場所であり，そこで暮らす住民もまた，それぞれに民族的に多様な背景を持っていることから，単一の民族集団とは言いがたい面がある。

コモロは，ザンジバルから 750 キロメートル南東にある諸島で，グランド・コモロ（Grande Comore），モヘリ（Mohéli），アンジュアン（Anjouan），マヨット（Mayotte）の 4 島から構成される。グランド・コモロ島に対しては，現地の言葉でンガジジャ（Ngazidja）という名称があり［Walker 2012: 4］，ザンジバルにおいても，どの島の出身であるかとは関係なく，コモロ人はムンガズィジャ（Mngazija, 複数形は Wangazija）と呼ばれている[25]。

コモロ諸島は，移住者に対する開放性を背景として，地域外から多数の移民を集めた場所である。しかし，各民族間の通婚によって，相互に同化が進んだことから，出自による境界線は曖昧になっており，住民のレベルでは，個々の民族性よりも，むしろコモロ人という意識の方が強い［Guennec-Coppens 1997］。

アラブ移民であるハドラミーもまた，ザンジバルに加えてコモロを移住先としてきた。彼らの中には，コモロに定住した後にザンジバルに再移住した者も存在している。特に，イギリス保護領時代以前には，イスラーム諸学に通じた学者や，神秘主義教団の指導者など，宗教的エリートとしてコモロからザンジバルにわたったハドラミーが多くいたとされる［Purpura 1997: 166］。アラブのルーツを持つコモロ系住民に対して，筆者がフィールドワークの際に聞き取り調査[26]を行ったところ，先のゲネック・コパンの論考で指摘されているように，様々な民族的な出身背景があることは理解しつつも，彼ら自身にはコモロ人というアイデンティティしかないという認識であった[27]。

3.4.2　インド系住民の移住と流出

次にインド系住民を見てみよう。インド洋に面していた東アフリカの沿岸部地域は，オマーンが進出する 19 世紀より前から，海洋交易ネットワークにおいて重要な位置を占めていた。その中でもザンジバルは，国際商取引の中心地としてアラブをはじめとする海外の商人を惹き付けており，インド亜大陸から来る者もいた。こういったインド人の存在によって，ザンジバルとボンベイなどのインド西岸の港湾都市との間には，商業ネットワークが形成されることになる［Bennett

---

[25] 2009 年 10 月 9 日に実施した，イーサー氏へのインタビューに基づく。

[26] 2009 年 10 月 26 日に実施した，アブドゥッラフマーン氏へのインタビューに基づく。

[27] 一方で，ザンジバル住民から見れば，コモロを含めてどこを経由したとしても，ハドラミーである限りはシフル人と呼ばれるという指摘もある（2009 年 10 月 6 日に実施した，イーサー氏へのインタビューに基づく）。

1978: 14］。しかし，ザンジバルにまとまった数のインド人が移住するようになったのは，19世紀初頭になって，サイイド・サイードが東アフリカ沿岸部をオマーンの領土に組み込んでからである［富永・宇佐美 2000: 73］。

当初は，象牙や奴隷貿易に従事していたインド系住民であるが，ザンジバルがイギリスの保護領となって以降は，奴隷の取引が全面的に禁止されたことから，代わりにオマーン系住民が経営するクローブのプランテーションに関わるようになる。インド系住民は，クローブの仲買人として，また，オマーン系の農園主に貸し付けを行う金融業者として，ザンジバル経済において次第に大きな役割を果たすようになる［富永・宇佐美 2000: 81–83］。

しかし，1964年のザンジバル革命は，インド系住民を中心に動いていたザンジバル経済に打撃を与えることになる。革命の暴力に曝され，身の危険を感じたインド系住民の多くは，ザンジバル島外への再移住を強いられた。また，1971年には，ザンジバル革命政府の初代大統領であったカルメ（Abeid Amani Karume, 1905–1972, 在任 1964–1972）によって，依然としてザンジバル経済を掌握していた一部のインド人をターゲットとする法案が提出されたことから，彼らの国外流出の動きに追い討ちがかけられることになる。カルメ大統領は，この時点でタンザニア国籍を選んでいなかった者たちを国外追放とし，また，数百にのぼるインド系住民の主要な家系を名指しして，不法な移民として島内の商業活動から排除したのであった［Clayton 1981: 123］。

3.4.3　アフリカ系とアラブ系のはざまで

ここまでの話をまとめよう。国勢調査でコモロ人として記載されているコモロ系住民は，コモロ諸島からの移住者とその子孫である。彼らには多様な民族的出自があるものの，出自にとらわれない通婚が一般化しており，民族性よりも出身地域を中心としたコモロ人としての意識が強い。そのため，ザンジバル社会においては，あたかもコモロ人という民族集団のように扱われている。一方，インド系住民も，ザンジバルの金融界と商業活動を支えることで，その存在感を示してきた。しかし，革命政府による一連の人種差別的政策で，この地で暮らしていたインド系住民の大半は島を後にしている。彼らがザンジバル社会に占める重要性は大幅に低下することになったが，現在でもその国際的なネットワークを活かして商業活動にたずさわるインド系住民の姿を少数ながら見ることができる。

3.5　エスニシティの操作をめぐる問題

すでに述べたように，国勢調査における民族名の名乗りに際して，ザンジバル

住人には自身の所属する民族集団を意図的に変更した形跡が見られる。ある民族集団がどの範疇の人々を指すかは，本章 3.3.1 節におけるスワヒリ人の考察からも明らかなように，固定的な概念ではなく，社会状況に応じて修正されていくものである。このようなエスニシティのあり方に対しては，住人のアイデンティティの表明とは別の形で，政府機関やマスメディアなど当事者以外のアクターによって，知らず知らずのうちに，あるいは半ば意図的に操作される様子も観察される。この問題については第 III 部の課題とし，以上でハドラミー移民が目指したザンジバル社会の特質をめぐる第 II 部の議論を終えることにする。

第 III 部

ハドラミー移民の生きる世界

第Ⅲ部のテーマは,「ハドラミー移民の生きる世界」である。ハドラミーの移住活動の実態について,社会経済的な側面からとらえるため,ザンジバルを目指した移民たちのライフ・ストーリーを手がかりに,3つの章にわたって,彼らが生きてきた人生経験に迫る。まず第4章では,ハドラミーの移住活動の背景と,ザンジバルへの定着プロセスについて,移民の語りから考察する。次の第5章では,ハドラミー系住民のアイデンティティに注目し,彼らの自己認識の変化やコミュニティとの関係を分析する。続く第6章では,ハドラミーから見たザンジバル革命がどのようなものであったのか,革命をめぐる言説を検証しながら,その実像を明らかにする。

第4章
海をわたるハドラミー

図4.1　ザンジバル沖を進むダウ船
(2011年11月20日に筆者撮影)

　ザンジバルで暮らすアラブ[1]はどこから来たのであろうか。インド洋に面した国々の港市では，ハドラミーと呼ばれるアラブ移民の姿を見ることができる。彼らは，アラビア半島南部にあるハドラマウト地方（Ḥaḍramawt）出身のアラブで，インド洋全域に張り巡らされた海上交通網を利用して，国家の枠組みを越えた移住活動を行ってきた。東アフリカ沿岸部もこのネットワークの一部を構成しており，中でもザンジバルはインド洋西海域における海上交通と経済活動の中枢であったことから，多数のハドラミー移民を集めた。
　ザンジバルでは，1964年に発生した革命と，政権を奪取した革命政府による非アフリカ系住民に対する弾圧の結果，ハドラミー系住民の数は大幅に減少した[2]。

---

[1] ザンジバルのアラブ系住人には，ハドラミーに加えてオマーンに起源を持つ者も存在する。詳細は第3章3.2節『ザンジバルのアラブにおける2つの下位集団』を参照。

[2] 革命で殺害されたアラブ系住民の数については第2章2.3.5節を参照。現在のタンザニア連合共和国における国勢調査では，保護領時代のような民族別の人口統計が取られておらず，ザンジバルに限定しても，革命以降は同様の方針となっていることから，具体的な民族集団ごとの住民数の推移については資料がない。

しかし，革命期もザンジバル島内に留まり続けた者や，一度は国外に逃れたものの，その後の政治状況の安定化を受けて帰島した移民も存在する。そのため現在のザンジバルにおいても，ハドラミー系の住民の姿を普通に見ることができる。ヤミーン慈善協会[3]（Yamin Charitable Society Zanzibar）の推計によると，ウングジャとペンバの両島を合わせて，少なくとも約3,000人のハドラミー移民とその子孫が，島内の各所で暮らしているとみられる[4]。

そこで本章では，現在のザンジバルで暮らすハドラミー移民に対するインタビュー結果に基づいて，インド洋の西海域を舞台にした彼らの移住活動の背景と実態について検討する。まず議論の前提として，ハドラミーの故郷であるハドラマウトの地勢と，マクロな視点でとらえたインド洋における移民史を整理し，次に移住に際してハドラミーが利用した海上ネットワークについて述べる。本章の後半部では，調査で収集したハドラミー移民のライフ・ストーリーを取り上げ，より大きな社会的コンテクストに位置付けて分析する。そして最後に，分析で得られた彼らの移住活動の諸特徴を，インド洋の東西の事例を比較する形で考察する。個人史から社会史へ，ハドラミー移民が生きる世界の理解を目指したい。

4.1 移住活動の背景

ハドラミーの移住活動は，インド洋に面した広範な地域に展開してきたが，その受け入れ先であるホスト社会において，彼らは単なる短期滞在の出稼ぎ労働者ではなかった。それぞれの国の国民として，教育活動やイスラーム普及に関わり，また政界に進出して首長の地位まで登り詰める者も現れるなど，その存在感を誇示してきた［新井 2013: 249–250］。歴史上，彼らの故郷であるハドラマウトは，海外に絶え間なく移民を送り出しており，インド洋の周辺部においては，どの国でもハドラミー系住民が自明の存在となっている。そこで本節では，移民の供給源となってきたハドラマウトの地理的な背景について整理し，次にインド洋海域世界における，ハドラミーの移住活動の歴史を概観する。

4.1.1 ハドラミーの故郷ハドラマウト

ハドラミー移民の故郷であるハドラマウトは，アラビア半島南端部の地域名であり，その大部分は，現在のイエメンに含まれている。ドイツ人で近代イスラーム史を専門とするフライタークによれば，ハドラマウトの名称には歴史的に3つ

---

[3] ヤミーン慈善協会は，ザンジバルのハドラミー移民のための相互扶助組織として，2001年に設立された団体である。同協会の詳細については，第5章5.1.2節を参照されたい。

[4] 2006年10月31日に実施した，ヤミーン慈善協会への取材結果に基づく。

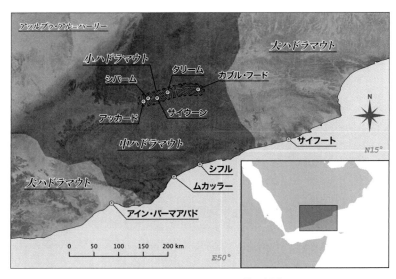

図4.2 ハドラマウトの区分と都市
谷筋にそって都市や村落が点在する（Bing Maps Aerialをもとに筆者作図）

の用法があるという［Freitag 2003: 38］。まず1つめの用法では，大ハドラマウト（Ḥaḍramawt al-Kubrā）と呼ばれる地域があり，東西では現在のオマーンの首都マスカト付近からイエメンのアデンまで，南北ではアラビア海から半島中部の砂漠地帯までの地域が該当する（以下，図4.2を参照）。2つめの用法では，小ハドラマウト（Ḥaḍramawt al-Ṣughrā）があり，ワーディー・ハドラマウト（Wādī Ḥaḍramawt）という季節河川[5]の周辺部にある平野部の中でも，特にアッカード[6]（al-ʿAqqād）とカブル・フード[7]（Qabr Hūd）の間の地域を指す。小ハドラマウトに海岸部は含まれない。3つめの用法は先の2つの中間になり，中ハドラマウト（Ḥaḍramawt al-Wusṭā）と呼ばれる。これは，南北をアラビア海と砂漠地帯の間に取るが，東西はアイン・バーマアバド（ʿAyn Bā-Maʿbad）を西端に，東端をサイフート（Sayḥūt）に限定したエリアである［Freitag 2003: 38］。中ハドラマウトは，現在のイエメンにおける行政単位としてのハドラマウト県にほぼ相当する。

　ハドラマウトでは，アラビア海に面した南部の海岸地帯の近くまで山脈が迫っており，高い場所では標高3,000メートルを超える（次頁，図4.3）。海と山に挟まれて東西に延びる帯状の地域はティハーマ（Tihāmah）と呼ばれており，シフル

---

[5] ワーディー（ar. wādī）は，雨期に水流が生じるが，普段は水がほとんどない枯れ川である。
[6] ワーディーの西端にあり，世界遺産に指定された古都シバーム（Shibām）に近い。
[7] 預言者ムハンマドより前の時代にいたとされる預言者フード（Hūd）の墓所のこと。学園都市タリーム（Tarīm）の東60キロメートルに位置している。

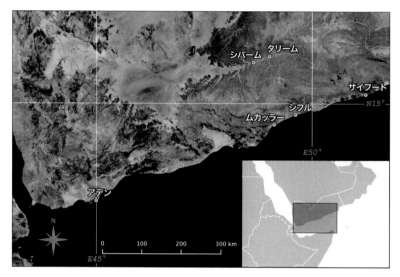

図4.3 ハドラマウト周辺部の航空写真
色の濃い部分は高山地帯である（出典：Bing Maps Aerial）

（al-Shiḥr）などのいくつかの港湾都市が存在する他は，砂に覆われた不毛な荒れ地となっている［家島 1993: 349］。この山脈を北方に越えると，標高1,000〜1,500メートルに達する台地状の丘陵地帯が続き，その先は世界最大の砂漠であるアッルブゥ・アル＝ハーリー（al-Rubʻ al-Khālī）となる。この丘陵地帯には，ワーディー・ハドラマウトとその支流が走っており，ワーディーの周辺部は渓谷となっている［家島 1993: 349］。渓谷内に広がる平野部には，ワーディーに沿うようにしてシバーム（Shibām）やタリーム（Tarīm）などの大都市が点在しており，ハドラミーはこれらの地域で歴史を刻んできた。

4.1.2 インド洋におけるハドラミー移民史

大ハドラマウトに含まれる港湾都市は，エジプトからインドへ向かう航路上に位置しており，紀元前後には，すでにインド洋における海上交易ルートに含まれていた［家島 1993: 357–360］。したがって，ハドラミーもまた当時から商人を中心として，アラビア半島とインド洋に面した諸地域の間を，船で行き来していたと考えられる。7世紀のアラビア半島にイスラームが興ると，この海上ネットワークに乗って，商人以外にもイスラームの拡散と浸透を目的として海外へわたる者が現れるようになる。ベルゲン大学の社会人類学者マンゲールは，この段階におけるハドラミー移民の海外拡散を「貿易ディアスポラ（trade diaspora）」と「宗教ディアスポラ（religious diaspora）」と呼んでいる［Manger 2014: 1］。

交易商人とイスラーム学者に代表されるハドラミーの海外移住は，19世紀に入るとその性質を大きく変えることになる。第2章でも触れたように，この時代のインド洋においては，イギリスをはじめとするヨーロッパ列強による周辺諸国の植民地化・保護領化が急速に進み，同時に海上交通手段における技術的な革新も起こっている。1869年にはスエズ運河が開通し，一方で木造帆船であるダウに代わって蒸気船が導入されるなど，インフラ面の強化によって人の流動性が飛躍的に高まることになった[8]［新井 2000a: 179］。

19世紀における移住活動の主役は，基本的に労働者であった。彼らは郷里を後にし，海外に永住の地を求めてインド洋海域世界へと旅立った。先のマンゲールは，この時代のハドラミーによる移住活動を，妥当にも「労働ディアスポラ（labor diaspora）」としている［Manger 2014: 1］。労働ディアスポラの生じた理由として，先行研究においては，従来からプッシュ要因とプル要因の2つの視点から説明が試みられてきた。移民たちを送り出す理由となるプッシュ要因として，社会学者であるシンガポール大学教授のアラタスは，ハドラマウトにおける耕作可能地が限られていること，降雨やワーディーの氾濫が予測不可能なこと，そしてこれらの結果として繰り返される飢饉や紛争を挙げている［Alatas 1997: 24］。一方，海外へ移民を引き寄せるプル要因として，先のフライタークはヨーロッパによるインド洋海域への進出の影響を強調している［Freitag 2003: 48］。ヨーロッパ列強の支配下に入ることで，インド洋において地域を越えた経済活動の統合が進んだ結果，移住先での経済的な成功の機会は大幅に増加した。先行して移住した同族からもたらされる豊かなホスト社会の情報は，さらなるハドラミー移民を招き寄せることにつながったと考えられる。

活況を呈したハドラミーによるインド洋海域世界への移住活動であるが，20世紀中盤に突如として終わりを告げる。第二次世界大戦の勃発による海上ルートの寸断と，戦後における旧植民地の相次ぐ独立によって，もはやインド洋にハドラミー移民を新たに受け入れられるような場所が存在しなくなったためである［新井 2010: 236］。現在のハドラミーが目指す場所は，20世紀以降，石油が発見されたことで急速に発展した湾岸諸国であり，中でもアラブ首長国連邦がその中心地となっている[9]。移住活動が絶えて久しいインド洋であるが，それぞれのホスト社会では，現在でも移民の子孫たちが数多く暮らしている。

---

[8] ただし，アラビア半島とザンジバルをはじめとする東アフリカ沿岸部の間の海上ルートにおいては，蒸気船はオマーン人スルターンやイギリス行政当局などによる一部の利用に留まり，ダウ船に頼った物資や人間の移動が20世紀半ばまで継続した。詳細は次節を参照。

[9] 2011年11月17日に実施した，ムフスィン氏へのインタビューに基づく。

4.2 インド洋西海域の海上ネットワーク

次に、ザンジバルを目指したハドラミーの移住活動における背景を確認しよう。インド洋海域世界の中でも、アラビア半島南部と東アフリカ沿岸部を中心とする西側の地域では、東南アジアなど東側の地域とは異なる歴史的経緯から、彼らの移住活動の性質にも幾分の相違がある。そこで本節では、インド洋の西海域における移民史の検討を通して、時代別にハドラミーの移住活動を区分し、本研究の射程を定める。続いてどのような海上交通手段を用いて移民がザンジバルを目指したのか、20世紀前半のザンジバル周辺の船舶事情を整理する。そして最後に、この地域のハドラミーにおける「『移動の民』としての開放性, 流動性と国際感覚」［家島 1993: 353］を示す例として、ある移民の旅についての語りを紹介する。

4.2.1 ザンジバルを目指したハドラミー

インド洋の西海域におけるハドラミーの移住活動には、時期によって性質の違いが見られる。フランスのスワヒリ研究者であるゲネック・コパンは、ハドラミー研究における先例にならって、東アフリカ沿岸部に対する彼らの移住活動を、13～16世紀と18～20世紀初頭の2つの時期に分けている［Guennec-Coppens 1997: 157］[10]。これらの区分は、主として移民の故郷における出身階層から特徴付けられており、前期の移住者はサイイド[11]（ar. sayyid 複数形は sādah）に代表される知識人層が主体となっているとされる［Guennec-Coppens 1997: 158］。

イスラーム知識人としてのサイイドの移住については、別の研究でも言及されている。ザンジバル生まれのファールスィー[12]とアメリカの歴史学者プーウェルズによると、17世紀になって、サイイドの有力家系が東アフリカ沿岸部に相次いで移住したという［Farsy and Pouwels 1989: xiv］。スワヒリ・コーストに点在する諸都市のイスラーム化は、歴史上、複数回生じたと考えられているが、この時代のサイイドの集中的な移住によって、より「オーソドックス」なイスラーム文化が、東アフリカ沿岸部にもたらされたという［Farsy and Pouwels 1989: xiv］。

こういった宗教的な動機による移住活動は、ゲネック・コパンの提示した13～16世紀に留まらず、実際には19世紀以降も継続している。ザンジバルをはじめとする東アフリカ沿岸部一帯が、オマーン人であるサイイド・サイイド[13]の支配下に入った19世紀は、ハドラミー知識人層による移住活動がさらに活発化した。

---

[10] ゲネック・コパンの論考では、17世紀の扱いについては直接言及されていないが、移民の性質から言って、13～16世紀のグループに含むのが妥当であろう。

[11] 預言者ムハンマドの血を引くとされる一族。

[12] 現地の著名なイスラーム法学者。詳細は、第8章の脚注23を参照されたい。

[13] 詳細は、第2章2.3.3節『海洋帝国オマーンの台頭（17–18世紀）』を参照されたい。

第2章2.2.2節で触れたように，オマーン王族は数あるイスラームの諸宗派の中でもイバード派であった。しかし，スワヒリ・コーストにとって，彼らは「遅れて来たアラブ」[14]であったため，すでに地域住民はスンナ派シャーフィイー法学派のムスリムで占められていた。そこで，オマーン王族による統治にあたっては，現実的な方策が取られ，住民をイバード派に改宗させるのではなく，ハドラミーの知識人層からシャーフィイー法学派の学者を招聘し，イスラーム法であるシャリーア（ar. sharīʿah）の施行を彼らに任せた[15]［Farsy and Pouwels 1989: xvi］。また，第IV部で取り上げる，アラウィー教団などのタリーカ（ar. ṭarīqah：神秘主義教団）の導入も，この時期に集中している［Farsy and Pouwels 1989: xvii–xviii］。

ゲネック・コパンの区分による18〜20世紀の移住活動[16]は，先のマンゲールが提示した「労働ディアスポラ」に相当する。この時期になると，従来のサイイドを中心としたイスラーム知識人層の出身者ではなく，ハドラマウトにおいて，より低い社会階層に位置付けられていた者たちが，労働者として東アフリカ沿岸部を目指している［Guennec-Coppens 1997: 158］。オマーン人移住者たちが経営するクローブなどのプランテーションの成功と，ヨーロッパ列強による植民地化の進展によって，ザンジバルは経済的な発展を遂げ，19世紀末以降は一大商業センターとなっていた。アフリカ史を専門とするアレンによれば，20世紀前半には毎年4,000人のアラブ[17]がアフリカへわたっていたという［Allen 1993: 240–241］。ここでのアラブには，ハドラミーとオマーン人の区別がないが，労働者にとって東アフリカ沿岸部がいかに魅力的な場所であったかがうかがえる。

ところで，先行研究における区分は，このまま採用して良いものであろうか。すでに見てきたように，インド洋全体におけるハドラミー移民史と東アフリカ沿岸部の事例との間には若干のズレがある。例えば，「宗教ディアスポラ」の場合，東アフリカにおいては20世紀まで継続していたことが分かっている［Martin 1971: 541］。一方の「労働ディアスポラ」についても，東南アジアをはじめとするインド洋海域世界の大部分では，第二次世界大戦とともに終結した［新井2010: 236］が，東アフリカ沿岸部においてはその後も存続した。本章後半で検討するように，ザンジバルにおけるハドラミー系住民の移住時期は，第二次世界大戦後に集中して

---

[14] 2007年5月14日に実施した，ムフスィン氏へのインタビューに基づく。

[15] ハドラマウト本国に加えて，すでにコモロなどに定着していたハドラミー移民のコミュニティからも，この時期にザンジバルへわたる者が多く見られた［Pouwels 1987: 112］。

[16] 東アフリカ沿岸部に対するオマーンの進出は，18世紀と19世紀の2度あったが，この地域における経済発展が進んだのは後者の時期である。したがって，ハドラミーの移住活動に現れる労働者に注目した時代区分を行うのであれば，ゲネック・コパンの提示する18〜20世紀よりも，19〜20世紀とするのがより適切であろう。

[17] 歴史学者のギルバートは，時代を特定していないものの，北東の季節風が吹くダウ船の到来シーズンには，数千人のハドラミーがシフルから来たと記している［Gilbert 2004: 15］。

表4.1 東アフリカ沿岸部におけるハドラミー移民の性質

	イスラーム知識人	一般労働者
時代	13〜20世紀前半	19世紀末〜20世紀中頃
移住元	スワヒリ地域周辺	ハドラマウト
最盛期	19世紀	20世紀

いることから，大戦を境に逆に増加した可能性もある。

　話を整理しよう。まずザンジバルのハドラミー移民は，イスラーム知識人を中心とした移住者と，彼らより後に顕在化した労働者に分けることができる。前者は，前近代から散発的に東アフリカ沿岸部に移住しており，オマーン支配の確立後に最盛期を迎えた。またこのグループは，コモロなど周辺部のスワヒリ地域で数世代を過ごした後に，ザンジバルに定住した者が多い点が特徴である［Bang 2003: 103］。一方，一般労働者としてのハドラミーは，19世紀末以降に急増したグループである。彼らは基本的にハドラマウトから直接ザンジバルを含む東アフリカ沿岸部を目指している。移住活動自体は，第二次世界大戦後も続いたが，1964年のザンジバル革命と1960〜70年代のアフリカ諸国の独立を契機に新規の流入が制限され，同時期に台頭した湾岸産油国がその役割を引き継いだ。

　スワヒリ・コーストのハドラミーに対する従来の研究は，表4.1の左側の移民に対するものであった。これはスワヒリ研究者の大半が歴史学を専門としており，利用可能な史料がイスラーム知識人自身によって書かれた文献[18]に限られていたことに起因する。先行研究に対して，本章で注目するのは，主として表の右側の移民である[19]。時代区分としては第二次世界大戦期以降にザンジバルにわたった移民を研究対象とする[20]。現在ザンジバルに暮らすハドラミー移民とその子孫の語るライフ・ストーリーを手がかりにして，彼らがどのような理由でハドラマウトを後にして移住にいたったのかを検討していきたい。

4.2.2 東アフリカ沿岸部における海運とダウ船

　19〜20世紀中頃のインド洋で，主要な海上交通手段となっていたのは蒸気船であった。この革新的な船舶は，労働者としてのハドラミーをインド洋の各地に

---

[18] 宗教書をはじめとして，マナーキブ（ar. manāqib：伝記の一種）やリフラ（ar. riḥlah：旅行記）などが利用されている。

[19] ただし，表の左右には時代の重複があり，一般労働者として移住したハドラミーの中にも，イスラーム知識人が存在することから，厳密な意味で両者を峻別することは困難である。

[20] 第IV部では，移民の生活における宗教的な側面に注目するため，この表の左側の要素にも言及する。

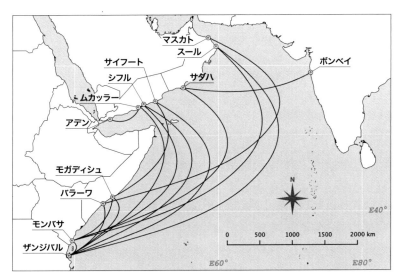

図4.4 インド洋西海域におけるダウ船ジャハーズィーの主要航路
第二次世界大戦期の航路（ザンジバル出入港記録より筆者作図［ZNA AB|45|45]）

運んだ。特に，シンガポールをはじめとして，東南アジアには蒸気船を使った海運会社が数多く存在しており，中にはハドラミー移民自身が経営するものもあった［Clarence-Smith 1997b: 299-300]。しかし，インド洋の東海域における蒸気船の繁栄をよそに，アラビア半島南部とザンジバルを結ぶ航路においては，依然として木造帆船であるダウ（P. 57の図4.1を参照）が主役の座にあった。

　蒸気船自体は東アフリカにも就航していた。ザンジバルを統治していたイギリス行政当局による1947年のコロニアル・レポートには，政府が運営する蒸気船の定期便が，ウングジャとペンバの間と，ウングジャと大陸側の都市ダル・エス＝サラームの間に毎週1便，ウングジャからペンバを経由してケニアのモンバサに向かう船が月に1便あったことが記録されている［Colonial Office 1948: 34]。他にもイギリスと東アフリカを結ぶ定期便が，喜望峰を経由するルートとスエズ運河を通るルートで，それぞれ6週間に1便就航していたことや，インドの主要都市，スリランカ，シンガポール，上海，ニューヨークとの定期便も，1～3ヶ月ごとに運行されていたことが分かる［Colonial Office 1948: 33]。公社以外に実に9社[21]もの海運会社が，定期便を東アフリカに設定していたのであるが，ハドラマウトとザンジバルを結ぶ形での，蒸気船による定期的な旅客運送は，存在しなかった

---

[21] ただし，この中で明確にザンジバルに寄港すると記されているのは2社のみで，いずれも要請があった時に限定されている。したがって，通常時は大陸側のダル・エス＝サラームなどが，蒸気船航路におけるハブ港になっていたと思われる。

か限定的であったとみられる[22]。アデン（en. Aden, ar. 'Adan）がイギリスの直接的な支配のもとで，国際的な商業港に成長する一方，ハドラマウトの領域内にある主要な港湾都市であったムカッラー（al-Mukallā）とシフル（al-Shiḥr）は，巨大化が進む蒸気船に対応できなかったという［Ewald and Clarence-Smith 1997: 282］。このため，アデンを経由せずにハドラマウトから海外へ向かう場合は，ダウ船以外に選択肢が無かった可能性が高い（前頁，図 4.4）。

ザンジバルでシフル人[23]（sw. Mshihiri）と呼ばれたハドラミーは，その呼称が示すように，シフル港[24]から東アフリカ行きの船に乗り込んだ。彼らが利用したのは，ダウ船の中でもジャハーズィー[25]（ar. jahāzī）と呼ばれる帆船である。1942 年のザンジバルにおける入港記録を確認すると，乗員 10 〜 30 人，可積載量が 30 〜 200 トンのジャハーズィーが大半を占めていたことが分かる［ZNA AB|45|45］。これはダウ船としては中型クラスで，現在でも基本的に動力を積まずに風力だけで航行する船である［家島 1990: 105］。ジャハーズィーは貨物の輸送用として運行されており，アラビア半島南部の港湾都市を出発して，スワヒリ・コーストに点在する商業港に立ち寄りながら，最終的にザンジバルへと至る。ジャハーズィーを用いた場合，ハドラマウトからザンジバルまでは，最短で 1 週間，長い場合には 1 ヶ月を要した。所要期間は季節風次第といった部分が多く，加えて航路の面でもザンジバルまで直行する場合もあれば，途中にある東アフリカ沿岸部の港湾都市のすべてに寄港しながらの長旅になる場合もあった。中には，1 週間の予定が，2 ヶ月かかったケースも見られたという[26]。ハドラマウトを後にしたハドラミー移民は，このような輸送船に便乗する形でザンジバルを目指したのである。

4.2.3　あるハドラミー移民の旅

インド洋西海域を舞台とした，広域ネットワークの実態を知る手がかりとして，あるハドラミーの旅の足跡をたどってみたい。語りと手となったのは，ザンジバルへわたった移民の第一世代であるサーリフ氏である。彼が移住した場所や，定着に際して得た支援，再移住に至った理由などに注目されたい。また，次節で紹介

---

[22] 先のギルバートによると，政府の資料には，20 世紀中頃にザンジバルとアラビア半島（港は不明）の間で，蒸気船によるマングローブ輸送が行われた記録があるという。ただし，彼の調査協力者の誰一人として，その記憶がなかったことから，ギルバートはこのルートの蒸気船の役割が限られていたことを示唆している［Gilbert 2004: 130］。

[23] この名称が生じた経緯については，第 3 章 3.2.2 節の『シフル人としてのハドラミー』を参照。

[24] ただし，20 世紀に入ると，ハドラミーの出国に際して利用される港はムカッラーに移ったようである（2011 年 10 月 27 日に実施した，ハーミド氏へのインタビューに基づく）。

[25] この名称自体は，ペルシャ語で船を意味するジャハーズ（pr. jahāz）に由来すると考えられている［Agius 2008: 316］。

[26] 2009 年 10 月 25 日と 2011 年 11 月 2 日に実施した，サーリフ氏へのインタビューに基づく。

するライフ・ストーリーの取材にあたって，筆者と語り手の間にどのような対話があったのかを示す例としたい[27]。

サーリフ氏の語り

　サーリフ氏が移住に至った経緯は次節でも詳しく述べるが，第二次世界大戦による影響で，社会的・経済的に極度に疲弊したハドラマウトでの生活に見切りを付け，父親とともにザンジバルにわたっている。また，ザンジバル革命が発生した 1964 年は，大陸側の都市であるダル・エス＝サラームのレストランで調理補助をして働いていたという。その後，大型貨物船の乗組員としてインドにわたり，当地で数年を過ごすことになる。この当時の様子について，サーリフ氏の語りを聞いてみたい（【】は筆者の発言・() 内は筆者による補足）。

【インドへ行ったときの話を聞きたい】
「行ったのは 1965 年だと思う。68 年まで。月までは覚えていない。革命の後だ。最初は水夫として行った。大きな船で，カーゴだった」

【インドに残った理由は？】
「あの船，私が働いていた船が行ってしまったからだ。それでどこへ行ける？パスポートしか持ってないんだ。それでインドで暮らすことにした」

【言葉はどうしたんですか？】
「インド語？ しばらくしたらインドの言葉は分かるようになった」

【インドでは何をしていたんですか？】
「商売だ。あれだ，子供用品を売るんだ，それだけ。大きなかごに入れて，店じゃなくて売って歩くんだ。列車に乗って，あっちへ行きこっちへ行き」

【そこにハドラミーはいましたか？】
「いた，たくさん。ボンベイ[28]（Bombay）やハイデラーバード[29]（Hyderabad）に。ハイデラーバードには，私はちょっと行ってみただけ。1日（の生活費）は安くて，5ルピーで食べて寝て，問題はない。高くはない」

【ハドラミーは助けてくれましたか？】
「助けてくれたよ，寝たり…，あれだ，友人たち，私たちは一緒に食べて，寝て，そんな感じだ」

---

[27] 本研究の目的が会話分析ではないことと，煩雑さを避ける必要性から，次節のライフ・ストーリーでは，筆者の問いや反応を割愛してある。本書における語りの扱いについては，本章 4.3.1 節を参照。

[28] 現在のムンバイ（Mumbai）のこと。インド西岸の中心的な都市。

[29] インド中部の都市ハイダラーバードのこと。ハドラミー移民が多く住んでいる。

【家は共同ですか？】
「一緒に住んでいたんだ，たくさんで。朝に起きて出かけて，夜に戻って寝る。それだけだよ」

【同家系の人はいましたか？】
「私の家系，バヤシュート（Bā-Ya'shūt）はいなかったが，別のカビーラ[30]（ar. qabīrah）の連中と出会った，あれやこれや。アイダルース[31]（'Aydarūs）とか，たくさんのカビーラがいた」

【どうして帰国したんですか？】
「（東アフリカが）馴染みの場所だからね。それに（インドで）暮らすのが難しくなった。金もないし仕事もない。求人の出ている会社はなかったし，ほれ，ボンベイの暮らしっていえば，人がやたらと多いから」

サーリフ氏が渡航したインドは，独立から約20年が経過していたが，かつてはザンジバルやハドラマウトとともに，イギリスの支配下にあった場所である。前近代における東アフリカやアラビア半島との海上ネットワークは，当時，蒸気船の定期航路という形で存続しており，インドにはハドラミー移民のコミュニティもあった。サーリフ氏にとって，直接，血縁関係がある親族がインドで暮らしていたわけではなかったが，ホスト社会に先行して定住していた移民が，同胞として住居や食事など社会への定着を助けていた過程がわかる。

ザンジバルに再定着するまで

その後のサーリフ氏がザンジバルに帰島するまでの経緯を簡潔にまとめたい。職を失ってインドを去ったサーリフ氏は，タンザニアのダル・エス＝サラームに戻って，再びレストランの調理補助として働いた。そして1980年末になって，今度はサウジアラビアにわたることになる。

渡航の理由はハッジ[32]（ar. ḥajj）ではなく，純粋に経済上の問題からである。ダル・エス＝サラームには，1980年前後から海外から安い労働力が大量に流入するようになった。彼らは南アジアやフィリピンからの出稼ぎ労働者で，かつてハドラミー移民が担っていた，肉体労働系の仕事を中心に就労するようになる。当時は家賃は変わらないのに，労働力の供給過剰で収入だけが下がり，満足な食べ物を買うお金すら欠くような状態であったという。そこでサーリフ氏は，仕事を求めてサウジアラビアへわたることにした。

---

[30] ハドラマウトにおいて，出自を同じくする父系血縁集団のこと。
[31] ハドラミー・サイイドの家系における，代表的な家系の一つ。
[32] イスラームの聖地マッカ（メッカ）への巡礼のこと。健康なムスリムが，一生に一度は行うことが定められた義務である。

サウジアラビアにもまたハドラミーのコミュニティが存在しており，サーリフ氏はここでレストランの調理補助をして4年働いた。次に，バウワーブ[33] (ar. bawwāb) の職を得て，合計で10年をサウジアラビアで過ごした。ところが，1990年に発生した，イラクのサッダーム・フセイン大統領（Ṣaddām Ḥusayn, 1937–2006, 任期1979–2006）によるクウェート侵攻をきっかけにして，サウジアラビア国内の政情や経済状況が，急速に不安定化し始める。政府はサウジ国籍のない外国人労働者を，国外に退去させる政策を取ったため[34]，サーリフ氏は再び職を失いザンジバルへの帰島を余儀なくされる[35]。

現在のサーリフ氏は，小さな店舗を借りて雑貨を売って暮らしている。個人経営なので，雇われ労働者であった従来に比べて，それなりに身入りは良いそうだ。また，住居は公営の集合住宅であり，ハドラミー移民の相互扶助組織であるヤミーン慈善協会[36] が家賃を支払っているという。

ここまで見てきたように，サーリフ氏の旅とホスト社会における定着の過程には，常に他のハドラミーによるサポートがあったことが分かる。住む場所や仕事など，各コミュニティのメンバーの支援によって，サーリフ氏は比較的スムーズに新生活を始めることができた。それは，帰国後の現在でも同様である。また旅の動機としては，個人的な理由だけではなく，第二次世界大戦や湾岸戦争など，常に国際的な出来事によって生じた波に翻弄されてきたことが理解できる。

4.3 移民のライフ・ストーリー

第二次世界大戦を機に移住活動が途絶えたインド洋の他地域とは異なり，ザンジバルをはじめとする東アフリカへ向かうハドラミー移民の流れは継続した。そのため，現在でもこの地域には，ハドラマウトからの移住の当事者である，移民第一世代が少数ながら暮らしており，その子供からなる第二世代のハドラミーも，父親から聞いた移住当時の話をよく記憶している。そこで本節では，ザンジバル

---

[33] 基本的に警備員であるが，住居の共用部分の清掃や維持管理もするなど，日本で言うマンション等の管理人に近い職業である。

[34] 同国に30年以上暮らしている実績があれば，国籍の取得も可能であったが，サーリフ氏はこの条件に満たなかった。

[35] 1963年の独立と，1964年に成立したタンガニーカとの合邦によって，ザンジバル住民のパスポートは，イギリスからタンザニア連合共和国へと切り替わっている。サーリフ氏はハドラマウト生まれであるが，国籍はタンザニアとなっている。

[36] 本章冒頭の脚注3で触れた，ザンジバル在住のハドラミー移民を代表する組織。同協会の具体的な活動内容については，第5章5.1.2節を参照されたい。

に移住したハドラミー移民のライフ・ストーリーを通して，彼らの移住の背景とホスト社会への定着過程について考えてみたい。

4.3.1　ライフ・ストーリーとライフ・ヒストリー

　移民の語りを研究対象とするにあたって，その前提となるライフ・ストーリーそのものについても整理しておこう。類似の概念として，ライフ・ヒストリーがあるが，社会学者で日本のライフ・ストーリー論を主導する桜井は，ライフ・ヒストリーを「幼年期，教育期，就職，結婚などのライフ・ステージや人生で遭遇したさまざまな出来事を含むもの」としている［桜井 2012: 9］。一方，ライフ・ストーリーは「個人のライフ（人生，生涯，生活，生き方）についての口述オーラルの物語」［桜井 2012: 6］と定義しており，この部分だけを比較すると，ほぼ同一の概念に見える。しかし，依拠する資料として，ライフ・ヒストリーが「インタビューによるオーラル資料のほかに自伝，日記，手紙などの個人的記録を主要な資料源として利用する」［桜井 2012: 10］ことに対して，ライフ・ストーリーは「個人が聞き手とのコミュニケーション過程をとおして過去の自分の人生や自己経験の意味を伝える」［桜井 2012: 11］とある。つまり，インタビューを通して収集されるという点において，両者は共通しているものの，ライフ・ヒストリーにとって聞き手は「黒子」的な存在であり，ライフ・ストーリーでは「共同制作者」となるのである[37]［大久保 2009: 1］。

　ライフ・ストーリーは，取材者の依頼によって行われる，人生の一部についての語りである。つまり，聞き手の関与無しに存在することはなく，また，インタビューを行った状況や，聞き手自身の違いによっては，まったく異なる語りが生じる可能性がある。以下で紹介するハドラミー移民のライフ・ストーリーも，自発的に行われた彼らの人生のすべてを振り返る物語ではなく，選ばれたトピックをめぐる過去の経験を，現在の視点から語ったものである。したがって，語られた内容には，聞き手である筆者の関心が大きく影響している。また，本書での収録にあたっては，対話の相手となった筆者の側の反応や質問などは割愛した。この点で，語りにおける間（ま）や同時発話，感情表現などを逐次的に記録し，これらが生起した状況をも含めて考察対象とする会話分析とは，まったくアプローチが異なっている。本研究における関心は，様々な出来事に対する，ハドラミー移民の反応と行動についての語りを通して，彼らを取り巻く社会状況がどのようなものであったかを理解することにある。

---

[37] 同様の定義付けは，この研究手法を 1970 年代に提唱したフランスの社会学者ベルトーも行っている。ベルトーは，ライフ・ストーリーが「インタビューの特別な形態から生まれ（中略）生きられた経験の全部あるいは一部を語るように依頼したなかでおこなわれる」としている［ベルトー 2003: 31］。

4.3.2 移民第一世代のライフ・ストーリー

ストーンタウンのマリンディ（Malindi）地区は，比較的多くのハドラミーが暮らしている界隈である。港に近い立地から，次第に移民が集住するようになったという[38]。このマリンディ地区では，現在でも移住の当事者である，第一世代のハドラミー移民の姿を見ることができる。本節では，ハドラマウトを出て移住に至った状況や，ザンジバルに定着するまでの過程を中心にして，彼らが語る自己の経験としてのライフ・ストーリーを見てみたい。

サーリフ氏の話

サーリフ氏は，本章4.2.3節で触れた移民第一世代のハドラミーである。普段は店舗を借りて食料品や雑貨を売っているほか，マリンディ地区のランドマークとなっている金曜モスクの管理人でもある。まず，ハドラマウトで暮らしていた当時についての語りを紹介しよう[39]。

> 「最初は，私の父だけで移住したんだ。それで，ザンジバルで何年か過ごしてから，一度私たちが住むサイウーン[40]（Sayʾūn）に戻ってきた。ハドラマウトにいた時代の父は，家の修理などをして働いていた」

サーリフ氏の父親は，一種の出稼ぎ労働者として単身でザンジバルにわたっており，ホスト社会においてある程度の生活基盤ができた後に，家族を迎えるためハドラマウトに帰国している。次に，移住に至った背景と，ハドラマウトを離れた時の様子についての語りである。

> 「移住したのは1950年だ。当時は第二次世界大戦の影響で，ハドラマウトの経済状態が悪かった。私たち家族の生活はとても苦しかったんだ。それで父親が2度目にザンジバルに行く時に，家族全員で移住することになった。私と姉と両親でね。全員で，ムカッラーの港からジャハーズィーに乗ったんだ」

移住の原因は生活の困窮であった。もともとハドラマウト社会には，海外で暮らす移民からの送金によって支えられている側面があったが，第二次世界大戦でこれらのシステムが機能しなくなり，彼らの経済ネットワークは麻痺状態に陥った［新井 2010: 234］。サーリフ氏の家族自体は，もともと海外から直接的に資金を

---

[38] 2009年10月26日に実施した，アブドゥッラフマーン氏へのインタビューに基づく。

[39] 本項で引用したライフ・ストーリーは，2011年10月23日と11月2日に実施したインタビューに基づく。

[40] ハドラマウト中部の都市。タリームとシバームの中間地点にある。日本語の地図では，サユーンと書かれていることが多いが，サイウーンが本来の発音に近い。

得ていたわけではなかったが，貧民が大量に発生するなど，ハドラマウト経済は疲弊していた。続いて，ザンジバルを選んだ理由について見てみよう。

> 「当時，ハドラマウトから東アフリカまでの一帯が，イギリスの保護領だった。移動にもパスポートは必要なかった[41]。一つの国みたいな状態だったんだ」

この話で見逃せないのがイギリスの存在である。サーリフ氏が述べているように，当時のハドラマウトとザンジバルは，ともにイギリス保護領となっており，域内移動の制限が少なかった。この点については次節で考察する。最後に，移住後のザンジバルにおける暮らしについてである。

> 「ザンジバルで，父は水売りをしていた。肩にかけた棒の前後に，水を入れた容器を引っ掛けて売り歩くんだ。（当時は）水道が普及していなかったので，各家庭に届けていた」

水売りは，ザンジバルに定着した新参移民が行う定番の仕事である。他には路上におけるコーヒー・紅茶などの飲料水の販売や門番がある。サーリフ氏の父親には，ハドラマウト時代に大工の経験があったが，ザンジバルでは水売りなどの単純労働に従事した。これは当時のハドラミーに共通する要素でもあった。

フサイン氏の話

ザンジバルには，他にも移民第一世代のハドラミーが暮らしている。次にフサイン氏のケースを見てみたい[42]。フサイン氏は，革命前のザンジバルにおいては，名の知られたサッカー選手であり，所属するチームのコーチでもあった。まず，ハドラマウトでの出身地についてである。

> 「私はフスン・アムハル[43]（Ḥuṣn Āl 'Amhar）の生まれで，アムハル家[44]（Āl 'Amhar）の出身だ。移住したのは 1939 年で，私は 10 歳だった」

---

[41] 正確にはビザのことであると思われる。ハドラミーが所持していた旅券とビザについては，次節で考察する。

[42] 本項で引用したライフ・ストーリーは，2011 年 12 月 9 日に実施したインタビューに基づく。

[43] タリームの南西 4 キロメートル先にある村。フスン（ar. ḥuṣn）とは要塞や砦を表すアラビア語で，フスン・アムハルはアムハル一族の拠点という意味になる。ハドラマウトの中でも特にタリーム周辺には，この村のように特定のハドラミーの血縁集団と結び付いた村落が無数に点在している。

[44] ハドラマウトの代表的カビーラ（血縁集団）である，タミーミー（al-Tamīmī）から派生した一族。

ザンジバルで暮らすハドラミー移民には，フサイン氏のようにタリーム近郊の村の出身者が多い。フサイン氏の場合，先のサーリフ氏よりも10年ほど早く移住しており，ちょうど第二次世界大戦勃発の年と重なっている。次に，移住を決めるまでの経緯を見てみよう。

> 「(移住することになったのは)雨がまったく降らずに井戸が涸れてしまったのと，イナゴが大量発生したことで飢饉になったからだ」

> 「ある日，雲のようなものが畑に近づいてきた。その雲はイナゴだった。畑まで来ると，飛行機からの爆撃のように降り注いで，たった5分ですべてを食い尽くしてしまった。それから奴らはまたどこかへ飛び去っていった。食料がすっかり無くなってしまい，私たちはそこら辺に生えている雑草を茹でて食べるような有様だった」

似たような話は，西部開拓時代のアメリカに暮らした一家の記録である『大草原の小さな家』シリーズにも見られる[45]。洋の東西は異なっているが，ハドラマウトのワーディー周辺にある耕作地もまた，繰り返されるイナゴの発生によって，しばしば回復不能なレベルで被害を受けていた。続いて，フサイン氏がどのように移住したかについての語りである。

> 「兄弟は私を入れて10人いた。まず，父と私が二人でザンジバルに来たんだ。母と他の兄弟は，ハドラマウトに残って耕作を続けていた。それから9年して，母と兄弟をザンジバルに呼んだ。でも，ハドラマウトに残った兄弟もいた」

まず，一家の働き手だけで先にザンジバルに移住し，ホスト社会での生活基盤が整ってから家族を呼ぶのは，サーリフ氏の場合と共通している。本書に収録した語りには含まれていないが，フサイン氏はタンザニアで貯めたお金をハドラマウトに送金して，郷里に残っていた家族のために新しい家も建てている。最後に，ザンジバルでの仕事についての話である。

> 「移住した当時，父はすでに年配だったが，背がとても低くて子供のようだった。それで，ザンジバルでは紅茶やショウガ水を売って暮らしていた」

---

[45] イナゴ襲来のエピソードは，シリーズ第4作目の『プラム・クリークの土手で(*On the Banks of Plum Creek*, 1937年初版)』で語られている。本シリーズでは，一家の次女ローラの視点で，西部開拓時代のアメリカにおける人々の暮らしが描かれる。本作では，収穫を控えた農作物がイナゴによって食べ尽くされ，収入源を失った父親は出稼ぎに行っている。

フサイン氏の父親の場合も，他のハドラミー移民の場合と同様に，水や紅茶の売り歩きといった肉体労働で生計を立てていたことが分かる。フサイン氏自身は，ザンジバル革命までサッカー・チームの選手やコーチとして，またタクシーの運転手として，複数の職業に就きながら家族の生活を支えた。

4.3.3 移民第二世代のライフ・ストーリー

次に，移民第一世代の父を持つ，ハドラミー移民第二世代のライフ・ストーリーを見てみたい。彼らはザンジバル生まれであるが，父親を通して，家族の出身地や移住の話を語り継いでいる。また彼ら自身も，家族がホスト社会に足場を築くために父親を支えてきた。

ウマル氏の話

ウマル氏は，ザンジバル生まれの移民第二世代で，高齢のハドラミーである。ザンジバルにおいて長年にわたって輸出入業を手がけ，現在はホテルも経営しているなど，実業家としての成功をおさめている。まず，彼の父親が移住した時についての語りを見てみたい[46]。

> 「移住したのは父だ。時期は1910～20年くらいだと思う。当時の父は5歳で，兄弟は22人いた。父は兄たちとともに移住したんだ。でも，父の両親はハドラマウトに残っていた。タリームに近いフバーヤ（Khubāyah）という村[47]だ」

ウマル氏の父親は，22人もいたという兄弟の中では若い方である。その両親は子供たちを送り出した後もハドラマウトに残ったままであったことから，口減らしの意味もあったのではないかと推察される。次に，ザンジバルを移住先に選んだ理由についての語りである。

> 「ハドラマウトからペンバ[48]に移住したのは，どちらもイギリス領だったからだ。当時はパスポート無しでも域内の移動ができた。それにザンジバルは仕事の機会も多かった」

ウマル氏は移住の当事者ではないので，これらの理由付けは，現在の視点に基づいたものである可能性もあるが，同様の説明は移民第一世代の語りにも見られた。実業家であるウマル氏は，イギリス支配時代の東アフリカとハドラマウトが，

---

[46] 本項で引用したライフ・ストーリーは，2011年11月5日に実施したインタビューに基づく。
[47] ワーディーを挟んで，タリームの対岸にある村。
[48] ザンジバルを構成する島の一つ。第2章2.1.1節を参照。

相互に非課税であったことを挙げて，これらの地域が一体となっていたことも強調していた。続いて，定着後の父親の生活についてである。

「父は，パン屋やレストランで働いていた。また，食料品の販売や，クローブ畑での労働もした。当時のペンバ島はウングジャ島[49]より資源に恵まれていたんだ」

移住当時のウマル氏の父親はまだ子供であったが，生活のために働いていた。ザンジバルのハドラミーは，レストランなど飲食関係の職に就くことが多かった。また，ウマル氏の話にもあるように，当時のペンバにはオマーン系住民が経営するクローブのプランテーションが数多くあり，そこでハドラミー移民が肉体労働者として働いていたことが分かる。

ハーミド氏の話

ハーミド氏は，ザンジバル革命があった1964年生まれの移民第二世代である。若者を対象とした兵役[50]から除隊後，当初は服を売る商売で身を立てていた。その後に電気工事関連のエンジニアに転職して現在に至る。まず，父親の出身地についての語りである[51]。

「父が移住したのは第二次世界大戦が終わってしばらくしてからだ。父の生まれはフスン・ファッルーガ[52]（Ḥuṣn Fallūqah）で，タリームの近くにある村だ」

ハーミド氏の父親もまたタリーム近郊の村の出身である。この地域は先のフサイン氏の属する家系と関係が深く，ザンジバルには他にも同郷の移民が存在している。移住した時期は，サーリフ氏と同様に第二次世界大戦後である。次に，移住の理由について見てみたい。

「第二次世界大戦が原因で，ハドラマウトの経済状態が極度に悪化したんだ。それに耕作地自体が少ない上に，雨がまったく降らないので水も無かった。

---

[49] ザンジバルの本島。詳細は，第2章2.1.1節を参照。
[50] 革命後のザンジバルおよびタンザニアには，経済構築軍（Jeshi la Kujenga Uchumi 略称JKU）と呼ばれる，若者を政治的・軍事的にトレーニングするための組織があった。当時は入隊が義務であり，一種の兵役として機能していた。現在では義務ではないが，組織自体は存続している。
[51] 本項で引用したライフ・ストーリーは，2011年10月27日に実施したインタビューに基づく。
[52] タリーム近くの村。ハドラマウトのアラビア語方言では，qの音が有声軟口蓋破裂音 /g/ に変化する。

機械は無いので，水を得ようと思ったら，手作業で何とかするしかなかった。それで，当時のハドラマウトはマサーキーン（ar. masākīn：貧者・乞食の複数形）だらけだった」

移住に至った背景は，ハドラミー移民の第一世代による語りと同じである。第二次世界大戦後のハドラマウト経済の悪化と，干ばつによる飢饉の相乗効果によって，生活困窮者となるハドラミーが多かった。続いて，ザンジバルにたどり着いた経緯についてである。

「当時の父は若者だった。それで村を出て，ジャハーズィーで海外を目指すことになった。船出はムカッラーからだ。親戚がウングジャにいたわけじゃないよ。どのジャハーズィーに乗るかで行き先が決まってしまうんだ。それで，運任せで結果的にウングジャにたどり着いたんだ」

東南アジアを対象にした先行研究では，移住にあたって，ホスト社会側で受け入れ先となる親族の存在が目的地選定の条件であり，ハドラミーの親族ネットワークが機能していたことの証左とされる［新井 2000b: 248–249］。しかし，ハーミド氏の話から，東アフリカを目指した移民の場合，親族の有無によって移住先が決まったのではなく，選択の余地が無かったことが分かる。インド洋の東西で事情が異なった可能性については次節で考察する。最後は定着後の話である。

「父が住んでいたのは，ウングジャ島のキスィワンドゥイ[53]（Kisiwandui）だ。そこの食堂で働いて生計を立てていた。しばらくして弟も移住してきたよ」

ハーミド氏の父親のように，食堂など飲食関係の職に就く例はハドラミー移民に多く見られる。また，定着したのはオマーン系の古参移民やインド系の住民が多くいた，ウングジャ島の都市部であるストーンタウンではなく，開発の遅れていた郊外のエリアで，アフリカ系住民とともに暮らしたという。

ターハー氏の話

最後にターハー氏の語り[54]を紹介する。ザンジバル港近くで地元の人々向けのレストランを営むターハー氏は，移民第二世代のハドラミーである。移住の当事者は彼の父親であるが，当時の話は親から聞いてよく覚えているという。まず，父親の郷里についての話である。

---

[53] ストーンタウンに隣接して広がる住宅地区。かつては，アフリカ系住民だけが暮らしていた場所であった。

[54] 本項で引用したライフ・ストーリーは，2011年11月10日に実施したインタビューに基づく。

「父の故郷は，タリーム近くのターリバ[55]（Tāribah）だ。移住した正確な年までは分からないが，第二次世界大戦が終わって少ししてからだ」

ターハー氏の父親もタリーム近郊が郷里である。ザンジバルで暮らすハドラミー移民には，他にゴーズ（al-Qūz）やイーナート（ʿInāt）の出身者が多いが，いずれもタリームの周辺にある村落である。また，時期も第二次世界大戦後となっている。次に，移住に至った経緯を見てみたい。

「移住の理由は生活苦だ。当時は食べる物が何もなくて，餓死者も出る程だったんだ。耕作できる場所もなくて，沙漠みたいに砂地が広がっていた。当時の父は6歳だったが，弟と一緒に移住することになった。小さな子供たちだけでだ。それでも旅することの危険性の方が，ハドラマウトに残っているよりはマシだというくらい，当時は危機的な状況だったんだよ」

子供だけで移住したターハー氏の父親のケースは，先のウマル氏の父親の話に近い。父親の両親が健在であったにも関わらず，幼い兄弟だけで移住させたのは口減らしの可能性も考えられる。しかし，郷里に残るより異国の地に船で送り出す方が，餓死せずに生き延びられる可能性が高かったという話は，当時のハドラマウト社会が，食糧難からいかに逼迫した状況であったかを伝えている。続いて，兄弟がダウ船に乗ってからの話である。

「父たちはジャハーズィーに乗せられた。それで最初に着いたのがモンバサだった。モンバサには親族がいたし，当時はハドラミーの難民キャンプのような感じだったんだ。父は小さな子供だったが，教育を受けることはできなかった」

これまで紹介したハドラミー移民の話と異なって，ターハー氏の父親兄弟は，最初はケニアのモンバサに定着している。ここに親族もいたという話であったので，父親の両親は彼らのサポートを期待して送り出したものと思われる。また，当時のモンバサが難民キャンプ状態であったということから，同じような経緯で，移民というよりも難民に近い状態で流れ着いたハドラミーが，相当数いたとみられる。最後はザンジバルに定着するまでの話である。

「父は生活費を稼ぐために，できる仕事は何でもした。フルーツ売りや水運びなんかだ。それからザンジバルへわたった。成人してからは，消防士をやっ

---

[55] タリームの南西10キロメートル先にある村。

た後で電気関係の職人になった。それに精肉屋やレストランもだ。稼ぐより生活費がかかるからね。そうやってお金を貯めてからは畑を買って耕していたよ」

ターハー氏の話から，彼の父親が生き抜くために必死であった様子が良く分かる。無事にザンジバルへたどり着いても，ハドラミー移民の生活は決して楽なものではなかった。彼らの多くは肉体労働者として働いており，若年で移住した者に対する教育の機会は少なかった。しかし，限られた収入の中でもハドラミーはお金を貯め，畑など将来のために投資をしていた。そのような彼らを革命が襲うことになる。これについては第6章で詳細に論じる。

4.4 考察

本節では，これまで紹介したライフ・ストーリーを手がかりにして，ザンジバルを目指したハドラミーの移住活動の背景について考察する。まず，移民たちの経験をめぐる語りに共通して見られた要素から，ハドラミーの移住から定着までの各段階について検証する。次に彼らの移住活動をインド洋西海域という，よりマクロな視点でとらえ，この地域を支配していたイギリスとの関係を明らかにする。そして最後に，ハドラミーにとって東アフリカと同じか，それ以上に重要な渡航先であった東南アジアと比較して，第二次世界大戦を機に移住活動が途絶えた後者と，その後も継続した前者の違いが生じた理由について分析する。

4.4.1 ハドラミーの移住活動における共通性

本節では，ザンジバルを目指したハドラミーの移住活動に見られる共通性について考えてみたい。検討するポイントは，移民を送り出してきた場所，移住活動が行われた時期，移住を決断するまでの経緯，そしてザンジバル定着後の暮らしについてである。

まず，移民の出身地である。本章で紹介したライフ・ストーリーでは，すべてのハドラミーがサイウーンとタリーム近郊の村の出身者となっていた（図4.5）。これは筆者の臨地調査で出会った他の移民においても，同様の傾向を示している。彼らの出身村落がある場所は，本章の4.1.1節で述べた，小ハドラマウトにそのまま当てはまる。つまり，東アフリカに移民を送り出していたのは，ハドラマウト

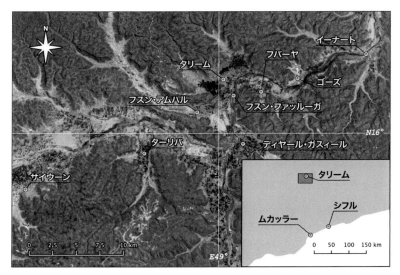

図4.5　タリーム近郊の村落
ザンジバル在住移民の出身地をプロットした（出典：Bing Maps Aerial）

の中でも内陸部の村落が中心であったことが分かる[56]。

　次に，移住活動が行われた時期についてである。取り上げた5人の中で，一番古い移住の事例は1910～1920年であるウマル氏の父親，次いで第二次世界大戦勃発の年である1939年のフサイン氏である。それ以外の3人は，戦後5年くらいの期間に集中している。

　彼らの渡航時期は，移住の理由と密接に関係してくる。ザンジバルの労働機会の多さを挙げていたウマル氏以外は，ハドラマウトにおける生活上の差し迫った危機を理由としていた。その内容は大きく分けて2つある。一つは第二次世界大戦が引き起こした，ハドラマウトにおける経済不況である。移住者からの送金に頼っていたハドラマウト社会は，戦争によって外部世界と経済的に切り離されることで極度に疲弊していった。もう一つの理由は，干ばつや自然災害を原因とする飢饉である。ハドラマウトにおいては，高地の隙間を縫うようにうがたれたワーディーの河床周辺が，ハドラミーにとっての唯一の平野かつ耕作地であった。しかし，季節河川であるワーディーには水流のない時期が多く，気候変動などで

---

[56] ただし，ザンジバルには大ハドラマウトの別のテリトリーから来た者がいたという証言もある（2009年10月13日に実施した，ヤミーン慈善協会への取材に基づく）。同様の記録は，1941年10月27日付で発行された，ザンジバル政府官房長官の回報にも存在する。ここでは，シフル人という呼称に関して，海岸部と内陸部のハドラミーの中でも，特に前者に使うべきであると書かれている。また，これらに対応したハドラミー協会が2つ存在するという記述もある［ZNA AB|12|22: 11］。

長期に降雨が見られないと地下水の涵養がなされず，フサイン氏の話にあったように井戸水さえも涸れる事態となる。第二次世界大戦期のハドラマウトは，これら2つの危機が重なることで，「雑草を茹でて食べ」ないと餓死する状態[57]にまで追い込まれていたものと考えられる。

　移住後の暮らしについても確認しておこう。ザンジバルにおいてハドラミーが行っていた仕事は，基本的に肉体労働であった。これは本章のすべての事例に共通する。彼らの多くは，行商人として水やコーヒー，紅茶などを売り歩いていた。飲食関係では，他に食堂で働く者もいた。水道が完備された現在のザンジバルでは水売りを見かける機会はないが，コーヒーを売るアラブ系住民[58]は少数ながら存在する。また，地域民向けのレストランや食堂は，今でもハドラミーが経営している店が多い。これらの職業選択に，ハドラマウトにおける就労経験は無関係であった。その理由として，当時のザンジバル社会においては，いわゆるホワイトカラーに属する職業が，すでにオマーン系アラブの古参移民によって寡占されており，難民状態でザンジバルにわたったハドラミー移民が，新規参入できる分野が肉体労働以外になかったことが考えられる。また，若年で移住したハドラミーの場合，生活費の獲得が最優先課題であり，十分な教育を受ける機会もなかったことから，より高い社会的地位を目指せる可能性は最初から存在していなかった。ウマル氏の話にあったように，クローブのプランテーションで働く者もいたことから，当時のザンジバル社会におけるハドラミー移民の暮らしは，労働者として大陸から来たアフリカ系住民のそれと同様であったと思われる。

4.4.2　インド洋西海域とイギリス

　ライフ・ストーリーで語られていた移住の経緯の多くは，主にハドラマウト側に原因を求めるプッシュ要因についてであった。しかしサーリフ氏とウマル氏は，プル要因としてイギリスの存在も指摘している。そこで本節では，インド洋の西海域とイギリスの関係を検証する。

　19世紀のハドラマウトにおいては，カスィーリー（al-Kathīrī）とクアイティー（al-Quʿaytī）という2つのスルターン家による政治的な境界が存在した[59]。イギリスは，1839年に海上交通の要衝であるアデンを押さえ［Ingrams 1942: 91］，1882年と1886年には，アデンの後背地に隣接するクアイティー王国と条約を結んで，

---

[57] 大戦期の食糧難は深刻なもので，記録に残っているケースでは，1944年に生じた飢饉で1日あたり100人以上が餓死したという［Lekon 1997: 271］。

[58] コーヒーの販売はハドラミーだけではなくオマーン系住民も行っている。後者は，比較的ハドラミーと近い境遇におかれていた，マンガ（sw. Manga）と呼ばれる新参移民であると考えられる。

[59] イギリスの保護領となった後も，1967年の南イエメン独立によって，ハドラマウト全域が一つの県となるまで，この区分自体は存続した。

図4.6　アデン保護領のパスポート
(出典：https://en.wikipedia.org/wiki/File:1940_Aden.jpg)

その支配域を保護領とした［Ingrams 1942: 243］。また1918年に，クアイティーとカスィーリーの両王家の間で協定が結ばれたことから，実質的にハドラマウトの全域がイギリスの支配下に入ることになった［Ingrams 1942: 244］。このような経緯から，20世紀初頭から1960年代までのハドラマウトは，イギリスが支配するアデン保護領（Aden Protectorate）の一部となっていた。

　先のサーリフ氏とウマル氏は，パスポートなしでハドラマウトと東アフリカの間を自由に移動可能であったと話していた。これはどういうことであろうか。実はハドラマウトを含むアデン保護領の住民には，本国のブリティッシュ・パスポートに準じる旅券が発行されていた（図4.6）。デザインも共通しており，通常の英国旅券で渡航可能な地域には，アデン保護領のパスポートでも行くことができた［ZNA AB|26|35: 2］。つまり，ハドラミー移民にとって，ハドラマウトとザンジバルを含む東アフリカ沿岸部が，あたかも「一つの国のような状態」であったというのは，このことを指しているものと考えられる。

　しかし，自由な移動という点においては一定の留保が必要である。ザンジバル州立公文書館に残されている『アデンおよびアデン保護領に関する旅券規約（Passport Regulations: Aden Colony and Protectorate）』によると，出入国管理局における1938年4月2日付けの内部通達で，特にシフルとムカッラーからハドラマウトへの入国を試みる者に対しては，事前のアデン政府に対する照会がない限り，ビザを発給しないことと記されている［ZNA AB|26|35: 1］。東南アジアにおいては，

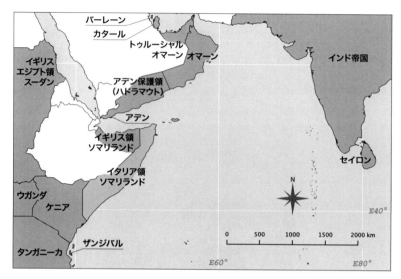

図4.7　第二次世界大戦期のインド洋西海域におけるイギリス支配地域
（TNA『Maps in Time』をもとに筆者作図 [The National Archives 2008]）

ハドラマウトへ向かうアラブを監視するためのリスト[60]が1928年まで使われていたという先行研究もある［新井 2000a: 189］。先の内部通達では，該当エリアの記載がないもののビザ免除協定が存在することについて触れ，この対象にアデンとアデン保護領を含まないとある。したがって，アラビア半島南部に対する，域外からの人間の流入には，一定の制限があったことは確かである。

　それでは，移民を受け入れていたザンジバル側の事情はどうであろうか。先ほどの規約集には，当時のザンジバルにあったハドラマウト沿岸アラブ協会（Association of Hadhramout Coast Arabs）のレターと，ザンジバルの出入国管理局から政府の書記官に送られたメモ，そして入管がムカッラーに打電したメッセージがファイルされている。レターには，ザンジバルの出入国管理局に対して，記載されたハドラミーの移住希望者の身元保証を同協会が行うことと，入管からムカッラーに電報を打つよう要請する文言が書かれている。これが政府の書記官に回され，次いでムカッラーにも打電されていた［ZNA AB|26|35: 3–5］。このようなやり取りが，移住希望者が現れるたびに行われていることから，移住に際して一定の手続きが必要であったことが分かる。ただし，アデンへの出国要請が時折不許可になっていることに対して，ザンジバルへ入る場合は基本的に許可されていることから，ハドラミーの流入自体を妨げるものではなかったと思われる。

---

[60] リストが使われたのは，第一次世界大戦直後のことであり，反英的な人物の入国を警戒していたという［新井 2000a: 189］。

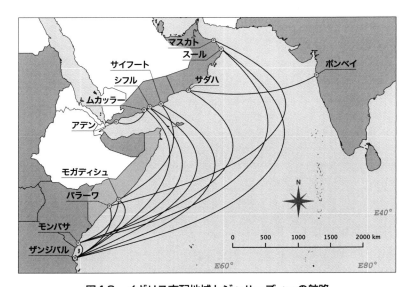

図4.8　イギリス支配地域とジャハーズィーの航路
（TNAとZNAをもとに筆者作図 [The National Archives 2008, ZNA AB|45|45]）

　インフラ面におけるイギリスの存在も，ハドラミーの移住活動においては注目すべき点である。ここで第二次世界大戦期のインド洋西海域における英国の支配地域を見てみたい（図4.7を参照）。イギリスが帝国として最大の版図を誇っていた1921年（P. 31の図2.9を参照）と比べると，その領地は次第に縮小傾向にある[61]ものの，アラビア半島から東アフリカ沿岸部の一帯にかけては，依然としてイギリスの支配域に含まれていたことが分かる。現代のソマリアに該当する地域は，イギリス領ソマリランドとイタリア領ソマリランド[62]に分かれていたが，大戦中にイタリア側のテリトリーもイギリス軍の統治下に置かれた。
　ここに，ハドラミーが移住に際して利用したジャーハーズィー，つまり中型ダウ船の当時の航路を重ねてみよう（図4.8を参照）。図を見ると，アラビア半島から東アフリカ沿岸部にかけて，そしてザンジバルに至るジャハーズィーの寄港地は，基本的にイギリスが支配する地域に存在する都市であったことが読み取れる。イギリス保護領で暮らす住民は，ハドラマウトに向かう場合にビザが必要になることと，定住を目的とした移動に手続きが求められたことを除けば，比較的自由に域内を移動できたと考えられる。そして，これらの地域間で相互に関税がかからなかったことは，貨物の輸送船であったジャハーズィーの積極的な運用につな

---

[61] 例えば，地図の範囲外であるが，すでにイラクはイギリス帝国の版図から離れている。
[62] イタリア領ソマリランドとエチオピア，エリトリアを合わせてイタリア領東アフリカ（en. Italian East Africa）と呼ぶ。

がったであろう。したがって，ザンジバルを目指すハドラミーにとっては，常に十分な海上交通手段が確保されていたことになる。

4.4.3 インド洋の東西における相違

　第二次世界大戦を機にして，東南アジアに対するハドラミーの移住活動は事実上終焉した。しかし，ザンジバルを含む東アフリカへ向かうルートは，少なくとも 1960 年代までは機能している。本節では，インド洋の東西で生じたこの違いの背景について考えてみたい。

　19 世紀末から 20 世紀中頃にかけて，東南アジアを目指したハドラミー移民の数は顕著に増加した。例えば，後にインドネシアとなるオランダ領東インドにいたアラブ[63]の場合，1900 年の段階では 2 万 7 千人であったものが，1942 年までに 8 万人近くに達していたという［Riddell 1997: 221］。しかし 1940 年以降，東南アジア地域に存在したヨーロッパ列強の植民地に対する日本軍の侵攻によって，ハドラミー移民による海外への送金は不可能となり，ハドラマウトとのコネクションは断たれてしまう［Freitag 2003: 435］。

　これまでハドラマウトとインド洋東海域の間を強固に結び付けていた，人と物のネットワークは，大戦が終結した後でも，かつてのような形で復活することがなかった。その大きな理由としては，ヨーロッパ列強の支配下にあった東南アジア諸国が，戦後相次いで独立し，明確な国境を備えた領域国家となったことが挙げられる。戦前のような規模での送金は禁じられ，人の移動も大幅に制限されたことから，定住を目的とした渡航は不可能になった［Lekon 1997: 272–273］。新興独立国家においては，まず自国内の経済安定とインフラ整備を目指さねばならなかったことを考えれば，これらの政策は当然の帰結であった。

　インド洋東海域の状況に対し，西海域においては戦後もハドラミーの移住活動が継続した。これには，まず海上ネットワークの面で，アラビア半島南部と東アフリカ沿岸部の地理的な近さと，蒸気船と異なって大量のエネルギー資源を必要としない帆船であるジャハーズィーが，主要な海上交通手段であり続けたことが理由に挙げられる。1946 年のザンジバル港における入港記録では，2 月 8 ～ 14 日の一週間だけでも，39 艘ものジャハーズィーを中心とするダウ船が入港していたこと報告されている［ZNA AB|45|45］。インド洋西海域では，12 ～ 3 月に北東のモンスーンが吹くため，2 月にダウ船の入港数が増加すること自体は珍しいケースではないが，第二次世界大戦の終戦から間もないこの時期においても，毎日 5 便以上のペースで海外から船舶が来ていたことは特筆に値する。

　国境をめぐる状況についても，インド洋の東西では事情が異なっている。戦前

---

[63] これらのアラブの出身地は明記されていないが，現在，この地域で暮らしている移民から推察して，その多くはハドラミーであると考えられる。

から独立を志向していたインドネシア[64]やインド[65]に対して，東アフリカ諸国は終戦後も独立へと向かわなかった。これはハドラマウトが含まれていたアデン保護領[66]も同様であり，イギリスによる統治が1967年の南イエメン人民共和国の独立まで継続した。ザンジバルもまた，1890年にスルターン制を維持したままイギリスの統治下に入り，1963年の独立までは同国の保護領であり続けた。つまり，ハドラマウトとザンジバルは，19世紀末から1960年代初頭までの70年以上にわたって，共にイギリスの支配地域となっていたことになる。

　これはかつてのオマーンに近い状況である。オマーン人スルターンのサイイド・サイードは，19世紀半ばまでに東アフリカ沿岸部の都市を統治下に置き，1832年にはオマーンの首都をザンジバルに移している。つまりインド洋の西海域においては，オマーン支配のもとで政治的な安定がもたらされ，かつ地域の連続性が確立されていたのである。その後，これらのスワヒリ諸都市は，オマーン本国における内政問題と，ヨーロッパ列強のアフリカ大陸への進出によって分断された。しかし，イギリスが東アフリカ沿岸部からアラビア半島南部までを，次第に領地として取り込んでいったことから，後にパクス・ブリタニカ（Pax Britannica）と呼ばれる，地域の安定と連続性が再び実現することになる。その結果，はからずも「一つの国」となったハドラマウトとザンジバルでは，前節で考察したように，域内における人と物の流動性が高められることになったのである。

　前世紀までと同様に海上ネットワークが存在し，また地域を越えて有効な旅券も存在する。東南アジアの場合とは異なり，アラビア半島を後にするハドラミーたちが，第二次世界大戦後も東アフリカを目指し続けたのは，これらの複合的な要因が背景にあったのだと考えられる。

4.5　おわりに

　ハドラマウト社会における，第二次世界大戦が引き起こした経済危機，そして繰り返される干ばつによる食糧難は，プッシュ要因としてハドラミーを故郷から追い立てた。一方で，19世紀から20世紀にかけてインド洋を支配し，パクス・ブリタニカと呼ばれる黄金時代を築いたイギリス帝国の残滓は，プル要因としてハドラミーを東アフリカ沿岸部へと導いた。そして彼らを運んだのは，古来から用いられてきたダウ船のジャハーズィーであった。

　本章では，ザンジバルにわたったハドラミー移民について，彼らが移住に至っ

---

[64] インドネシアは，1945年に独立を宣言し，1949年に承認された。
[65] インドの独立は，1947年である。
[66] 1963年からは，南アラビア保護領に改称されたが，イギリスによる支配は継続した。

た経緯，その移動手段，そしてホスト社会に定着した後の生活について考察してきた。先行研究における歴史的現象としてのハドラミー移民は，紀元前後からインド洋を舞台にして，交易ネットワークを縦横に張り巡らせていた海の商人や，イスラーム化した諸都市で宗教的エリートとして迎えられた知識人として描かれている。しかし，現代を生きる移民たちが語った，人生の経験としてのライフ・ストーリーから浮かび上がったのは，止むに止まれぬ事情で祖国を後にし，生き延びる手段として海をわたった，経済難民としてのハドラミーの姿であった。

第5章
アイデンティティの周辺

図5.1　ハドラミー・サイイドの家系図
アフマド・ハーミド・マンサブ家の所有（2007年5月10日に筆者撮影）

　ザンジバルで暮らすハドラミーはアフリカ人なのであろうか。国籍に注目するならば，移住の当事者であるハドラマウト生まれの移民第一世代[1]も，その子や孫であるザンジバル生まれの第二世代・第三世代も，みなタンザニア人ということになる。同国がアフリカ連合[2]（African Union）のメンバーである事実を考えれば，この地域のハドラミー系住民は，制度上アフリカ人であるといえる。しかし，ハドラミー自身による自己認識が，法制面だけで決定されるわけではない。第3章の冒頭でも触れたように，民族集団とは共通した民族的アイデンティティに基づいて形成されるものである。したがって，彼らが同じ民族集団に対して帰属するという意識を持ち，それがハドラミーという呼称をともなうのであれば，国籍や世代の枠組みを越えたハドラミーというエスニック・グループの一員であると

---

[1] 現在のザンジバルで暮らす移民第一世代は，ザンジバル独立に際して，ハドラマウトを支配していたイギリスの国籍を離脱し，ザンジバル（後にタンザニア）の国籍を選択した者である。

[2] アフリカ統一機構（Organisation of African Unity）の後継組織として，2002年に成立したアフリカ諸国の政治・経済的統合を目指す機関。

いうことができよう。しかしその前提として，彼らは同族としての意識を共有しているのであろうか。

彼らのアイデンティティをめぐるカテゴリー区分は多元的である。ハドラマウトにおける血統や家系に基づく社会階層と，ザンジバルという異邦における民族集団としての境界線という，2つの軸が存在するからである。前者はハドラミーの集団内部における出自の問題であり，後者は特定の社会における集団と集団の差異に基づいた範疇の問題である。そして移住活動とホスト社会での世代交代を経ることで，いずれの軸にも変化が生じている。

そこで本章では，ザンジバルのハドラミー移民におけるアイデンティティのあり方を，複合的な視点から考察する。まず，ザンジバルにおいてハドラミーを代表してきた協会について取り上げ，革命の前後で構造や機能がどのように変化したのか，移民たちの社会関係における組織の役割を中心に考察する。次に，ハドラミーの社会関係のベースにある，血統に基づく階層性の概念について整理する。そして最後に，これまでの聞き取り調査の結果に対して，データ分析の手法を導入することで，彼らの民族集団意識をめぐる世代間の傾向を明らかにする。

5.1　ハドラミー移民のための協会

近年，ハドラミー移民のコミュニティを代表する組織がザンジバルに設立された。これは，スワヒリ語で一般にジュムイヤ・ヤ・アル＝ヤミン（sw. Jumuiya ya Al Yamin：アル＝ヤミン協会）と呼ばれており，英語とアラビア語による正式な組織名はザンジバル・アル＝ヤミーン慈善協会（en. Yamin Charitable Society Zanzibar, ar. Jam'īyah al-Yamīn al-Khayrīyah）となっている。ヤミーン慈善協会には，革命前に前身となる組織が存在しており，両者ともザンジバル在住のハドラミーの暮らしに大きく関わってきた。本節では，ハドラミー系住民のアイデンティティ存続において，これらの協会が果たしてきた役割について検討する。

5.1.1　革命前に存在した 2 つの協会

まず，革命前の協会についてまとめる。イギリス統治時代のザンジバルには，ハドラミー移民のための協会が 2 つ存在していた[3]［BA|106|13］。一方はハドラマ

---

[3]　ザンジバル公文書館に保管されている書類には，ハドラマウト後背地アラブ協会（Hadhramout Hinterland Arab Association）の名前も見られる［ZNA AB|26|35: 50］。これは対象者から判断して，ハドラマウト・アラブ協会と同一組織であると思われる。

ウト・アラブ協会[4]（Hadhramout Arab Association）で，もう一方は，ハドラマウト沿岸アラブ協会[5]（Association of Hadhramout Coast Arabs）である。前者の協会は，ハドラマウト内陸部のハドラミーを対象としており，後者は海岸部の出身者を代表する団体であった［ZNA AB|12|22: 11］。ザンジバルで暮らすハドラミー系住民は，現在でもシフル人と呼ばれることが多いが，これは彼らが当初シフル港[6]を経由して移住したことに起因している[7]。しかし実態としては，海岸部と内陸部の2つのグループからハドラミー移民が構成されていたことになる。

　前章の 4.4.2 節でも触れたように，19 ～ 20 世紀前半のハドラマウト地方は，カスィーリー（al-Kathīrī）とクアイティー（al-Quʿaytī）という 2 つのスルターン家の支配地に分かれていた。カスィーリー家は内陸部を拠点としており，もう一方のクアイティー家は海岸部を中心に，前者の領地を取囲むように支配域を広げていた。いずれの地域も 20 世紀初頭以降はイギリスの保護領となったが，1967 年にそろって南イエメンとして独立するまでは，政治的な境界が存続していた。ザンジバルにおいてハドラミーを代表する組織が 2 つ存在したのは，この区分も背景にあったものと考えられる。

　これらのハドラマウト・アラブ協会は，イギリス行政当局の要請で設立された組織である。保護領時代のザンジバルには，ハドラミー以外にも多様な出自の移民が集まっており，イギリス行政当局は間接統治を円滑に進めるために，移民のコミュニティそれぞれに協会を作るよう働きかけていた[8]。またハドラミーの側でも，ハドラマウト・アラブ協会を相互扶助組織として活用していた。特に，ハドラマウトからの移住希望者がいる場合は，これらの協会長が身元引き受け人となって出入国管理局にレターが発行され［ZNA AB|26|35］，移住者がザンジバルに到着すると，住居や仕事の斡旋など各種の経済支援が行われた[9]。また，これらの協会は埋葬地も管理[10]しており，ハドラミーの専用墓地がムウェンベラドゥ[11]

---

[4] 1930 年代は「Arab Hathramaut Association」と名乗っていたようである［ZNA AB|12|22: 6］。ハドラマウトの綴りが「Hathramaut」となっているほか，「Arab」の入る位置が異なる。これらの記載法は書類ごとに揺らぎがあり，厳密さは重視されていなかったとみられる。

[5] かつては，シフル人協会（Shihiri Association）としても知られていた［ZNA AB|12|22: 11］。

[6] ザンジバルを目指す移民の出国場所は，後にシフル港から西に 60 キロメートル弱離れたムカッラー港に移っている。詳細は前章 4.2.2 節を参照。

[7] シフル人という呼称の詳細は，第 3 章 3.2.2 節『シフル人としてのハドラミー』を参照。

[8] 2009 年 10 月 26 日に実施した，アブドゥッラフマーン氏へのインタビューに基づく。

[9] 2011 年 12 月 1 日に実施した，ムフスィン氏へのインタビューに基づく。

[10] 革命前のストーンタウン周辺部には，それぞれの移民コミュニティ単位で，メンバー用の共同墓地が作られていた。しかし，これらはすべて革命後に政府によって破壊されている（2007 年 5 月 15 日に実施した，イーサー氏へのインタビューに基づく）。

[11] ストーンタウン郊外の地区名。現在はアフリカ系住民を中心とした住宅地となっている。

（Mwembeladu）に存在した[12]。つまり，郷里を後にするハドラミーの海外渡航から，ホスト社会への定着と新生活の開始，そして没後まで，彼らの人生の様々な面をサポートする役割を担っていた[13]。これらの協会は，革命で成立した新政府によって強制的に解散させられるまで存続した。

5.1.2　ヤミーン慈善協会

　現在のハドラミー・コミュニティを代表する組織は，先に触れたヤミーン慈善協会である。内陸と海岸に分かれていた革命前との状況とは異なり，ザンジバル在住のハドラミー移民と，その子孫や家族を包括的に扱う団体である。以下，設立に至った経緯・入会条件・機能について見ていきたい。

協会設立の経緯

　ヤミーン慈善協会は 2001 年に設立された。前身となる 2 つの協会が解体されてから，実に 37 年もの時間を経てからの再建である。第 2 章 2.3.5 節で述べたように，ザンジバルは 1964 年 1 月の革命勃発から 3 ヶ月後に，大陸部のタンガニーカ（Tanganyika）と合邦してタンザニア連合共和国（United Republic of Tanzania）となったが，その後も独立国家に近い自治権を保持し続けており，ザンジバル革命政府（Revolutionary Government of Zanzibar）という独自の統治機構と，その長としての大統領を有している。この政府は当初，社会主義を標榜しており，ザンジバル住民による公共の場での様々な活動を制限した。そのため，1962 年から初代ザンジバル大統領であるカルメが暗殺された 1972 年までは，宗教実践や祭事などを家庭の中で行うことさえ困難であった[14]。イスラームの儀礼に限っては，1980 年頃から漸進的に規制が緩和されるようになったが，民族集団を単位とした協会の結成は，21 世紀まで待たねばならなかった。

　現在のヤミーン慈善協会の名称には，ハドラミーやアラブの言葉が含まれていないが，実は「ヤミーン」が，現在のハドラマウトが位置しているイエメンのことを指している。イエメンはアラビア語ではアル＝ヤマン（al-Yaman）であり，スワヒリ語においても同様にアル＝ヤマンと言うか，英語に準じる形でイエメンと発音される。これがヤミーンとなっているのは，民族集団とは関係のない団体としてアピールするためであるという[15]。協会の設立が可能になったとはいえ，イエメン人やハドラミーの協会であることを明示するのはいまだ問題となるため，

---

[12] 2011 年 10 月 22 日に実施した，フサイン氏へのインタビューに基づく。

[13] ただし，教育分野に関しては手付かずであったという（2009 年 10 月 26 日に実施した，アブドゥッラフマーン氏へのインタビューに基づく）。

[14] 2007 年 5 月 15 日に実施した，イーサー氏へのインタビューに基づく。

[15] 2009 年 10 月 11 日に実施した，サッカーフ氏へのインタビューに基づく。

アイデンティティの周辺　91

図5.2　ヤミーン慈善協会の集会所
（2009年10月11日に筆者撮影）

似た音を持つ別の単語[16]が使用されているのである。

　再設立にあたっては，ムター（sw. mtaa）と呼ばれる街区単位で，地区内に居住しているハドラミーに参加の声がかかったという[17]。ザンジバルで暮らすハドラミー系住民は，同協会の推計で，ウングジャ島とペンバ島を合わせて3,000人程度存在すると見積もられているが，協会への加入者は設立から現在までで500人に留まっている[18]。未加入者への働きかけは続けられており，今後700人程度までは増えると見込まれている[19]。

加入プロセスと拠点

　ヤミーン慈善協会への加入は，ハドラミーであれば男女の区別なく許可される。また，賛同者であれば，ハドラミー以外の出自の者であっても，協会が主催するイベントに参加可能である。加入すると，顔写真付きの会員カードが発行されるため，ハドラミーであることを確認できる身分証明書を得ることになる。また，会員には年会費の支払いが義務付けられており，1ヶ月から数ヶ月ごとに開かれる協会の会合にも参加が求められる。

---

[16] ヤミーン（ar. yamīn）は，イエメンと同じ語根から派生した単語で，宣誓という意味である。ヤミーン慈善協会のロゴマークは，ハドラマウトの学園都市タリームにあるミフダール・モスク（Masjid al-Miḥdār）のミナレットと本をあしらっており，学問の光を意味しているという（2009年10月14日に実施した，ヤミーン慈善協会への取材に基づく）。
[17] 2011年12月21日に実施した，サルハ氏へのインタビューに基づく。
[18] これは他の民族的背景を持つ住民との同化が進んでいることとも関係があると思われる。
[19] 2009年10月13日に実施した，ヤミーン慈善協会への取材に基づく。

図5.3 キアンガにあるハドラミー用共同墓地
（2011年12月24日に筆者撮影）

　協会の拠点は，ザンジバル港に近いストーンタウンのマリンディ地区（Malindi）にある集会場である（前頁，図5.2）。施設ができたのは2009年と比較的新しく，現在は2階建てとなっているが[20]，今後4階まで増築される予定である[21]。モスクに似た内装で，赤い絨毯が敷かれているが，礼拝所としての機能はない。

　ヤミーン慈善協会は，ハドラミー用の共同墓地の整備[22]も進めている。墓地用地はウングジャ島のキアンガ[23]（Kianga）にある（図5.3）。元々この界隈は土壌が良いということで，ヤシや果樹，クローブなどの香辛料が植えられた畑が続く場所であった。キアンガ地区のチェメニ村（Chemeni）に入ったあたりで幹線道路を離れ，未舗装の小道を西へ50mほど進むと，水色のトタン屋根とブロック塀で囲まれた，建設中の共同墓地が見えてくる。敷地は東西方向に横長である長方形型をしており，筆者が周囲をGPSを使って計測してみたところ，短辺は80メートル，長辺は125メートル，面積はちょうど1万平方メートルであった。

---

[20] 図5.2の写真は，建設当初に撮影したもので，この時点では1階部分だけが完成している。
[21] 2009年10月12日に実施した，ヤミーン慈善協会への取材に基づく。
[22] 革命政府は，私有地内に墓を作ることを禁じ，住民には政府指定のムワナ・クウェレクウェ（Mwana Kwerekwe）にある共同墓地への埋葬を命じていたが，近年はこの規制も緩和されたとみられる（2007年4月9日に実施した，ハールーン氏へのインタビューに基づく）。
[23] キアンガは，ウングジャ中部のドレ（Dole）地方にある。近年，ザンジバル・パーク（Zanzibar Park）と呼ばれる，観光客を当て込んだ動物園が作られるなど，再開発も始まっている。しかし，多くの場所は人家もまばらな密林地帯であり，現在も政府が管理するプランテーションが広がっている。

共同墓地は現在も整備中[24]で，墓石が並ぶ場所は敷地内の一角だけである。その背後の壁には，墓地用のドゥアー[25] (sw. Dua ya makaburi) がアラビア語とスワヒリ語で書かれていた[26]。ザンジバルにおける墓参行事は，毎年ラマダーン (ar. Ramaḍān : 断食月) の期間中に行われ，参集したハドラミーが亡くなった親族のために集団で祈祷書[27]を朗誦し，ドゥアーをささげる。ヤミーン慈善協会でも墓参儀礼に際しては，当初，バスを手配してキアンガの墓地を訪問していたようである[28]が，同所はまだ建設中でアクセスも悪いため，現在のところは先の集会場でこれらの儀礼が行われている[29]。また，参加者は男性だけである。

協会の役割と機能

ヤミーン慈善協会は，クペンダナ (sw. kupendana : 相互愛)，クジュアナ (sw. kujuana : 相互理解)，クサイディアナ (sw. kusaidiana : 相互扶助) という，3つの活動指針を掲げている[30]。具体的には，社会的弱者や老人に，住居，衣服，食物，医療などを提供することである。一例を挙げれば，身寄りのない老人などを共同住宅に住まわせて，その家賃を協会が負担している。また，求職者に対する仕事の斡旋も行っている。

経済支援を中心としていた革命前の協会とは異なり，文化活動と教育活動に力を入れている点も特徴的である。文化活動の例としては，イスラーム暦第3月[31]における預言者生誕祭[32]や，断食明けの祭であるイード・アル＝フィトゥル (ar. 'Īd al-Fiṭr) の食事会の開催が挙げられる。一方，教育活動の分野では，若者に対するハドラマウトへの留学[33]サポートがある。また将来的には，マドラサ (ar. madrasah : イスラーム学校) の建設も検討されている[34]。このように，ヤミーン慈善協会は，移民コミュニティ内での連携に加えて，彼らのアイデンティティに関

---

[24] 造成が始まったのは，協会の拠点と同じく2009年頃である。

[25] 神への祈願文，および祈願する行為のこと。

[26] ここでは預言者ムハンマドが墓地におもむいた際に発した言葉が，彼の言行録であるハディース (ar. ḥadīth) から抜粋されて書かれている。

[27] ハドラミーが使うのは，ラーティブ (ar. rātib) という種類の本である。タリーカ (ar. ṭarīqah) と呼ばれるイスラーム神秘主義教団と関係が深い。詳細は，第7章7.3.2節を参照。

[28] 2011年12月5日に実施した，サルハ氏へのインタビューに基づく。

[29] 2011年12月24日に実施した，サッカーフ氏へのインタビューに基づく。

[30] 2009年10月13日に実施した，ヤミーン慈善協会への取材に基づく。

[31] ザンジバルの暦については，第8章8.1.2節を参照。

[32] 詳細は，第8章8.3.2節を参照。

[33] ハドラマウトのタリームにある，ダール・アル＝ムスタファー (Dār al-Muṣṭafā) などのイスラームの高等教育機関に派遣している。

[34] 2009年10月10日に実施した，ヤミーン慈善協会への取材に基づく。

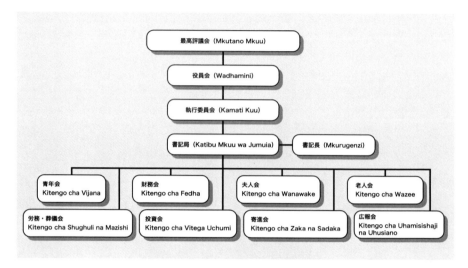

図5.4 ヤミーン慈善協会の組織構造
(同協会への取材に基づいて筆者作図)

わるハドラマウト文化を学習する機会の提供にも努めている。

現在のザンジバルは，原則的に新規の移住者を許可していないが，ヤミーン慈善協会は革命前と同様に，ハドラマウトなど他地域との人間の移動における窓口にもなっている。例えば，ハドラマウトからイスラーム学者などの要人が来島する場合，同協会が受け入れを担当する。また逆に，ザンジバル在住ハドラミーが，ハドラマウトにある郷里への訪問を希望する場合にもサポートを行っている。ヤミーン慈善協会と同様の組織は，大陸側のダル・エス＝サラーム[35]をはじめ，ハドラミーのコミュニティがある東アフリカ沿岸部の諸都市に存在しているが，同協会はこれら国内外の組織とも相互に人的交流がある[36]。

5.1.3 協会の過去と現在

ヤミーン慈善協会と革命前の2つの協会とは，いくつか大きな相違点がある。過去の協会は，預言者ムハンマドの子孫の一族であるサイイド家を頂点とする，血統や出自に基づく上下関係をともなったハドラミーの集まりであった。協会内部には出自ごとの集団が存在しており，それぞれのグループにはリーダーがいた。そのリーダーの集まりの中では，さらにサイイドが最上部に位置付けられていた。

---

[35] ダル・エス＝サラームでは，イエメン文化慈善会（Dar Es Salaam Yemen Community For Culture And Charity，略称DYCCC）と呼ばれる組織が活動している。
[36] 2009年10月12日に実施した，ヤミーン慈善協会への取材に基づく。

このように，協会内にはタバカ（ar. ṭabaqah：序列）があり，その構造はあたかも当時のハドラマウト社会の縮図のようであったという[37]。これらの地位は固定的であり，選挙も行われず，血統的な出自にしたがって自動的に決定された。

一方，現在のヤミーン慈善協会は，セクション別に分かれた西洋型の組織機構を採用している。協会内部では，図5.4に示したように，活動分野ごとに独立した委員会が組織されている。その上位には書記局，執行委員会，役員会があり，組織全体の意思決定は最高評議会で行われる。協会内部の指揮系統が明確に定められており，各委員会におけるメンバーや部門長の選任にあたって，血統や出身家系が考慮されることはないとされる[38]。しかしながら，現実的には，会長・副会長職や役員の多くが，サイイド家の出身者に担われている。

5.1.4 協会の存在目的と民族的アイデンティティ

ヤミーン慈善協会や過去の協会は，ザンジバルにおけるハドラミーの相互扶助を活動目的に掲げて，社会的な支援を提供することで彼らの生活世界の様々な面に関わってきた。その活動は，結果としてホスト社会の中に拡散するハドラミー同士を結び付ける機能を担うことになった。特に現在の協会は，従来の相互扶助に加えて相互愛と相互理解を明文化しており，コミュニティ内部における社会関係の維持を指向する姿勢が明確に現れている。革命後，40年近くの時間が経過した21世紀に入って協会の再建が行われたのは，ハドラミー移民の世代交代が進む中で，次第に希薄化していく民族的アイデンティティを，彼らの社会的な連帯を通して取り戻そうとする試みの側面もあったのではないかと思われる。

その一方で，過去の協会に見られた，血統や出自に基づいた階層性や，現在のヤミーン慈善協会におけるサイイド家の重用は，ハドラミーに特有な社会関係のあり方を示唆している。特にサイイドが組織の長となるのは，預言者ムハンマドの子孫である彼らが，一般のムスリムの配下に置かれることを避けようとする動きの現れでもある。これは，預言者の言行録であるハディースなどに規定された，イスラームの規定や文化的コードとも関わる。そこで，ハドラミーと出自の関係について次に見ていきたい。

5.2 ハドラミーと社会階層

ハドラマウトは階層化された社会であると言われる。ケニア出身の社会学者であるブジュラは，ハドラマウト中部の都市シバーム（Shibām）から南西60キロメー

---

[37] 2009年10月10日に実施した，ヤミーン慈善協会への取材に基づく。
[38] 2009年10月12日に実施した，ヤミーン慈善協会へのインタビューに基づく。

トルにある村フライダ（Ḥuraiḍah）での調査に基づき，この地域に血統や出自に応じた社会階層が存在し［Bujra 1971: 1］，村の周囲には「部族制度」が支配する世界が広がっているとした［Bujra 1971: 10］。このような層化は，ハドラマウトの他の場所でも生じているとされ［新井 2002: 217］，現在もハドラミー研究者におおむね受け入れられている考えである[39]。そこで本節では，ハドラマウト社会における階層制度について確認したい。まず「部族」という用語法について検討し，次にこの概念と密接に関わる，ハドラミーの家名の成り立ちについて触れる。そして最後に，ブジュラが提起した枠組みの概要を示す。

5.2.1　カビーラと家名

　ハドラミーを対象とする先行研究においては，一定の単位で区分された社会集団として彼らを扱うことが多い。一例を挙げれば，「clan」，「lineage」，「tribe」などの用語が論文中に頻繁に現れる。これらの言葉は元来，文化人類学において使用されてきたもので，日本語では氏族（あるいはクラン），リネージ，部族といった訳語が慣習的にあてられている。しかし，それぞれの用語には教科書的な定義があるものの，実態としては研究者によって意図する指示内容にばらつきがあり，同じ集団に対してクランやリネージという異なったラベルが貼られることもある。さらに，一部の用語に対して，発展史観的な発想に根ざしたものだという批判もあり，現在は使用に慎重さが求められている。そこで本項では，議論の前提となる用語について，本書における位置付けを整理しておきたい。

部族はタブー・ワードか

　ハドラマウトにおいて，最も基本的な社会集団の単位となるのはカビーラ（ar. qabīlah）である。イスラーム研究においてアラビア語の理解は不可欠であるが，まず最初に参照される辞書にハンス・ヴェーア（Hans Wehr）による『現代文語アラビア語辞典（Arabisches Wörterbuch für die Schriftsprache der Gegenwart）』がある。その最新版である 1985 年に出版された第 5 版には，カビーラの訳語として「Stamm」とだけ書かれている。これは英語の「tribe」にあたり，J・ミルトン・コーワン（J Milton Cowan）によって翻訳された同辞書の英語版第 4 版でも，妥当にもそのまま「tribe」と記載されている。

　部族は，議論の多い言葉である。文化人類学者のスチュアートによると，「tribe」の日本語訳として最初に「部族」が使われた段階で，すでに侮蔑的な意味が込められていたという［スチュアート 2002: 83］。英語の「tribe」には，「共通の祖先に由来する共同体」という意味しかなかったものが，15 世紀から次第に「未開の蛮族」という意味を帯び始め［スチュアート 2002: 84］，そのニュアンスを汲んで，明治

---

[39] ただし，ブジュラの枠組みがどの程度の普遍性を持つのかについては十分に検証されていない。この問題については，第 10 章 10.5.1 節を参照。

時代に哲学者の井上哲次郎と法学者の有賀長雄によって，漢籍から採用されたのが「部族」であった［スチュアート 2002: 82］。したがって，部族は始めから「未開社会」を想定した言葉であり［スチュアート 2002: 101］，どの社会も線形的な発展段階をたどるという考えを前提にして，西洋社会から遅れているとみなされた集団に対するラベルとして用いられてきた［スチュアート 2002: 90–91］。そこでスチュアートは，先入観や偏見を取り除くために「部族」を排し，よりニュートラルな「支族」40) に置き換えることを提案している［スチュアート 2002: 100］。

　この批判に対するイスラーム研究者側の反応は，「保留」［大塚 1998a: 279］や「条件付き容認」［スチュアート 2002: 99］であった。社会人類学者である大塚は，『文化人類学事典』の「部族」項に付された「共通の言語や慣習を有し，ある範囲に住む人々の集まり」［村武 1987: 650］という定義を引きながら，「『部族』と『民族』とを区別する『客観的』根拠はきわめて薄弱」であり，「区別した用語法を採用する者の優越感に基づく『差別意識』」［大塚 1993: 30–31］が存在することを指摘するなど，この問題に対して多分に自覚的であった。ところが，1998年に刊行された複数の論考では，「ここで簡単に結論を出すことはできない」［大塚 1998a: 279］と幾分消極的な姿勢になり，民族の下位集団としてのカビーラを「やはり『部族』と訳しておくべきであろう」［大塚 1998b: 222］と，ついには条件付きながら容認してしまう。この問題に早くから取り組んでいた大塚を除くと，イスラーム研究においては，そもそも部族という用語の妥当性が問われること自体まれで，ハドラミーをめぐる研究でも「部族」や「tribe」が頻出することになるのである。

本章における用語の扱い

　これらの議論を受けて，本書ではカビーラに訳語をあてるのではなく，原音にしたがってカビーラ41) と表記する。筆者が実施した聞き取り調査において，ハドラミー移民は自分たちの社会関係を説明する際に，血縁に基づく出自集団を表す言葉としてカビーラを用いていた。そこで，部族という使用者ごとに定義に異同があり，多方面から批判を受けている用語を使用するよりも，原音通りに記載し

---

40) 本書においては，特定の血縁集団から派生した，名前を持つサブ・グループに対して「支族」を用いている。したがって，ここで議論されている「部族」の代替語である支族とは対象が異なることに注意されたい。

41) ハドラマウト地方で話されているアラビア語の口語では，「カビーラ」/qabi:la/ は「ガビーラ」/gabi:la/ と有声軟口蓋破裂音化する。しかし，ザンジバルのハドラミーは，これをカビーラと発音していた。これは現代標準アラビア語の発音と同じであるが，彼らの多くにとって現在の母語はスワヒリ語であるため，この単語もスワヒリ語に移入された「kabila」として発音している可能性がある。なお，スワヒリ語のアクセント（語末から2番目の母音にある）は長母音のように発音されるが，日本語で表音する際には慣習的に音引きが付されないため，「kabila」は「カビラ」となる。ただし，本書ではアラビア語の原音に従って「カビーラ」と表記する。

て解説を添える方が穏当であると考える。

　一方で，氏族（クラン）やリネージについては研究上の分析的概念であり，ザンジバル在住のハドラミー移民も，これらに該当する言葉を用いていなかった。それぞれアラビア語にアシーラ（ar. ʻashīrah）とナサブ（ar. nasab）という対応した言葉が存在するが，その指示内容は英語における一般名詞としての「clan」や「lineage」のそれであり，研究上の語法とはズレが見られる。特にナサブは，別の意味合いで言及されることが多いため，本書では混同を避けるために，用語としては氏族とリネージを使用している。

　ここまで，カビーラ，氏族，リネージについて，詳しい定義を述べないまま話を進めてきた。これらの用語は，ハドラミーにおける血縁集団の範疇や，それが可視化したものである家名と密接に関わる。そこで以下，彼らの命名法を手がかりにして，その意味するところを確認したい。

ハドラミーの血縁集団と命名法

　ハドラミーを含むアラブには，現代の日本のような苗字が存在しない。通常，本人・父・祖父の名前を列挙[42]し，父方の系譜を3代含めることで，コミュニティ内の各人を同定することになる。しかし，名前の選択には一定の傾向があり，しばしばナサブ（系譜）上に現れた著名な人物名が繰り返し採用される[43]。結果として，似た呼称の者が同じ地域社会に増え，名前だけでは弁別しにくい状態が生じることになる。そこで，別の命名法が組み合わされ，ラカブ（ar. laqab：あだ名）やニスバ（ar. nisbah：出身地名などの形容詞形）が利用されている。これらは，名前の後に添えるか，名前そのものの代わりとなる。

　苗字がないハドラミーにおいて家名とは何であろうか。彼らにとっての家名とは，系譜上の特定の人物（男性）を参照点とすることで，それ以降の子孫を一つの血縁集団として扱うための手段である。この血縁集団がハドラミーにおけるカビーラであり，参照点となった始祖の名前が家名として付されることになる。また，カビーラの血縁集団としての大きさは，その始祖が何世代前の人物であるかによって変化し，規模が巨大になる場合にはサブ・グループが形成されることもある。これらの下位集団にもまた起点となる名祖が存在しており，その子孫で構成された集団はカビーラとなる。したがって，カビーラとは参照点をどこに置くかで，血縁集団として包摂される対象が伸縮するような概念である。

　ハドラミーの家名には，基本的にアール（ar. āl）やバー（ar. bā）という言葉が

---

[42] 正式には，父や祖父の名前の前に，イブン（ar. ibn：息子）を挿入する形式で呼ばれる。つまり，祖父の息子である，父の息子である，本人という構造を取ることになる。同様の呼称は，新約聖書冒頭のイエスの名前にも見られる。名前における系譜的構造は，アラブに限らず中東地域に共通したものである。

[43] 2009年10月15日に実施した，ハサン氏へのインタビューに基づく。

付いている。アールとは，家族や親族を表すアラビア語の単語である。アールにカビーラの始祖名を続けることで誰々の一族という意味になり，家名として機能するようになる。アールを用いて特定の血縁集団を指す用法は，アラブ・イスラーム世界においては普遍的に見られる。

一方，バー（ar. bā）はハドラミーに固有の家名である。バーの後にカビーラの始祖名が続く点はアールの用法と共通するが，バーの場合は人物名に対して接頭辞のように付され，あたかも一語のように発音・記述される。例を挙げると，ヤアシュート（Ya'shūt）という名を持つ人物から分化した一族は，バー・ヤアシュート（Bā Ya'shūt）ではなく，バーヤアシュート（Bāya'shūt）[44]，あるいは縮約が生じてバヤシュートと発音され，記述する際にも発音どおりに書かれる。分かち書きされないことに現れているように，バー自体があたかも名前の一部のように機能する点がアールとは異なっている。このことは，アールの後にバーを含んだ家名を続ける用法があることからも確認できる。バーの語源は，イブン（ar. ibn：息子）の複数形であるバヌー（ar. banū：息子たち・子孫）であるとされる[45]。

氏族・リネージとカビーラの関係も整理しておこう。文化人類学の語法では，系譜関係をたどれる血縁集団に対してはリネージが，たどれない場合は氏族（クラン）が用いられる。カビーラは系譜上の始祖を基準にした集団であるが，出自を共有しているという認識があれば成立することから，実際には血縁関係がない者も含まれる可能性がある。その点では氏族の要件に当てはまっている。しかし，カビーラの中には始祖までの系譜をたどることが可能な集団も存在しており，この場合はリネージに近い概念であると言える。また婚姻関係においては，氏族・リネージの双方とも外婚制[46]を原則としているが，ハドラミーにおいては逆に同族婚が推奨される[47]ことから，いずれの用語でもカビーラの性質をうまく説明できないことになる。そこで本書では，系図の有無に注目する場合に限って氏族とリネージの使い分けを行い，それ以外はカビーラや「〜家」という表記を行う。

---

[44] アラビア語の転写の際して，本書の他所では，可読性を優先してバーの後にハイフンを挿入している。

[45] 2007年4月18日に実施した，イーサー氏へのインタビューに基づく。バヌーに始祖の名前を続けて，特定の血縁集団を指すこと自体は，アラビア語文化圏において，一般的に見られる現象である。バヌー・アーダム（ar. banū Ādam），つまり人類の始祖であるアダムの子孫たちと記述すると，人類全体を指すことになり，結果的に人間という意味になる。この用法は，スワヒリ語にも導入されており，バヌー・アーダムが転訛したビナダム（sw. binadamu）は，やはり人類を指している。これらのバヌーの概念と用法については，拙稿［朝田2016］も参考にされたい。

[46] 婚姻に際して，自分が所属する血縁集団とは異なった集団から配偶者を迎える制度のこと。

[47] 2011年11月10日に実施した，ターハー氏へのインタビューに基づく。

5.2.2 ハドラミーの階層性とは

ブジュラは，その著作においてハドラマウトを階層化された社会として記述した [Bujra 1971: viii]。彼によると，調査対象となったフライダ村の住民は，出自に基づく階層性をともなった3つのグループから構成されているという [Bujra 1971: 13]。そのヒエラルキーの頂上部に位置するのがサーダ（ar. sādah：預言者ムハンマドの子孫）で，次にマシャーイフ（ar. mashāyikh：イスラーム知識人）とカバーイル（ar. qabā'il：部族民[48]）が続く。そして最下層はマサーキーン（ar. masākīn：貧者）とドゥアファー（ḍu'afā'：弱者）からなる。中間層のマシャーイフとカバーイルの間にも上下関係が存在し，前者の方がより高いステータスを有するという [Bujra 1971: 13–15]。このような類型化を単一の尺度としてハドラマウト社会全体に適用することについては，慎重さを求める意見も見られる [Camelin 1997: 149] が，ブジュラが分析に際して用いた枠組み[49]自体は，ハドラミー研究において現在に至るまで再生産され続けている[50]。そこで本項ではこの枠組みに従って，先行研究に描かれるハドラミーの階層性について見ていきたい。

サイイド／サーダ：高貴な血を持つ最上位層

ハドラマウトの社会階層における最上部はサーダ層である [Bujra 1971: 13]。サーダはサイイド（ar. sayyid）の複数で，預言者ムハンマドの子孫とされる一族を指している。元々はハドラマウトにいた家系ではなく，952年にイラクの都市バスラ（al-Baṣrah）から移住してきたムハージル（al-Muhājir）と呼ばれる人物の末裔とされる [Riddell 1997: 218, 224]。なお，ムハージルは「移住者」を意味するラカブ（あだ名）であり，本名はアフマド・イーサー（Aḥmad b. 'Īsā, 955/6 年没）である [Bujra 1971: 22]。

ハドラミーにおけるサイイド家は，バーアラウィー[51]（Bā-'Alawī：アラウィーの子孫）と呼ばれる。その名前に現れている通り，ムハージルの孫であるアラウィー

---

[48] ブジュラ自身の定義「tribesmen」による [Bujra 1971: 14]。

[49] ハドラマウト社会の階層性を取り上げたのはブジュラだけではない。彼に数年先んじる形で，ナフド（Nahd）と呼ばれるハドラミーのカビーラを対象とした研究がハートレイによって行われている [Hartley 1961]。ハートレイによると，ハドラミーは5つの階級に分けられており，部族民，聖職者，役人と裕福な商人，貧者，解放奴隷とその子孫から構成されていたという [Hartley 1961: 18–20]。ハートレイの区分とブジュラのそれとは，階層の数や属性に違いが見られるものの，出自や社会的な機能によって層化された構造が存在するという点では共通している。

[50] 例えばバン [Bang 2003: 13] など。

[51] バーアラウィーの前にアールを付けて，アール・バーアラウィーと呼ぶこともある。なお，家名における命名規則や出自集団の構成パターンは，先に述べたカビーラと共通しているが，サイイドの一族やその支族を指して，カビーラと呼ぶことは一般的ではない。

('Alawī b. 'Ubayd Allāh, 没年不明）を名祖としており[52]［Bang 2003: 14］，ハドラミー・サイイドの一人ひとりを指してアラウィーと呼ぶこともある。現在，ハドラマウトやインド洋に面した諸地域に広がるハドラミーのコミュニティにおいて，サイイドを名乗る人物は，系譜をさかのぼると，みなアラウィーとその祖父ムハージルを経て，預言者ムハンマドに行き着く［新井 2002: 219］。彼らは，預言者に由来する血統を有し（P. 87 の図 5.1 を参照），一方で，一族から多数の聖者や学者が生じたことから，高い社会的ステータスを誇ってきた［Bujra 1971: 23–25］。

シャイフ／マシャーイフ：宗教的エリートたち

マシャーイフはシャイフ（ar. shaykh：宗教的指導者）の複数形で，サーダに次ぐ社会的ステータスを有するグループである。サイイドが台頭する以前の時代から，ハドラマウト社会においては，聖者や学者など，宗教的権威を送り出している家系として知られていた［Bujra 1971: 13］。サイイドのように一つの家系から発生した血縁集団ではないが，知的階級として集合的に一つの社会階層を構成しているとされる。ノルウェーの歴史学者バンは，サイイドも当初はこのマシャーイフ層の一員だとみなされていた可能性があると指摘している［Bang 2003: 16］。彼らのルーツをさかのぼれば，フード（Hūd）などのイスラーム以前の時代にいたという諸預言者[53]にたどり着き[54]，究極的にはすべてのシャイフ家が，カフターン（Qaḥṭān）という古代イエメンに生きたという伝説的人物に連なるとされる［Bujra 1971: 14］。構造的には，預言者ムハンマドに由来する系譜を持つサイイドと，諸預言者を共通祖先とするシャイフはパラレルな関係[55]にある。

カビーラ／カバーイル：都市を囲む世界の主役

ハドラマウト社会の中核を成すのが，カビーラの複数形であるカバーイルである。ブジュラの描く伝統的なハドラマウト社会の姿とは，都市の周囲にカバーイル，つまり諸カビーラが群雄割拠する世界である［Bujra 1971: 10］。サイイドとシャイフが，基本的に都市の中で隣り合うように暮らしているのに対して，カビーラはそれぞれ郊外に領地を持ち，武装することも認められていた。そして支配地をめ

---

[52] ムハージルや，その息子であるウバイドゥッラー（'Ubayd Allāh b. Aḥmad, 993/994 年没）の名前が使われないのは，彼らの出生地がハドラマウトではないためだと考えられる。アラウィーは，バスラからの移住者であるムハージル親子にとって，ホスト社会のハドラマウトで初めて生まれた子［新井 2002: 219］であり，現在のハドラミー・サイイドにつながる唯一の血統でもある。マシュフールによる系譜集［Mashhūr 1984］も参考にされたい。

[53] イスラームの教義では，歴史上複数の預言者が人間社会に使わされ，その最後かつ究極の存在となったのがムハンマドであるとされる。

[54] 2011 年 11 月 21 日に実施した，ムフスィン氏へのインタビューに基づく。

[55] 系図の存在に注目すれば，人類学的な観点では，サイイド家はリネージに近く，シャイフ家はクランであると言える。

ぐっては，しばしば長期にわたる紛争関係に陥っていたという［Bang 2003: 13］。都市には，ハウタ（ar. ḥawṭah）と呼ばれる聖別された場所が設定され，そこでカビーラ間に生じた紛争の調停が図られた。ハウタにおける仲裁役は，帯刀することがないとされるサイイドが担っていた[56]［Bujra 1971: 8–9］。

カビーラは，各々の名祖を単位として構成された血縁集団であるが，そのルーツをさらにさかのぼれば，最終的にみな先に触れたカフターンに行き着くという［Bujra 1971: 14］。つまり，カビーラとシャイフは出自において，同等の地位を有しており，彼らに上下関係を与えているのは，宗教的ステータスを帯びているかどうかということになる。したがって，理論上はカビーラがイスラーム諸学に通じているならば，シャイフ層に昇格できるはずであるが，実際のところはそのような事例は見られないという［Bujra 1971: 110］。このことから，両グループの間には横断不可能な血統的境界線が存在していることになる。

最下層：出自を欠いた者たち

マサーキーンとドゥアファーは，それぞれミスキーン（ar. miskīn：貧者）とダイーフ（ar. ḍaʿīf：弱者）の複数形で，ハドラマウト社会では最下層に位置付けられている。マシャーイフやカバーイルなどの上位の階層に含まれない者が，このカテゴリーに入れられている。彼らは系譜[57]を持っておらず，宗教的なステータスも帯びていないとされ［Bujra 1971: 14–15］，彼ら自身も始祖を共有するような血縁集団であることを主張していないという［Bujra 1971: 38］。マサーキーンやドゥアファーは都市生活者であるが，移住者や流れ者ののように，地域に基盤を持たない者や，解放奴隷とその子孫が含まれる場合もある［Bang 2003: 13］。また，社会的な力が制限されていることから，カビーラなどの出身者と婚姻関係を結ぶことで後ろ盾を得ているという［新井 2002: 218］。職業は，漁師や職人，商人［Bang 2003: 13］，労働者や小売店主［Hartley 1961: 20］が多いとされる。

5.3 アイデンティティ分析

ハドラミー移民がザンジバルにおいて世代交代を繰り返す過程で，彼らの民族集団としての意識はどのように変化しているのであろうか。アメリカの人類学者ロイスは，ホスト社会における移民の民族としてのアイデンティティのあり方に

---

[56] ただし，このようなハウタにおけるサイイドの役割自体は，ハドラマウトがイギリス保護領となって以降は英国軍が担い，カバーイルとサーダの関わりは薄くなったという［Camelin 1997: 150］。

[57] ナサブのことであるが，必ずしも記録として書かれた系譜には限定されず，概念上のものも該当する。マサーキーンとドゥアファーは，これらのいずれの系譜も有しない者である。

ついて，次のように述べている。

> 「固有の言語・文化・習慣，さらに生物学的な特徴は，大部分が第二世代で，第三世代ではさらに多くが失われる。それでも集団は独自性の感覚において持続する」［Royce 1982: 22］

　本節では，ハドラミー移民における民族集団意識の変容に注目する。移民第一世代から第四世代までに対する聞き取り調査から，彼らが同族としてのハドラミー意識を共有しているのか，それは世代間で一定の傾向を持つのか，鍵となるファクターは何かについて検討していく。

5.3.1　データ分析の導入

　移民の世代交代とアイデンティティの相関を把握するために，ザンジバル在住のハドラミーに対する聞き取り調査を実施した。収集されたデータは，すべて質的データ[58]となる。本節では，対象者の選定と調査の方法，そして分析手法について確認しておく。

対象者の選定と実施方法

　調査にあたっては，ヤミーン慈善協会のメンバー500人の約1割にあたる47人の協力を得た[59]。対象者の人選は，同協会の副会長をはじめとするスタッフが行った[60]。調査の実施にあたっては，事前に固定した質問リストを用意したが，問いを読み上げて順番に答えてもらうのではなく[61]，調査協力者と様々なトピックをめぐって自由に対話を進めながら，その中で用意した質問を投げかける方法を

---

[58] 統計処理的な分析手法において用いられるデータには，量的データと質的データがある。前者は得点や重量など数量を計測したものであり，後者は対象の属性や特性を言葉で記述したものである。質的データは，それ自体を計算することはできないが，カテゴリーに分けて，そこに含まれる標本数を集計することは可能である。そのため，カテゴリカル・データとも呼ばれることもある。

[59] 通常，統計的なデータ分析にあたっては，標本調査という手法が採られる。これは，分析対象となる集団（母集団）の全数調査が不可能である場合に，その一部を標本として抽出し，サンプルとして全体を代表させることで，母集団の特徴を推計しようとするものである［鄭・金 2011: 30–31］。

[60] 本研究においては，分析対象となる集団のサイズが限定的であることと，ヤミーン慈善協会の全メンバーのリストの入手・閲覧が，個人情報保護の観点から許可されなかったため，人選は同協会側に任せることになった。

[61] 当初はアンケート用紙の配布・回収による調査を構想したが，対象となる集団がこのような調査手法に慣れていないことから，有効な回答を得られる可能性が低くなると判断した。

取っている[62]。そのため，項目によっては話の流れからうまく回答を引き出せなかったものや，年齢などのように本人も分からないもの[63]もあり，収集したデータには欠損値も一定数含まれている。

分析手法について

　質的データの分析にあたっては，コレスポンデンス分析（correspondence analysis）を採用する。これは，1970年代から普及し始めた，カテゴリー別に集計された質的データのための分析手法で，フランスの統計学者であるバンゼクリ（Jean-Paul Benzécri）によって開発された［金 2005: 62］。通常，カテゴリー・データの分析にあたっては，注目したい属性を取り出し，これを変数として縦横の軸に取って，該当する標本数を合計するクロス集計という手法がよく採用される[64]。この属性ごとの相関関係を，座標軸に沿って空間上に配置して視覚化するのが，コレスポンデンス分析の特徴である。日本の統計学者である林知己夫が提唱した数量化III類と，数理的には同一の解析手法である。

　本章においては，コレスポンデンス分析の中でも，複数の属性の相互的な関係性を視覚的にとらえることができる多重コレスポンデンス分析を行う。これは，対応関係がある要素は近接し，対応関係がないものは離れて位置付けられる性質がある。つまり属性同士の関係性の深さが，二次元座標上に配置された，各ポイントの遠近によって表現されることになる。

5.3.2　世代と民族的アイデンティティ

　まず，回答者の民族的なアイデンティティと，移民の世代との関係に注目して多重コレスポンデンス分析を行った。図中の「1st, 2nd, 3rd」は移民の世代を表し，それぞれ移住の当事者である第一世代，その子である第二世代，孫である第三世代を指している。「4th+」は移住者が回答者の曽祖父か，それより前の世代であることを示している[65]。

　図中の「hadhrami」，「zanzibari」，「tanzanian」は，それぞれハドラミー，ザンジ

---

[62] 調査協力者には，これが研究活動の一環であることは事前に説明し，結果公表の了承も得ている。

[63] 年配のハドラミー移民に多いが，イギリス保護領時代のハドラマウトでは，出生届を出す習慣がなかったことから，本人も自分の生年月日を知らないケースがしばしばある。

[64] クロス集計で得られた数字は，全体に対する割合を示しているため，円グラフなどに作図して一定の傾向を捉えるか，本研究のように世代ごとの属性に注目する場合は，その値の相違を時系列に沿った変化であると仮定して，折れ線グラフなどの形で視覚化することも可能であろう。

[65] 本研究では，原則的にハドラマウトとザンジバルが共にイギリス保護領に入ってからの移民に注目しているが，この世代はそれより前の世代であると考えられる。

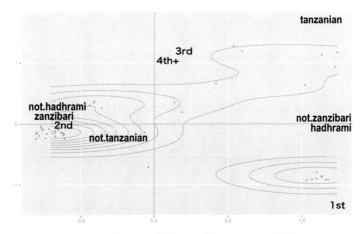

図5.5　世代と民族的アイデンティティの相関
MCA plot of variables using R package FactoMineR(n=47)

バル人，タンザニア人としての意識を指しており，自分がどの集団に属すると考えているのかという問いに対するものである。カテゴリー分けはあえて同レベルにしておらず，地域・民族名，州名，国名と順に大きくなるように設定した[66]。また，複数のカテゴリーへの所属表明を想定しており，所属しないという回答に対しては否定辞「not」を付けてある。

分析結果

　まず，右下の移民第一世代に注目したい（図5.5）。グレーの点[67]は属性分布における回答者のポジションであるが，ほぼ同じ位置に集中していて，他の世代とは明確に異なったグループを形成していることがわかる。また，近くに配置された属性は，「ハドラミー」かつ「ザンジバル人ではない」となっている。つまり移民第一世代は，自分たちのことをハドラミーではあるが，ザンジバル人とはみなしていないということになる。

　次に，左側中央を見ると，移民第二世代が位置している。近くにある属性は，「ハドラミーではない」，「ザンジバル人」，「タンザニア人ではない」である。第一世代とは対照的にハドラミー意識は低い一方で，むしろザンジバル人であるという

---

[66] 回答の選択肢には，より大きなカテゴリーとしてアフリカ人も想定していたが，これを選ぶハドラミーは存在しなかった。

[67] 点の周囲にある等高線状の線は密度曲線で，標本（回答者）の集中度を示している。個々の標本の位置取りが高密度であるほど，同様に密な等高線が図中に現れる。これはカーネル推定と呼ばれ，比較的サンプル数が限られている場合に，その密度を視覚的に捉えるのに役に立つものである。

認識が強いことが読み取れる。

　上段中央には，移民第三世代と第四世代以上が隣り合ってプロットされている。第三世代は少し右上に寄っているが，これは図中右上の密度曲線で囲まれた集団を指しており，近くには「タンザニア人」が位置している。他の属性と関わりが薄いように見えるが，図を十字に区切っている太線に注目すると，線から右半分は「ハドラミー」かつ「ザンジバル人ではない」，左半分は「ザンジバル人」かつ「ハドラミー」ではないとなる。また，上下方向では，上半分が「タンザニア人」で，下半分は「タンザニア人ではない」となる。つまり，第三世代と第四世代以上は，自らに対して「タンザニア人」かつ「ハドラミー」であるが，「ザンジバル人」ではないという意識を持つ集団である考えられる。

考察

　これらの結果をまとめて考察してみよう。移住先の社会よりも故郷のハドラマウトに結びついたアイデンティが移民第一世代に強いのは当然であろう。また，第二世代にとっては，生まれ育った土地の方が，父親の話にだけ登場する遠い地であるハドラマウトより親しみを感じるのも理解できる。では，自身をタンザニア人かつハドラミーと捉えている，第三世代以上はどう考えればよいであろうか。彼らは，すでにザンジバルで複数次の世代交代を経ており，単純に考えればホスト社会への同化がより進んでいると想像される。しかし，分析結果からは，ハドラミー意識への回帰が起こっていることが示された。これはなぜか。

　筆者は当初，これはザンジバル革命の体験がきっかけになって，周囲のザンジバル住民とは差別化されたハドラミー意識やアラブ意識が先鋭化したのだと考えた。しかし，調査を進めるにしたがって，現在のザンジバルに暮らすハドラミー移民のコミュニティにおいて，革命体験の記憶がある者が，世代に関わらず存在することが分かった[68]。また，移住活動自体は，革命が起こった1964年まで継続したことから，移民第二世代であっても革命後の生まれである者が少なくない。つまり革命の体験は，所属集団意識と直接は結びついていないと考えられる。

移民の配偶者選択をめぐる仮説

　ハドラミー意識に揺らぎが生じる理由として，ライフ・ストーリーの取材で出会った移民が，示唆的なことを話していた。その際の会話を少しここで紹介しよう[69]（【】は筆者の発言）。

　　【結婚相手や家族は今どうしているのですか？】
　　「家が2つあって，その1つに子供と妻が暮らしている」

---

[68] ハドラミーの革命体験については第6章を参照。
[69] 2011年10月23日に実施した，サーリフ氏へのインタビューに基づく。

【一緒には暮らしていないんですか？】
「暮らしていない。妻との年齢差も理由だが，子供たちや妻とは生活習慣が異なるんだ。食事とか服とか。それで一緒に暮らしていない」

【奥さんはどこの人ですか？】
「妻はザンジバル生まれのスワヒリ人だよ」

　これは結婚後の暮らしについて話している中でのやり取りで，語り手は移民第一世代のハドラミーである。ここで分かるのは，語り手の移民がホスト社会の先住者であるスワヒリ人女性と結婚したこと，そして子供と妻とは生活習慣の違いから別居していることである。ザンジバルで育った妻と文化的背景が異なるのは当然であるが，新しく生まれた子供に対して生活習慣が異なると感じるのはどういうことであろうか。ザンジバルで生まれ育った子供は，必然的にその社会の様々な文化的コードを身に付けていくことになるが，家庭内では両親の影響化にある。しかし，このエピソードの語り手は，父親である自分が有しているハドラミー的な生活習慣が，子供には受け継がれていないと感じており，母親の影響の大きさを示唆している。そこで，ハドラミーの民族意識の形成には，婚姻が関係あるのではないかという仮説が立てられる。

　ここで紹介したライフ・ストーリーのように，ザンジバルへわたった移民第一世代には，結婚に際して同族であるハドラミーではなくホスト社会の先住女性と結婚する傾向があった。これは，移住先に基盤が無い状態で移住を行うのが常に男性であり，ホスト社会に同族女性が少ないことに起因する。ハドラミー女性は，先行して移住したハドラミー男性が生活基盤をザンジバルで築いた後に，呼び寄せた家族の一員として，初めてホスト社会に登場することになる。

　つまり移民第二世代の多くは，ハドラミーの父親とホスト社会の女性[70]の子として生まれることになる。父系を原則とするイスラーム社会であるが，紹介した例のように母親の影響は大きい。周囲の社会との関わりと家庭での母親の影響を通して[71]アフリカ的な言語・文化・価値観を身に付けた第二世代は，自身と母親が生まれ育った土地との結びつきを強く感じることになると考えられる。

　一方で，結婚に際しては父親の意向もあって，移民第二世代はハドラミー女性を相手に選ぶ傾向がある[72]。第二世代は，移住先の社会で生まれるため，新生児に

---

[70] その多くはアフリカ系の住民である。
[71] 母親による影響の程度を検証するためには，第二世代でもハドラミーが母親になっている場合などと，比較する必要がある。これについては今後の課題としたい。
[72] ザンジバルのハドラミー・コミュニティにおいては，結婚相手の選択に当事者の意思は介在せず，基本的に家族や周囲の人間によって適任者が決定される（2011年12月21日に実施した，サルハ氏へのインタビューに基づく）。

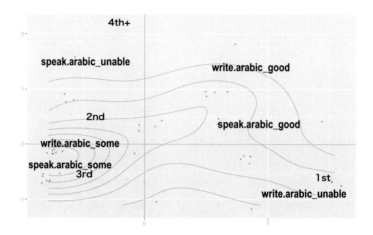

図5.6 世代とアラビア語運用力の相関
MCA plot of variables using R package FactoMineR (n=47)

男女の偏りが少ない。また，父系原理に基けば，ハドラミーを父親に持つ子は，ハドラミーとみなされる。つまり，第二世代が結婚する段階では，コミュニティ内にハドラミーの男女がほぼ同数存在することになるため，同族間のパートナーが婚姻の基本的な条件となる[73]。

そして移民第三世代・第四世代である。彼らは第二世代の子や孫であるため，二・三代前にホスト社会の先住者の血は入るものの，ハドラミーを両親として生まれている。そして，家庭内ではハドラミーのアラブ文化，外の社会では多民族からなるイスラーム文化に触れながら育つことになる。これらの複合的な結果として，再びハドラミーとしての意識が高まるとともに，同時にタンザニア人としての意識も持っているのではないかと推察される。

5.3.3 世代とアラビア語運用力

ホスト社会で生まれ育ったという点で共通する移民第二世代と第三世代以降において，後者のグループにだけハドラミー意識の復興が生じていた。その理由として，前項では第三世代以降が両親ともハドラミーであるからではないかという仮説を立てた。そこで本項では，この現象がアラビア語の運用能力によって裏付けられないか考えてみたい。

先ほどの分析と同様に，世代別に「1st, 2nd, 3rd, 4th+」と図中に配置した。また，アラビア語の運用力は，文章力と会話力に分け，読み書きを「write.arabic」，話す

---

[73] これは東南アジアに移住したハドラミーにも，しばしば見られるパターンであるという［新井 2010: 230］。

聞くを「speak.arabic」と表記し，2つにカテゴリー化している。また，これらの各能力には，まったくできない「unable」，少しはできる「some」，不自由なく運用できる「good」の3段階の水準を設けた。

分析結果

　まず図の右下の移民第一世代に注目しよう（左頁，図5.6を参照）。意外なことに，アラビア語の読み書きについては，できないと答えている者が多いことが分かる。一方，話す聞くの能力は，不自由がないレベルである「good」が近くに配置されている。後で詳しく考察するが，これはアラビア語における文語と口語の問題が関わっていると考えられる。

　次に，図の左側中央を見ると，移民第二世代が配置されている。その下方にアラビア語の会話力が「some」，右方に「good」があり，程度の差こそあれ，アラビア語を用いた一定の会話力があることが分かる。一方，アラビア語の文章力については「some」となっており，移民第一世代とは異なって，多少の運用力を有していることが示唆されている。

　続いて移民第三世代は，図の左下に位置付けられている。アラビア語の会話力・文章力はともに「some」となっており，第二世代と同様に一定のアラビア語の運用力は持っていることが分かる。しかし，アラビア語の話す・聞くが「good」の者はほとんど存在しておらず，会話力については第二世代よりも遠い場所に配置されていることが読み取れる。

　第四世代以上は図の左側上方である。アラビア語の会話能力は無いに近い形で配置されている。しかし，密度曲線を見ると「4th+」を囲む線が現れておらず，集団を形成できるほどの共通した特徴がないことが分かる[74]。そこで，ここでは考察対象には含めないことにする。

アラビア語におけるダイグロシア

　これらの結果を考察するには，アラビア語におけるダイグロシア（en. diglossia：二重言語性）の問題についての理解が必要である。アラビア語には，日常会話において用いられている口語と，聖典クルアーンや印刷物などに代表される文語が一致しないという特徴がある。言文の不一致やズレ自体は，かつての日本語を含め，言語一般において特段珍しいことではないが，アラビア語の場合，社会的な文脈に応じてこの両者の使い分けが行われるという特徴がある。

　ダイグロシアとは，アメリカの言語学者，チャールズ・ファーガソン（Charles Ferguson）が提唱した，言語の変種における機能的な枠組みのことである。日本語では，二重言語性や二方言併用と訳されるか，カタカナでそのままダイグロシアと表記される。イギリスの社会言語学者であるトラッドギルによれば，ダイグ

---

[74] この理由として，第四世代以上のハドラミーの絶対数が少ないことも挙げられる。

ロシアとはある言語において，標準化された 2 つの異なる変種が，言語共同体全体に共有されている状態であるとされる。またこれらの変種には，特有の社会的機能が付与されている［Trudgill 2000: 95］。

　ファーガソンやトラッドギルはこれら 2 つのタイプを 上位変種（en. high variety）と下位変種（en. low variety）と呼んでいる。上位変種は宗教的・政治的なスピーチ，ニュース報道や新聞，フォーマルな手紙や詩などに用いられる。一方，下位変種は，家族や友人との会話，ラジオドラマ，討論，大衆文学などで見られるという［Trudgill 2000: 96］。つまり，上位変種には文語的な機能が，下位変種には口語的な機能が割り当てられることになる。その言語の話者もこれらをはっきりと別個のものとみなしており，それぞれに固有の名前が与えられる。アラビア語の話者が暮らす社会においては，これらの 2 変種は前者がフスハー（ar. al-Fuṣḥā），後者はアーンミーヤ（ar. al-'Āmmīyah）と呼ばれている。

　フスハーは聖典クルアーンの言葉である。詩のように韻を踏んだ章句で構成されているクルアーンのテキストは，アラビア語としては最も格調高いものであるとされる[75]。またフスハーには，文章語以外に口頭でのコミュニケーション言語としての機能もある。例えば，テレビなどにおけるニュース報道や，アラブ諸国の首脳が会談する際などは，通常フスハーが使用される。しかし，フォーマルな状況で発話されるケースはあっても，フスハーが口語とみなされることはない。それは，アラブにこれを母語とする者が存在しないためである。

　アラブにとっての母語とは，下位変種としてのアーンミーヤである。アーンミーヤは使用される地域によって違いが大きく，例えばエジプトのアラブとモロッコのアラブでは，お互いのアーンミーヤを用いた会話は成立しない[76]。このように，アーンミーヤはそれぞれの地域や社会ごとに固有の体系をもって共有されているが，フスハーのように地域を越えた文章語としての標準化[77]はなされておらず，文字で書かれることは基本的にない[78]。

---

[75] ムハンマドが布教を開始した際，クルアーンが本当に神与の言葉であるのかというのが，彼の反対者から出された主たる疑問点・批判点であった。そこで，疑う者はクルアーンに比肩するアラビア語の章句を創ってみよという啓示が新たに下されたところ，太刀打ちできた者は誰もいなかったとされる（クルアーン 2 章 23–24 節）。

[76] もっとも，エジプトは映像コンテンツの輸出国であり，他地域でもエジプトのアーンミーヤによるバラエティ番組や映画などの視聴を通して，一定の理解力を身に付けた者が存在する。また，出稼ぎ労働者が，自分の母語を他のアラブ社会に浸透させるケースもある。

[77] フスハーに関しては，国ごとにアラビア語アカデミーが政府機関として作られ，標準化のための努力がなされている。しかし，アーンミーヤからの影響や標準化のプロセス自体の相違などから，現実にはフスハーにも地域差が生じている。

[78] エジプトのノーベル賞作家，ナギーブ・マフフーズ（Naguib Mahfouz）の作品群のように，文学において登場人物の会話などで意図的に使われることはある。

つまり，アラビア語には会話などで日常的に使われているアーンミーヤと，政治的・宗教的にフォーマルな状況や文章語として使われるフスハーの 2 つの変種がある[79]。これら両者は，どのアラブ社会においても並立して存在しており，使用される社会的な状況によって使い分けられている。アーンミーヤは母語であり，アラブ社会で生まれ育つ過程で自然に身に付けられる。一方フスハーは，学校などでの教育を通して習得する必要がある。

考察

前章で考察したように，移民第一世代は経済的な困窮を理由として若い頃に故郷を後にしており，多くはアラビア語の読み書き能力，つまりはフスハーを系統立てて学ぶ機会がなかった。またザンジバルへの移住後も，ホスト社会の言語であるスワヒリ語を最優先で習得しなければならなかった。事実，ザンジバルのハドラミー移民は，世代を問わず全員がスワヒリ語を問題なく話すことができる。したがって，移民第一世代がアラビア語の口語であるアーンミーヤによる会話能力を有する一方で，フスハーの読み書き能力を欠いているのは，移住活動の当事者であることを考えれば妥当なことであると言える。

第二世代以上についてはどうであろうか。彼らの母親は，先に述べたようにホスト社会の先住者である場合が多いが，少なくとも父親に関しては，アーンミーヤのネイティブである移民第一世代である[80]。そのため，会話力については「some」から「good」まで幅はあるものの，一定のアラビア語運用力を備えていることが理解できる。一方で，アラビア語の文章の読解に関しても同様の能力がある。これは，ザンジバルのマドラサ[81]での学習機会があることに加えて，ハドラマウト訪問の経験を持つ者がいることも関係があると思われる。移民第一世代の父親は，自分の親族との接点を持たせるため，またイスラームの高等教育を目的として，しばしば息子たちをハドラマウトに送り出している[82]。

同様の傾向は移民第三世代にも見られる。アラビア語の会話力に関しては，アラビア語のネイティブを父親に持っている第二世代より劣るが，これは家庭内におけるアーンミーヤ習得の機会が限られているためであろう。一方で，学校などでの事後的な教育が必要となるアラビア語の文章力，つまりフスハーの運用力に関しては移民第二世代と変わりがなかった。

---

[79] 近年は，アラビア語の社会言語学的な特徴を，フスハーとアーンミーヤという二項対立的な枠組みでとらえて，ダイグロシアの概念を用いて分析する姿勢に対しては批判もあるが［榮谷 1997］，本書では，その議論の詳細には立ち入らない。

[80] 父親がハドラミーではない者は，ハドラミーとはみなされない。

[81] P. 93 でも触れた，イスラーム教育を中心とする学校のこと。詳細は第 8 章 8.2.2 節を参照。

[82] 2011 年 10 月 22 日に実施した，フサイン氏へのインタビューに基づく。

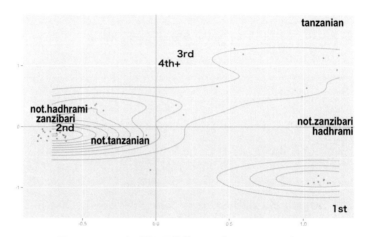

図5.7 アラビア語と民族的アイデンティティの相関
MCA plot of variables using R package FactoMineR(n=47)

5.3.4 アラビア語と民族的アイデンティティ

　アラビア語の運用において，移民第二世代以降はある程度の読み書き能力を有する傾向が見られた。これは第三世代以降でハドラミー意識の復活が生じたことについての一定の裏付けになるが，第二世代とそれ以降では何が異なるのかが見えにくい。そこで，自分にとって主要な言語にアラビア語を含めるかどうか[83]と，ハドラミーとしての民族的アイデンティティに相関があるのかを検証する。なお，移民第一世代はアラビア語能力とハドラミー意識をともに備えることが先の結果で分かっているため，分析から除外する。

　図中の項目は，「2nd, 3rd, 4th+」が世代を示している。また，「hadhrami」と「not.hadhrami」はハドラミーとしての意識の有無で，「arabic」と「not.arabic」は，回答者にとって主要な言語にアラビア語を挙げるかどうかを表している。

分析結果

　結果（図5.7参照）を見ると，興味深いことに図の左右で奇麗に傾向が分かれている。つまり，右側のアラビア語を主要な言語に挙げる者は，ハドラミー意識が強いことが，そして左側のアラビア語を挙げない者は，ハドラミーを自らのアイデンティティに含めないことが分かる。そして，前者の近くには移民第三世代が，後者には第二世代が配置されている。また，第四世代についても標本数は少

---

[83] 単純に「母語」としなかったのは，第一世代以外の全員にとって，スワヒリ語が母語であることが自明だからである。また，複数言語を挙げてもらう狙いもあった。ここでの「主要な言語」とは，使用される局面や運用レベルは問わずに，何語を重視するのかという質問に対する答えである。

ないものの，第三世代と同様の傾向であると言える。

考察

　コレスポンデンス分析では，各属性の相関関係を視覚的にとらえることはできるが，その結果から因果関係を読み取ることはできない。そのため，アラビア語を重視するからハドラミーとしての意識が芽生えるのか，逆にハドラミー意識がアラビア語を挙げる動機となっているのかは，この分析結果からは判断できない。あるいは分析項目にない何らかの属性がこの両者を結び付けている可能性もある。しかし，いずれがきっかけになっているにせよ，ハドラミー意識とアラビア語には密接な関係があることが指摘できよう。

5.3.5　データ分析で何が明らかになったのか

　ここまで，ヤミーン慈善協会のメンバーに対する聞き取り調査の結果をもとに，彼らの民族的アイデンティティをめぐってデータ分析を行ってきた。最後にその結果を総括しておく。

　まず，世代と民族的アイデンティティの相関を分析した結果，移民第二世代はザンジバル人としての意識が強く，第一世代と第三世代・第四世代はハドラミーとしての意識が強い傾向が見られることが分かった。ハドラマウトからの移住の当事者である第一世代にハドラミー意識があるのは当然のことであるといえる。また，移民第二世代にザンジバル人としての意識が強いのは，その母親がホスト社会の先住者であることと，彼ら自身がザンジバルで生まれ育ったことから説明できる。しかし，ホスト社会が故郷である点は第三世代以降も共通するため，彼らに生じたハドラミー意識の背景が疑問として残った。

　次に，移民第三世代以降にハドラミー意識の復興が生じる理由について，彼らが運用できるアラビア語の種類やレベルを手がかりにして検討した。分析結果からは，教育機会の限られていた移民第一世代は読み書き能力が低く，逆にザンジバルで生まれ育った第二世代・第三世代は，ともに一定のアラビア語の運用力を持つことが分かった。しかし，移民第三世代においてはアラビア語の能力がハドラミー意識につながり得るものの，第二世代に同様の傾向が生じないことについては，別の理由を検討する必要が生じた。

　そこで，運用レベルや使用される局面は問わず，調査協力者にとって何語が重要であるかを質問し，アラビア語を挙げた者とハドラミーとしての民族アイデンティティ，そして世代間の関係を分析した。その結果から，アラビア語を重視している層とハドラミー意識の間には強い相関があることが分かった。ザンジバル人としての意識が強い移民第二世代は，アラビア語の運用力は身に付けつつも，その重要性は低く位置付けられていた。一方で，第三世代以降においては，ザンジバル生まれでありながらもアラビア語を重視する傾向が見られ，同時にハドラ

ミーとしての意識も強いというつながりが明らかになった。

　本節では，臨地調査で収集した質的データに対して，コレスポンデンス分析というデータ解析手法を導入することで，移民の民族集団としての意識における傾向の把握を試みてきた。その結果，移民の世代によって自らの民族的アイデンティティとして何に比重を置くかという点で違いが出ることが分かった。またその背景には，使用言語としてアラビア語を重視する姿勢が関係していることも明らかになった。ホスト社会において世代交代が繰り返される中で，移民におけるハドラミーとしての意識には濃淡が生じているが，データ分析によって，その理由の一端に迫ることができたのではないかと思われる。

第6章
ハドラミーのザンジバル革命

図6.1 ハドラミー移民が眠る共同墓地
(2011年12月24日に筆者撮影)

　1964年1月12日深夜3時にザンジバル革命は実行に移された［Okello 1967: 30］。首謀者はウガンダ生まれのキリスト教徒で，陸軍元帥（en. field marshal）を名乗るジョン・オケロ（John Okello）であった。この革命では，支配階級にあったアラブに対して，抑圧された被支配者であるアフリカ人が蜂起し，ついに勝利を勝ち取って自分たちの政府を樹立したと説明される［富永 2001: 139］。また，この言説においては，アラブに対して外来者，アフリカ人に対しては先住者というラベルも付随している［Okello 1967: 9］。
　ここで対立的に語られる「アラブ」と「アフリカ人」とは誰のことであろうか。すでに第3章で考察したように，ザンジバル住民における民族的背景は極めて複雑である。歴史的に見ても，それぞれの民族集団がこの地域に定着した経緯は異なっており，その多様性が現在のザンジバルにおける豊かな文化と社会を形作ってきた。しかし，革命をめぐる言説においては，これらの多様性は姿を消し，代わって「アラブ」と「アフリカ人」という民族とも人種とも説明しがたい謎のカテゴリーに基づいた集団が現れる。そして，彼らによる階級闘争劇と「アフリカ人」によ

る最終的な勝利が語られることになるのである。その中にハドラミーの存在はなく，言外に「アラブ」に含めているか，あるいは最初から存在しなかったかのように扱われる。彼らはいったいどこへ行ったのであろうか。

そこで本章では，ハドラミーから見たザンジバル革命について考察する。まず，革命の経緯を時間軸に沿って整理し，次に革命をめぐって現在流布している言説について検討する。続いて，革命を体験したハドラミー移民によるライフ・ストーリーを取り上げ，当時のザンジバルに何が起こったのか，その後の彼らの暮らしはどうなったのかを明らかにする。そして最後は，革命言説における「アラブ」と「アフリカ人」という枠組みの問題について分析を行い，この革命が誰による誰のためのものであったのかを検証する。

6.1 革命の経緯

文献資料において，ザンジバル革命は民族主義を背景とした政治闘争として描かれることが多い。革命直前のザンジバルは，19世紀末から続いたイギリス保護領としての時代が終わりを迎えつつあり，民族集団ごとに結成された政党によって，独立に向けた選挙が繰り返し行われていた。その概要は第2章2.3.5節で触れたが，革命に至る一連の出来事は，数十日から数年といった単位で，短期間のうちに生じており，登場するアクターも多いことから流れがつかみにくい。そこで本節では，錯綜したザンジバル革命の背景事情を理解するために，革命前の動向から革命直後までの経過を，時間軸に沿って整理しておきたい。

6.1.1 革命前夜

ザンジバル史を扱った資料において，最終的に革命へと至る一連の流れは，イギリス統治下で生じた，民族主義の台頭を嚆矢として説明されることが多い。その主体となったのは，アラブ民族主義とアフリカ民族主義である。つまり，この段階から「アラブ」対「アフリカ人」という対立軸が前提とされていることになる。ただし，分析的枠組みは別にしても，政治運動としては，この2つの流れが革命前に生じていたことは確かである。

アラブ民族主義

アラブ協会（Arab Association）は，オマーン系住民を代表する組織として設立された［AB|12|28: 18］が，20世紀半ばには政治的な傾向を帯びるようになった。協会名に反して，この団体はハドラミーを含まず，オマーン系住民の中でも特にプランテーション経営などに携わる古参移民の利益を守ることを目的としていた［Middleton and Campbell 1965: 46–47］。

ザンジバル最初の政党は，1955年の中頃にウングジャ島の中西部にある農村部のキエンベ・サマキ[1]（Kiembe Samaki）で設立された。この政党は，ザンジバル・スルターン臣民国党（National Party of the Subjects of the Sultan of Zanzibar：略称NPSS）と名乗っており，多民族主義とイギリスからの独立をイデオロギーとしていた［Lofchie 1965: 147–148］。同じ頃，イギリス支配からの脱却を目指していたアラブ協会は，彼らと共闘することを模索し，NPSSの側も多民族主義の実現においてアラブ協会のサポートを必要としたことから，両者の連携が進められることになった［Mohammed 1991: 37–38］。その結果，NPSSはザンジバル国民党（Zanzibar Nationalist Party：略称ZNP）と名前を変え，同党の活動はザンジバル全島に広がっていくことになる。

　ZNPは，アラブ協会の支持を受けていた[2]ことから，親アラブかつ反ヨーロッパ人・反アフリカ人であるという評価がしばしばなされる[3]。一方，多民族主義政党として，党首と副党首にはアフリカ系住民[4]が就任していたという指摘もある［Mohammed 1991: 38］。

アフリカ民族主義

　アフリカ民族主義は，オマーン系住人による政治運動に対する反動として始まった。イギリスからの独立を掲げるアラブ民族主義に対して，当初のアフリカ民族主義運動は反独立であった[5]［Mohammed 1991: 40］。これは彼らがイギリス保護領としての地位を望んでいたというよりも，アラブ主導でザンジバルが独立するのを恐れてのことであった。

　ZNPの場合と同様，アフリカ民族主義も当初は非政治的な協会を母体としていた。まず1934年に，ペンバ島においてアフリカ人協会（African Association）が設立される。これは大陸側からのアフリカ系移住労働者の利益を守るための協会であった［Clayton 1981: 16–17］。続いて1939年に，同じくペンバを基盤としてシラズィ協会（Shirazi Association）が設立された［Clayton 1981: 18］。同協会は，第3章3.3.2節で触れた，シラズィと呼ばれるペルシャ起源を主張するザンジバル先住者を代表する協会で，彼らはオマーン系住民のようにクローブ栽培業を営んでい

---

[1] 現在のザンジバル国際空港がある地域を指す。

[2] アラブ協会がZNPを設立したという通説は誤りであるという［Lofchie 1965: 147］。

[3] 例えば，ミドルトン&キャンベル［Middleton and Campbell 1965: 47］など。これは，アラブ協会の執行委員会メンバーであったアリー・ムフスィン・バルワーニー（'Alī Muḥsin al-Barwānī）が，ZNPの幹部に就任したことに起因すると思われる。バルワーニーは当時，反ヨーロッパ・反アフリカ的な思想を持つことで知られていたという［Clayton 1981: 40］。

[4] 第3章3.3.2節で述べたシラズィである［Middleton and Campbell 1965: 47］。

[5] 当時のアフリカ民族主義運動におけるスローガンは，「Uhuru, zuia（独立を止めさせよう）」であったという［Mohammed 1991: 40］。

た［Middleton and Campbell 1965: 47］。イギリス保護領時代のザンジバルにおいては，1926年から立法評議会（Legislative Council）が設置されていたが，民族主義運動の高まりを受けて，定員枠の拡大が決定され，公選でメンバーが補充されることになった［Middleton and Campbell 1965: 46］。1957年に予定された選挙を前にして，これらの協会は連携し，アフロ・シラズィ連合（Afro-Shirazi Union：略称はASU）を名乗る政党が設立された。

ASUは決して一枚岩の組織ではなかった。特にシラズィたちは，「アフロ・シラズィ連合」のような，民族的な境界線を強調する名称を掲げることには反対であり，対立よりも国民としての統合を望む者が多かった。一方で，アフリカ人協会のメンバーである大陸系の労働者は反アラブであった［Lofchie 1965: 171–172］。結局，シラズィ側のリーダーが連携を支持したことから，アフリカ人協会の代表であったアベイド・カルメ（Abeid Karume, 1905–1972）を党首として，ASUが結成されることになる［Middleton and Campbell 1965: 48］。

第三極の存在

1957年に6議席をめぐって争われた最初の選挙は，ZNPの完敗に終わった。ZNPは1議席も得ることができなかったのである。3議席をASUが取り，2議席をシラズィ協会の支持を受けた独立系の候補が獲得した［Lofchie 1965: 175–176］。残りの1議席は，ストーンタウン在住のインド系住民をメンバーとする，ムスリム協会（Muslim Association）という団体が推していた候補者のものとなった［Middleton and Campbell 1965: 49］。つまり，選挙はASU系の圧勝であった。この勝利によって，アフリカ民族主義勢力は自信を強めていく。

しかしながら，これを反アラブ主義を掲げたアフリカ民族主義者たちの勝利であったと考えるのは早計である。選挙結果を精査すると，実際にASUとして選挙戦を制したのは全体の半分であり，シラズィ協会系の当選者のうち一人は，実はASUの対立候補を破っての勝利であった［Lofchie 1965: 177–178］。つまり，シラズィ協会はASUの支持を表明しながらも，同時にシラズィ系住民を主体とした政治活動も行っていたことになる。結局のところ，選挙におけるキャスティング・ボートは，シラズィが握っていたのである。

1957年の選挙に勝利したASUであったが，独立や多民族主義をめぐる意見の対立を契機として，1959年の暮れにシラズィの諸派が同党から離脱した。彼らは自分たちの政党として，ザンジバル・ペンバ人民党（Zanzibar and Pemba People's Party：略称はZPPP）を新たに設立する。そしてシラズィが去った後のASUは，党名をアフロ・シラズィ党（Afro-Shirazi Party：略称はASP）と改めることになった[6]［Middleton and Campbell 1965: 54］。もともと1957年の選挙でZNPにイニシア

---

[6] シラズィを欠いた状態で，アフロ・シラズィ党を名乗っているのはいささか奇妙ではあるが，その後もASPは党名に「シラズィ」を残したまま活動を継続した。

ティブを取らせないことを目的として結び付いていたシラズィ協会とアフリカ協会であったが，ザンジバル先住民かつムスリムである前者と，大陸出身のキリスト教徒労働者を中心とする後者とでは，アイデンティティの面で越えがたい境界が存在したと言われる［富永 2001: 137］。

ザンジバル独立

　次に立法評議会の選挙が行われたのは 1961 年 1 月である。憲法制定のための内閣制導入を目指し，22 議席をめぐって ZNP，ASP，そして ZPPP の三者が選挙戦を争った。今回からは女性の選挙権も認められ，有権者は前回の約 3 倍に増加した［Middleton and Campbell 1965: 56］。選挙結果は，ZNP が 9 議席，ASP が 10 議席，ZPPP は 3 議席であった。ZPPP の中で二人は ZNP との連立を選び，一人は ASP と合流した［Lofchie 1965: 200–201］。その結果，立法評議会における，ASP 陣営と ASP・ZPPP 陣営のプレゼンスは等しくなった。

　両陣営が同数の議席を得た先の選挙結果は，議会の膠着状態を招いた。そこで議会が二分されないように，議席を奇数の 23 に増やして，6 月に再選挙が行われることになった［Clayton 1981: 44］。この選挙において，ZPPP は最初から ZNP と連立しており，同一の選挙区においては，いずれかの候補者だけが立てられた［Lofchie 1965: 201］。結果は，ZNP が 10 議席，ASP が 10 議席，ZPPP は 3 議席であり，連立した ZNP と ZPPP の勝利であった［Lofchie 1965: 202–203］。

　ZNP と ZPPP 勝利の報がもたらされると，その後数日間にわたって，ウングジャ島の各地で騒乱が引き起こされた。結果に不満を持つ ASP 支持者が徒党を組んで暴れ，略奪や殺人が発生したという［Lofchie 1965: 203–204］。イギリス行政当局による公式な記録では，68 人（うち 64 人がアラブ）が殺害され，381 人が負傷，千人以上が逮捕されたという［Zanzibar Commission of Inquiry 1961: 12］。被害者の大半は，マンガと呼ばれる，オマーン系住民の中でも比較的近年の移住者であった［Lofchie 1965: 204］。

　続いて 1962 年に入ると，ザンジバルの独立に向けた会議がロンドンで開かれ，翌年末の独立と，それに先駆けた総選挙の実施が取り決められた［Middleton and Campbell 1965: 59–60］。1963 年 7 月に実施された選挙では，31 議席が先の 3 党によって争われた。この時の選挙の様子は前回とは異なり，混乱もなく静かに行われたという［Middleton and Campbell 1965: 61］。選挙結果は，ZNP が 12 議席，ASP が 13 議席，ZPPP が 6 議席となり，合計で 18 議席を獲得した ZNP と ZPPP の勝利に終わった［Lofchie 1965: 218–219］。

　この選挙結果を受けて，ZNP と ZPPP によって新しい政府が組織された。そして，オマーン人スルターンを推戴した立憲君主国として，1963 年 12 月 10 日にザンジバルはイギリスから独立する。

6.1.2 革命勃発

独立から一ヶ月余りが過ぎた 1964 年 1 月 11 日の夜，ASP 主催の宴会が，ストーンタウンに隣接する住宅街ンガンボ（Ng'ambo）で開かれていた。参加者たちはイベントを楽しんでいたが，その多くは武器を隠し持っていた。彼らは，この場に役割を帯びて集まっており，宴会はそれをカモフラージュするためのイベントであった [Clayton 1981: 71]。

権力奪取

日付が変わった 12 日日曜の午前 3 時，計画は実行に移された。ウガンダ人活動家のジョン・オケロに率いられた 600 人の武装集団は，幾人かのサブリーダーが指揮するチームに分かれて，それぞれの目的地に急行した [Okello 1967: 29–30]。彼らがまずターゲットにしたのは，ズィワニ（Ziwani）とムトニ（Mtoni）にある憲兵の武器庫であった [Kharusi 1967: 9]。オケロたちは，番兵を殺害して建物になだれ込むと，倉庫から武器を得るとともに就寝中であった憲兵たちを襲った。午前 4 時半までには，大量の近代的な武器を手にしたオケロ配下の戦闘員が配置につき，駆けつけたスルターンの警備隊を迎え撃った。朝 5 時半には大勢が決し，警備隊の多くが殺害され，残りは敗走した [Okello 1967: 31–33]。

次にオケロたちはラジオ局に向かった。放送局はすでに別のチームが支配下に置いており，BBC[7]（British Broadcasting Corporation : 英国放送協会）の出向エンジニアを銃で脅して，放送準備をさせていた [Clayton 1981: 73]。そして朝 7 時ちょうどにラジオを通して彼の演説が電波に乗る [Okello 1967: 143]。

> 「私は陸軍元帥オケロである。目覚めよ，帝国主義者たち。この島にもはや帝国主義政府は存在せず，今や自由戦士の政府となったのである。目覚めよ，黒人たち。みな銃と弾薬を手に取り，この島にいる帝国主義の残党と戦おう。決して折れる事なかれ，もしこの島を我が物としたいなら」

放送後には 2 つの反応が島内に生じた。1 つは新参オマーン系住民マンガによる反撃，もう 1 つはオケロに追随するアフリカ系集団による略奪である。ストーンタウンから延びる商店街ダラジャニ（Darajani）にあるアラブやインド系住人の商店が襲われた。また，キリスト教徒であったゴア系住民の子供たちが，教会へ向かう途中で，革命参加者によって射殺された [Clayton 1981: 74]。

オマーン人スルターンは，港に停泊していた国有蒸気船に乗り込んだ。イギリス人顧問は，閣僚も乗船して反乱分子の勢力圏外で政府を継続することを勧めたが，彼らは謝絶した。新生ザンジバル王国の首相であったムハンマド・シャムテ

---

[7] 当時のザンジバルにおけるラジオ放送は，旧宗主国であったイギリスの公共放送局であるBBC の支援のもとで行われていた。

図6.2　処刑のために集められたアラブ系住民
（ドキュメンタリー映画『Africa Addio』より，1964年1月19日に撮影）

（Muḥammad Shāmtī）もザンジバルに残り，大陸側のタンガニーカ大統領であるニエレレ（Julius Nyerere）に対して，警察派遣による応援や，反乱分子との対話に向けた仲介を要請する電報を送ったが，いずれも内政不干渉を理由に断られた。そして解決の糸口を失ったシャムテは，正式に職を辞すことを決断する［Clayton 1981: 75–76］。辞意表明の録音テープは，オケロが作戦本部としていたラジオ局に送られ放送された［Clayton 1981: 83］。スルターンの逃亡と首相の辞任によって，ZNPとZPPPによる政府は正式に解体したのであった。

「革命成立後」の暴力

　その後に起こったことは殺戮であった。オケロたちは，ストーンタウンのアラブが集住している界隈になだれ込むと，一軒一軒しらみつぶしに家のドアを破り，中にいた家族を殺害・捕縛して回った［Okello 1967: 154–155］。また，店や畑，さらには人がいる家に火がつけられ，アラブは生きたまま焼かれた。彼らは特にオマーンからの新参移民マンガを標的にしていたという［大川 2010b: 115］。オケロはラジオ放送を通して，マンガに対して容赦ない攻撃を加えるように指示していた。病院はケガ人で溢れ返ったが，オケロの一団はそこにも押し掛け，女性や子供を強姦したという。目撃者の証言によると，こういった残虐行為を働いていた人間は，外見的特徴[8]から判断して大陸出身者であった［Clayton 1981: 80］。

---

[8]　特に，木彫りで有名なマコンデたちは識別しやすかったという。彼らは，ボサボサで櫛の入っていない髪と，ヤスリで研がれた歯という，特徴的な外見を持っていた［Clayton 1981: 80］。

一連の暴力[9]で，殺害された人間は 13,635 人にのぼり，その中で 11,995 人がアラブ系住民であった（前頁，図 6.2）。また，21,462 人が拘留され，刑務所に送られた。中には，沖の小島に島流しになった者もいた［Okello 1967: 160］。これらの犠牲者の数が，あまりに大規模であったことから，その処理のために大陸側から医師が呼ばれ，一人分の墓穴に 5 人分の遺体を埋めたり，あるいは井戸に投げ込まれたりしたという［Clayton 1981: 80］。

6.1.3 革命後

革命後に政権の座についたのは，ASP 幹部を主要構成メンバーとする革命評議会（Revolutionary Council）であった。大統領に就任したのは，ASP の党首であるアベイド・カルメである。シャムテをはじめとする旧政府の閣僚たちは，裁判にかけられることもなしに投獄された［Kharusi 1967: 10］。それから 2 ヶ月後，革命の実行者であったオケロは，大陸側を外遊中に拘束され，ザンジバルへの渡航禁止が言い渡された［Mohammed 1991: 75］。

革命評議会による革命政府（Revolutionary Government）は，国号をザンジバル人民共和国（People's Republic of Zanzibar）と改めた。新政府は，ソビエト連邦，中国，東ドイツといった社会主義国家によって，速やかに承認された［Middleton and Campbell 1965: 68］。東側諸国は，ザンジバルに対して大規模な人的支援を実施し，ソ連は軍隊の錬成を担当した。また，中国は無利子の借款を供与し，東ドイツからは医師団の派遣，保安要員の教育，大型マンション建設[10]，放送設備の設置などが行われた［Mohammed 1991: 77–78］。新政府に対して慎重な姿勢を示していたイギリスとアメリカであったが，革命から 1 ヶ月経った 2 月 23 日になって，両者とも承認した［Middleton and Campbell 1965: 69］。

革命政府による国家運営は安定しなかった。反対勢力の押さえ込みのため，政府は秘密警察を導入し，ザンジバル住民の監視を行っていた。しばしば，公然と殺人が行われたが，事実関係が調査されることもないまま闇に葬り去られた［Kharusi 1967: 10–11］。また，政権内部においても政策をめぐって意見の衝突が生じていた。特に，独立前に ZNP から分離して ASP に合流した一派と，ASP 生え抜きであるカルメ大統領との間における対立は深刻なものであった［Clayton 1981: 111–112］。そこで，カルメは大陸側のタンガニーカとの連携によって，この窮地

---

[9] 革命実行者たちによる虐殺の状況は，革命から 1 週間後にザンジバルを空撮した，イタリア人のドキュメンタリー撮影班によってフィルムに収められ，後に『Africa Addio』という映画として公開された（図 6.2）。映像には，アラブ系住民が年齢性別を問わず一カ所に集められ処刑される様子や，大きな穴に何十人もの遺体が無造作に投げ込まれている光景など，「革命実行時」ではなく，「革命成立後」の暴力が記録されている。

[10] この東ドイツの支援によって建設されたマンションは，ストーンタウン近郊に多数現存しており，今でも住民が暮らしている。

から脱することを画策する。彼はタンガニーカ大統領とは旧知の仲であり，両者による秘密交渉が進められた［Babu 1991: 244］。そして，1964年4月，ザンジバルとタンガニーカの合邦が成立し，独立国家としてのザンジバル人民共和国の歴史は，革命からわずか100日足らずで終わった。ザンジバル住民が国家統合の事実を知ったのは，同年9月になってからことであったという［富永 2001: 218］。

6.2　革命をめぐる言説

革命からすでに50年が経過したザンジバルであるが，この出来事についてどのような評価がなされてきたのであろうか。革命政権の中核を担ったASPは，大陸側の与党であったTANU（Tanganyika African National Union：タンガニーカ・アフリカ民族同盟）との統合を経て，党名をCCM（Chama Cha Mapinduzi：タンザニア革命党）と変えつつも，今日まで政権与党の座に就いたままである。また，ザンジバル住民も個々に複雑な民族的背景を持つことから，革命に対して公然と議論される機会はいまだに限られている。しかし，現地で流通する書物の中には，革命について言及したものも少なからず存在している。そこで本節では，革命の当事者による著作，政府による刊行物，そして近年タンザニアで発行された一般書を取り上げる。これらの資料に現れた言説の考察を通して，革命をめぐる公的な語りが，どのような性質を持っていたのかを検討していきたい。

6.2.1　革命の当事者による著作

革命の主導者であるオケロの手記［Okello 1967］は，当事者の視点による革命の実像を知る貴重な手がかりである。オケロは，革命をめぐる「オフィシャル」な語りにおいて，自分の存在が軽んじられていることに触れつつ，海外の報道における革命像や自らの来歴[11]に誤解が多いことを執筆の動機として挙げている［Okello 1967: 24–26］。手記の構成は，ややドラマ的な筆致で革命の展開を時間軸に沿って記述した後，ウガンダでの幼少期の話や東アフリカ諸国を訪問した当時の話が続く。そして，ペンバ島にわたり徐々に政治に傾倒していく様子や，ASPの青年同盟（Youth League）と接触した経緯，そしていかにして革命の実行部隊を組織していったかがまとめられている。

彼自身の革命に対する評価は，帝国主義者による抑圧から「アフリカ人」を解放するための行為であったというものである［Okello 1967: 161］。実際に旧政権が帝国主義を採用していたのかは別にしても，この本においては帝国主義者という

---

[11] 彼の革命思想の根拠として，しばしば語られるキューバへの渡航と訓練に関する話は，まったくのデマであるという［Okello 1967: 187］。

言葉が，全編にわたって何度も繰り返されている。その一方で，「ザンジバルのボスになるつもりはなかった」とし，「多くの革命は数ヶ月，数週間，少なくとも数日かかるのに，私が率いたザンジバル革命は，9時間しか要しなかった」，ゆえに「将来も比肩する者は現れまい」と，作戦行動が首尾よく運んだこと自体を評価している［Okello 1967: 161–162］。この傾向は手記全体に通底しており，オケロは彼自身の行動における非人道性を隠そうとはせず，むしろ成果としてアラブを何人殺害したかを事細かに述べている［Okello 1967: 149–150, 160］。

6.2.2 政府による刊行物

政府の刊行物には，1967年に発行された冊子［Afro-Shirazi Party 1967］がある。冊子自体に著者名は記載されていないが，序文をカルメ大統領が書いており，出版は政府印刷局であることから，革命政府，つまりはASPによるものと判断される。冊子自体は，革命以降の3年間に行政サービス面で達成されたことをアピールする目的で書かれている。

革命自体に対する評価は，「数世紀にわたって，諸スルターンとその親族によって課せられた封建支配のもと，苦労を強いられたこれらの島々の歴史に，新たな一章を開いた」とある［Afro-Shirazi Party 1967: ii］。他にも，「高潔な行い」，「注目すべき変革」などのフレーズで，全面的な賞賛が行われている。住民の民族的な背景については，「African」という単語だけが登場し，アラブやインド系住民については，「封建主義者（feudalist）」という形で言及する以外にまったく紙面に現れない［Afro-Shirazi Party 1967: 24］。基本的に，これまでの政府のすべての施策を肯定[12]しており，それを革命による成果であると結論付けている。この姿勢は，冊子の副題「The Fruits of the Revolution in the Islands」にも端的に現れている。なお，虐殺や経済停滞などの負の面には一切触れられていない。

6.2.3 現地で出版された一般書

先の2つの書籍は，いずれも革命から間もない1967年に出版されたものであった。そこで，ザンジバル革命を主題とする近年の書物を取り上げ，この数十年の間で現地社会における革命の評価に変化が生じているのかどうかを確認しておく。マプリによる著作［Mapuri 1996］は，1996年に大陸側の都市ダル・エス＝サラームで一般書として発行された。書籍内では著者の来歴が触れられていないが，序文をザンジバル革命政府の首相経験者であり，出版当時タンザニアの副大統領を

---

[12] 例えば，無料の教育が提供されるようになったと書かれている［Afro-Shirazi Party 1967: v］が，政府の教育制度においては，テストに合格する要件が成績ではなく人種に依ったという指摘もなされている［Mohammed 1991: 78］。当然ながら，この政府刊行の冊子には，アフリカ系住民を優遇するような，逆民族差別が行われたかどうかについては言及がない。

務めていたオマル・アリ・ジュマ（Omar Ali Juma）が書いていることから，比較的，革命後の政権与党寄りの人物ではないかと推察される。

マプリは，執筆目的として「ザンジバル革命をめぐる様々な語りの急増」を挙げ，その中には「事実の大幅な歪曲や混乱」が含まれるために，革命の正しい記述を提供するとしている［Mapuri 1996: 1］。全体としては，革命が正当であったという主張のもと，先の 2 種類の書籍と同じスタンスで，アラブによる不当な支配を終わらせた「偉大な革命」というフレーズが随所に出てくる。その正当性の根拠には，かつて「アフリカ人」に対してアラブが「奴隷の主人」として「不当な恥ずかしめ」を与えたことを挙げている［Mapuri 1996: 87］。

革命における暴力については政府の冊子では触れられていなかったが，この書籍では一節が設けられている。彼は，虐殺問題を「アラブの間に人種的な感情を持続させ，アフリカ人に対する憎しみと報復的姿勢を涵養する目的」でアラブ系住民が申し立てているとしている［Mapuri 1996: 54］。また，当時の革命評議会メンバーであったバブ[13]（Abdulrahman Muhammed Babu）の言葉を引きながら，「実際の被害者はごく少数であった」と述べ，アラブの抵抗によってアフリカ人も亡くなったのであるから「ザンジバルの若者には，彼らの捏造と隠された意図を認識させる必要がある」とまとめている[14]［Mapuri 1996: 55］。

全体としては，民族融和を述べつつも，読者として明白にアフリカ系住民を想定した内容になっており，その裏返しとしてアラブ系住民を仮想敵のように扱う記述が散見される。本書が出版されたのが，ザンジバルが一党制から多党制へ移行した時期と重なっており，また，野党を革命前の旧政権になぞらえる記述が繰り返される［Mapuri 1996: 88］ことから，政界の再編が進んでいくことに対する警戒感が，執筆の背景にあるものと思われる。

6.3 ハドラミーの見た革命

ザンジバル革命をめぐる諸言説は，「アラブ」対「アフリカ人」という極めてシンプルな構図を前提としており，そこでのアラブとは，現実的にオマーン系住民のことであった。この二項対立的な枠組みにおいて，ハドラミーは革命とは無関係な場所にいたかのように放置されている。しかし，現実にはただの傍観者として振る舞うことは許されず，騒乱の中に否応無しに巻き込まれていくことになる。文献資料の中に彼らに関する記述を見つけることはできないが，ザンジバルには革命を成人として体験した者が一定数存在しており，臨地調査を通して，オフィ

---

[13] 外務・通商大臣（Waziri wa Mambo ya Nje na Biashara）でもあった［Juma 2007: 187］。
[14] 結局，具体的な被害者の数については示さないまま，これらの結論が述べられている。

シャルな語りとはまた異なる生々しい話を聞くことができた。そこで本章では，ハドラミーのライフ・ストーリーを手がかりにして，革命期のザンジバルにおいて何が起こったのか，彼らから見た革命の姿について明らかにしていきたい。

6.3.1 革命前：サーリフ氏の話

　サーリフ氏は，第 4 章 4.3.2 節でも登場した，第一世代のハドラミー移民である。同氏は幼少の頃に家族とともにザンジバルに移住しており，1960 年代は 10 代後半になっていた。サーリフ氏によると，1961 年頃からすでに不穏な空気がザンジバルに流れていたという。革命前のザンジバルの様子について，サーリフ氏の話を紹介しよう[15]。

> 「革命前にも，アラブやインド人とアフリカ人の間で衝突があった。1961 年だ。この小競り合いがきっかけで，ザンジバルを去ったアラブやインド人が相当いた」

　ここでサーリフ氏が述べている小競り合いとは，1961 年 6 月の選挙後に生じた，ASP 支持者と ZNP 支持者の衝突を指している。本章 6.1.1 節で触れたように，選挙結果に不満を持つ ASP 支持者によって，ウングジャ島内の各所で暴動が発生し，オマーン系住民を中心に 60 人以上が死亡した。この事件は，ザンジバル社会に大きな衝撃と動揺を与え，住民の中にはザンジバルを離れる者が現れた。サーリフ氏の家族もその中に含まれる。

> 「私の母は重い病気だったが，身の危険を感じてハドラマウトに戻ることになった。それで両親でイエメンへ向かうジャハーズィー[16]（ar. jahāzī）に乗ったんだ。いつもなら一週間から一ヶ月で着くんだが，この時は運の悪いことにイエメンまで 2 ヶ月もかかってしまった。病気の母は 2 ヶ月の長旅には耐えられなくて，船上で亡くなった」

　先行研究における記述では，一連の暴動における被害者は，オマーン系住民でも比較的近年の移住者であるマンガであるとされる [Clayton 1981: 44]。しかし，サーリフ氏の話で触れられているように，当時のザンジバル社会においては，ハドラミーなど他の民族的背景を持つ住民に対しても，危害が加えられる可能性があったことが分かる。結果的に，身の危険を感じた相当数のアラブ系とインド系住民が事件後にザンジバルを去った。

---

[15] 2011 年 11 月 2 日に実施したインタビューに基づく。
[16] 木造帆船であるダウの中でも，貨物輸送に特化した中型船のこと。第 4 章 4.2.2 節を参照。

6.3.2　革命当日：フサイン氏の話

　フサイン氏は，1928 年生まれのハドラミー移民である。同氏のライフ・ストーリーについては，第 4 章 4.3.2 節でも移住の経緯を中心に触れたが，10 歳の時に父親と二人でザンジバルにわたってきた移民第一世代である。父親はお茶や飲料水を売ることで糊口をしのいだ。フサイン氏も父親を支えながら，ザンジバルで結婚して子供を 5 人もうけ，この社会の一員として暮らしてきた。そして 30 代の中頃，ザンジバル革命を迎えることになる。フサイン氏が目撃した革命当日の様子についての語りを聞いてみよう [17]。

> 「革命では，我々の家に対する略奪が多数発生したんだ。それで，大勢が棒で打たれたり，鉈で切られたりしていた。逆さに吊るされ，あご髭をほうき代わりにして，掃除させられた者すらいた」

　革命の参加者が，政治的・戦略的拠点とは無関係な，ハドラミー移民たちが暮らす街区で略奪行為を働いていたことが分かる。また，無抵抗な住民を家から引きずり出し，暴行を加えたばかりか，遺体を玩具扱いしていたという。ところで先行研究において，攻撃対象となったのはオマーン系であるとされるが，誰に対する暴力であったのだろうか。

> 「オマーン人だけじゃない。我々やインド人も攻撃対象になっていた。彼らと肌の色が違う者は，みんな襲われたんだ。そこら中に頭や足の無い死体があった」

　フサイン氏が強調しているのは，革命がしばしば言われるような，「アフリカ人」対「オマーン人」という対立構造ではない点である。暴行を加えられたのはオマーン系住民のみならず，ハドラミー系住民，そしてインド系住民もすべて攻撃対象となった。フサイン氏が目撃したところでは，肌が少しでも白い者に対しては，革命の実行者たちが片端から暴行を加えていたという。次に，フサイン氏自身がどうなったのかを見てみたい。

> 「捕まって投獄された。ラハレオ（Rahaleo）だ，ラジオ局がある。それで一週間後に釈放された。大勢が投獄されていた。家族全員が連れて行かれた。母親でさえだ。釈放後は赤十字に保護されて，各地の難民キャンプに分かれて収容された」

---

[17] 2011 年 12 月 9 日に実施したインタビューに基づく。

フサイン氏もまた，自宅で革命の参加者たちに襲われた。ラハレオとは，ストーンタウン郊外の地名である。当時，オケロの作戦本部が設置されており，ラジオ局や集会所もあった。身柄を拘束されたフサイン氏は，この場所に連れて行かれたという。また成人男性だけでなく，女性や老人も区別なく投獄されていたことが分かる。赤十字が入るまでザンジバルは混乱状態であり，釈放後の被害者たちは彼らの保護下におかれた。当時の赤十字のレポートを確認すると，非アフリカ系住民の監禁施設は，島内に少なくとも5カ所存在し，救援のために赤十字スタッフが訪問していたことが分かる［ICRC 1964a: 186, ICRC 1964b: 436–437］。

6.3.3 革命後：ターハー氏の話

ターハー氏は，ザンジバルのマリンディ地区で地元民向けレストランを経営しているハドラミーで，第4章4.3.3節でも触れた，移民第二世代である。移住の当事者は，渡航当時6歳であったターハー氏の父親で，弟とともに子供だけでザンジバルへわたった。教育を受けられず，子供にできる肉体労働をこなしていたが，成人してからは限られた収入からも資金を貯めて，畑を購入して暮らしていた。その後，ハドラミー移民の女性と結婚して，ターハー氏を含む子供を得ている。そのような中，ザンジバル革命が襲った。革命後の時期をハドラミーがどう過ごしてきたのか，ターハー氏の語りを聞いてみよう[18]。

「家や財産が没収されてしまった。それに強制結婚が行われた。我々のようなアラブの女性と，アフリカ系の男性が強制的に結婚させられたんだ」

革命後に成立した革命評議会は，「土地改革」と称してザンジバルにある屋敷や土地の接収を実施した。スルターンの居城だった建物に始まり，アラブ系住民やインド系住民が所有する土地や家屋まで取り上げられた。住民たちは銃で脅され，強制的な没収が行われた［Clayton 1981: 100］。先行研究においては，プランテーション経営に関わっていた豊かなオマーン系住民の所有する土地の国有化が進められたことについて触れられているが，ターハー氏の話からはハドラミーも接収の対象となっていたことが分かる。また，アラブ系住民やインド系住民を狙い撃ちにした強制結婚も，当時の革命評議会が行った非アフリカ系住民に対する弾圧例として知られている［Clayton 1981: 123］。革命政権によって自分たちに向けられた敵意に直面して，ハドラミーたちはどうしたのであろうか。

「革命後は，ハドラマウトに戻る者が数多くいた。でも，我々は貧乏だったので，帰国するためのお金がなかった。それでザンジバルに残るしかなかった。

---

[18] 2011年11月10日に実施したインタビューに基づく。

暮らしは悲惨だった。わずか 1 キログラムの米で，大人一人が一週間暮らさなければならないような貧しさだった」

革命政権による圧政下で，ザンジバルを去ったアラブ系住民やインド系住民は，人口の 10% に達したといわれる［大川 2010b: 116］。ハドラミーもこの動きの中に含まれていた。しかし，ターハー氏の家族のように資金がない場合や，世代交代を経てハドラマウトとの接点を失って帰るべき故郷がない者は，ザンジバルに留まるより道はなかった。財産を没収された彼らは，移住してきた当初のような暮らしに戻ることになった。また，社会主義国家としての色彩を強めたザンジバルにおいては，1967 年以降，住民に対して強制労働が課された。住民は年齢性別を問わず，通常の就業時間後に仕事にかり出された［Kharusi 1967: 22］。対価も支払われず，彼らはさらなる貧困に喘ぐこととなった。

6.4 革命言説がはらむ問題

支配者に対する被抑圧者の蜂起という言説で描かれる「アフリカ人」とは，いったい誰のことであったのであろうか。ここで弱者と想定されている人々と同様に，肉体労働によって日々の暮らしを送っていた多くのハドラミーに対して，彼らは革命に際して執拗な暴力を加えた。しかし，ハドラマウトから命がけでザンジバルにわたった移民たちは，政治的にも経済的にも抑圧的な支配者などではありえなかった。また，革命の体験者からは，暴力行為を働いていたのが，彼らの隣人である「アフリカ系住民」ではなかったという証言もある[19]。そこで本節では，革命をめぐる言説において，対立軸として一枚岩的に語られる「アラブ」と「アフリカ人」とはいかなる集団を指している言葉なのかを検証する。

6.4.1 「アラブ」とは誰か

革命言説で「アラブ」と呼ばれる人々は均質な民族集団なのであろうか。少なくとも，ザンジバル社会の文脈においてはそうではない。まず，ザンジバルのアラブ系住民には，オマーン系とハドラミー系の 2 つのグループが存在する。また，オマーン系住民は古参移民と新参移民に分けられ，出自がオマーンであるという点を除いて両者に共通点は少ない。当時のザンジバル社会において，単に「アラブ」と言った場合，それはオマーン系の古参移民のことを指していた。新参移民はマンガ，ハドラミーはシフル人と呼ばれていたことは，第 3 章 3.2 節でも触れた。これら三者が革命前に置かれていた立場には大きな相違がある。

---

[19] 2009 年 10 月 27 日に実施した，イーサー氏へのインタビューに基づく。

古参移民「アラブ」

　古参移民アラブは，オマーン人スルターンのサイード・サイードが，19 世紀にザンジバルを含む東アフリカ沿岸部一帯を支配下に治めた当時から，この地域にわたっていた者たちの末裔である。移住してから数世代を経ており，先住者との通婚や母語のスワヒリ語化が進むことで，ホスト社会に深く根を下ろしていた［大川 2010b: 316］。彼らはクローブなどのプランテーションを経営する大地主であり，同時にオマーン人スルターンを中心とする寡頭政治にも関わっていた。彼らの特権的な地位は，子孫に代々受け継がれていき，政治経済的にザンジバル社会における貴族階級を形成していた［Lofchie 1965: 77］。

　独立前の時代におけるイギリス行政当局との関係において，土地所有者やプランテーション経営者の利益を守るために設立されたのがアラブ協会であった。つまり，これは本質的にオマーン系古参移民のための協会であり，新参移民のマンガやハドラミーは対象としていなかった。そしてアラブ協会の活動は，結果的に民族運動の嚆矢となる［Middleton and Campbell 1965: 46］。本章 6.1.1 節で述べた通り，アラブ協会は ZNP の後ろ盾となっており，前者の執行委員会のメンバーが後者の幹部に就任するなど，外部的な視点から見れば両者は一心同体であった。したがって，ASP とオケロたちにとって，政敵である ZNP とスルターンの支持者とは，すなわちオマーン系古参移民のことであった。

新参移民マンガが攻撃された理由

　新参移民マンガは，様々な点で古参移民とは異なっていた。まず，彼らは古参移民のような土地所有者になることはまれで，参入が容易な売店経営や路上販売などを行って暮らしていた［Sanger 1967: 19］。またマンガの大半は，一定の資産を貯めると母国へ戻るような出稼ぎ労働者であった，そのため，ザンジバルで世代交代が起こることは少なく，定着してからの期間が短い者で占められていた［Lofchie 1965: 78–79］。したがってマンガたちは，本来，ザンジバル社会における政治的な動向には関心が低かった。

　ところが，革命前の一連の選挙を前にして，ZNP と ASP の政治的な対立が進んだ結果，ASP 支持者によるアラブ経営の店に対するボイコットが実行される。この行動の背景には，ZNP を支援しているのがアラブ協会であったことから，その経済基盤を揺さぶる目的があったのだと考えられる。しかし，実際に打撃を受けたのは，同協会のメンバーである古参移民の富裕層ではなく，インフォーマル・セクターのマンガたちであった［Mohammed 1991: 47］。彼らの社会経済的な地位は，ASP 支持層のそれと近いものがあった［Lofchie 1965: 188］が，次第に政治的対立が民族的対立に読み換えられていくようになる。

　革命に際して，オケロはアラブ系住民の中でも，特にマンガを狙い撃ちにしていた。これはなぜであろうか。オケロや ASP 側の書籍では，革命前の時期に，

ZNP や当時の政府から，マンガたちに武器が供与されていたという主張が行われる［Okello 1967: 144］。また，ZNP の支持者は都市部であるストーンタウンに集中しており，それ以外の農村部では ASP 支持者がマジョリティだと考えられていた。その農村部において，例外的に ZNP を支持していたのがマンガであった［Sanger 1967: 20］。つまり，オケロたちの視点では，武装したマンガを排除しない限り，革命の完遂が極めて困難になるということである。事実オケロは，戦闘能力のない 17 歳以下と 56 歳以上を除いて，すべての反対勢力をためらいなく殺害するよう指示を出しており，その通りに遂行された［Okello 1967: 126］。

ハドラミーの立ち位置

革命におけるハドラミーの立ち位置は何だったのであろうか。第 4 章での分析結果からも明らかなように，19 世紀末から 20 世紀にかけてザンジバルにわたったハドラミー移民は，ハドラマウト社会で繰り返される経済危機や食糧難によって，止むにやまれず故郷を後にしてきた，いわば経済難民であった。その多くは満足な教育も受けることができず，水売りや荷運びなどの肉体労働，路上や店舗を借りての食料品販売などで生計を立てており，中にはオマーン系の古参移民が経営するプランテーションで働く者もいた。

移民としての社会経済的な地位に注目すれば，ハドラミーの立ち位置はマンガのそれと極めて近いと言える。また，肉体労働を中心にしていた点では，アフリカ系の労働者とも共通している。しかし，マンガがしばしば一世代限りの滞在者で，最終的に帰国したことに対して，ハドラミー移民は先住者と通婚し，子供を生み育て，ザンジバル社会の住人として死んでいった（P. 115 の図 6.1 参照）。前章の考察からも明らかなように，彼らの母語はスワヒリ語となっており，民族的アイデンティティは保持しながらも，ホスト社会との同化が進んでいたのである。

したがって，彼らは革命言説で語られる，「アフリカ人」に対して不当な支配を行ったという「アラブ」ではありえなかった。むしろこの対立図式に当てはめるならば，「アフリカ人」側にカテゴライズされている人々と同質の暮らしを送っていたことになる。ハドラミーと彼らを分ける違いがあるとすれば，それは ZNP を支持するかどうかであった[20]。

6.4.2 「アフリカ人」とは誰か

革命の主体となったのは「アフリカ人」であるとされる。しかしアフリカ人は，それ自体で一つの民族集団と言えるのであろうか。実は，イギリスが保護領としてザンジバルを間接統治するために持ち出したのが，「アフリカ人」というカテゴリーであった。イギリス行政当局は，国勢調査の実施に際して，ザンジバルに暮

---

[20] ASP は，明確に反アラブを掲げており，ZNP は，実態は別にしても，多民族主義を標榜していたことから，ハドラミーが支持し得るのは，後者以外にないことになる。

表6.1　国勢調査におけるアフリカ系住民の推移

ローカル	1924年	1931年	その他	1924年	1931年
スワヒリ	33,944	2,066	ニャサ	10,570	8,122
ハディム	17,052	28,511	ヤオ	6,623	5,939
トゥンバトゥ	26,382	34,975	ニャムウェズィ	8,303	6,341
ペンバ	12,639	11,756	マニエマ	5,813	3,704
シラズィ	26,430	40,891	ザラム	6,170	5,485
			キクユ	1,109	490
			その他の大陸人	26,240	35,752
合計	116,447	118,199	合計	64,828	65,833

（出典：ザンジバル州立公文書館）

らす様々な民族的背景を持つ住民を，「アラブ」，「インド人」，「アフリカ人」に分類した。この経緯については第3章で詳しく述べたが，1931年に実施された国勢調査では，アフリカ系住民はさらに「ローカル」と「その他」に分けられている。ここでの「その他」は「大陸出身者」のことであるが，「ローカル」を「先住者」と読み替えることは可能であろうか。それぞれの指示内容の検討を通して，革命のアクターである「アフリカ人」について考えてみたい。

ザンジバル先住者のとしてのシラズィ

「ローカル」に分類されている中で，スワヒリ人以外は，ペルシャ起源の伝承を持つ集団である。第3章3.3.2節で触れたように，彼ら自身の定義によれば，すべてシラズィという民族集団であると言うことになる。シラズィは自他ともに認めるザンジバルの先住者であり，スンナ派シャーフィイー法学派に属するムスリムでもある。ハディム，トゥンバトゥ，ペンバという名前が付いているのは，基本的に彼らの居住地や出身地に由来する呼称である。シラズィたちは同じ民族集団としてルーツや文化を共有しながらも，ザンジバルを構成するそれぞれの島において，政治的には独立した歴史を刻んできた。

ここで問題となるのがスワヒリ人である。スワヒリ（Swahili）とは，東アフリカ沿岸部地域で共有されているイスラーム文化および言語のことである。本来の定義では，海岸地域で暮らしており，スワヒリ語を母語とする，アフリカ系のムスリムをスワヒリ人と呼ぶ。しかし，表6.1におけるスワヒリ人は，このスワヒリ文化の体現者のことではない。社会人類学者の大川によると，イギリス行政当局が実施した国勢調査において，スワヒリ人と申告していたのは，解放奴隷やその子孫であったという［大川 2010b: 123–124］。彼らは，都市に暮らす自由人として自らを再定義したのであった。ところが，次第に「スワヒリ人」と奴隷出身者

が同じ意味を帯びるようになり，1931年の国勢調査に際しては，負のイメージを消すために再び名乗りの変更が生じることになる［富永 2001: 134］。その結果が，スワヒリ人の減少とシラズィ系諸集団における人口の急増であった。

つまり，革命に至る流れで登場するシラズィには，ザンジバル先住民としてのシラズィと，解放奴隷，つまり大陸出身者としてのルーツを持つ「新シラズィ」が存在したのである。本章6.1.1節で見たように，前者の多くは，アフリカ民族主義と反アラブ主義を掲げるASUやASPの活動には慎重であり，最終的に彼らと袂を分かちZNPと連合する道を選んだ。しかし革命は，「アフリカ人」かつ「ザンジバル先住者」であった先住シラズィたちを，敗軍の地位に貶めることになった。そのような彼らに対して，革命後に成立したASPを中心とする革命政権は，シラズィのアイデンティティを放棄するよう強制したという[21]［富永 2001: 218］。

革命の主体となった大陸出身者たち

現実的に，革命の実行部隊の大半は大陸出身者であった。オケロ自身が手記において，構成メンバーの詳細を書いている。北部エリア用の戦闘員は，713人中の600人が島外の出身者であった。また中央エリアは，510人中の500人が大陸出身者であった。南部エリアは，800人中の650人が島外の出身者で，ストーンタウンに対する部隊は，270人中の245人が大陸出身者で構成されていた［Okello 1967: 130–131］。つまり，全体で2,293人いた実行部隊の87%を占める1,995人が，そもそもザンジバル住民ではなかったことになる。

実行部隊の1割強にあたる，それ以外のメンバーは誰であったのか。革命前のオケロは，ペンバ島でASPの青年部隊（Youth Wing）の長官に就任していた［Okello 1967: 79］。さらに，革命の実行前には，実行部隊を増員するために，ASPの青年同盟（Youth League）の総長に対して協力要請のレターを書いており，折り返し人員提供の承認を受けている［Okello 1967: 100–101］。

ASPの支持者母体はアフリカ人協会である。この協会は，先に触れたように大陸出身者たちの利益を守る目的で1934年に設立された。つまり，表6.1の右列の人々である。彼らは政府やオマーン系古参移民，またインド人などが経営するプランテーションで，肉体労働を行っていたが，多くは奴隷出身者ではなかったと考えられる。ザンジバルの奴隷市場は1873年に閉鎖され，さらに1897年には奴

---

[21] 本章の脚注6で，ASU（アフロ・シラズィ連合）からシラズィ諸派が離脱した後に，同党がASP（アフロ・シラズィ党）と名を変えたことについて触れた。当時のASPは，シラズィを欠いたまま，党名としてシラズィを名乗っていたことになるが，これは，同党がアフリカ系ザンジバル先住者の看板を掲げることで，活動の正統性を象徴させたと見ることもできる。しかし，革命で打倒されたのが，アラブに加えてシラズィのZPPPであったことは，革命が誰のためのものであったのかという問題を提起する。ASPを主体として成立した革命政権が，先住シラズィに対してアイデンティティの放棄を強制したということは，政府がこの矛盾に多分に自覚的であったことを示唆する。

隷制度自体がイギリスの圧力で廃止になっている［大川 2010b: 232］。それから数十年が経過し，解放奴隷やその子孫が，新たに「スワヒリ人」や「シラズィ」にアイデンティティを変更していったのは前項で見た通りである。一方，20 世紀初頭，経済発展の著しいザンジバル社会において，高まる労働力の需要に対して，大陸側の諸地域はその重要な供給源となっていた。オマーン系のマンガと同様，彼らは自発的にザンジバルにわたり，必要な期間，出稼ぎを行った後で，多くは本土へと戻っていった賃労働者であった。公共労働部門では，実に 90% が大陸出身の賃労働者であったというデータもある［Bennett 1978: 218–219］。

つまり，ザンジバル革命の実行部隊の大半は，そもそも島外の大陸部に基盤を持つ人々であり，また，ザンジバルにおいて，ASP メンバーとして参加した者たちも，基本的には大陸出身者や，その子孫であったことになる。

6.4.3 伸縮自在な境界線

革命言説における「アラブ」対「アフリカ人」というラベルは，一見，民族集団を的確に表した呼称のように見える。そして抑圧的支配者である「アラブ」に対して，従属を強いられた「アフリカ人」による闘争と勝利の物語は説得的である。しかし，前項で検証した通り，これらはザンジバル社会における民族的多様性を無視したカテゴリー化であった。それでは，このような民族集団の枠組みが用いられることの問題点はどこにあるのであろうか。

奴隷の主人

革命をめぐる言説において，革命とは「抑圧からの開放」であり，「高潔な行い」であり，「不当な支配を終わらせた」ものであった。そこで想定される「アラブ」とは，ある時は「帝国主義者」や「封建主義者」，またある時は「奴隷の主人」であった。これらの言葉で表象されているのは，19 世紀のオマーン系古参移民による奴隷制や，スルターンと貴族を中心とした寡頭政治のことであろう。しかしながら，革命が起こった 1964 年に，これらの制度は存在していなかった。当時の議会は ZNP と ZPPP で構成されおり，後者はシラズィ，つまり先住アフリカ人であったが，この文脈では完全に無視されている。

その一方で，19 世紀のオマーン系古参移民のイメージは，20 世紀半ばにおいて，古参移民のみならず，新参移民であったマンガやハドラミーにまで逆照射されている。マンガやハドラミーは，ASP と対立する ZNP の支持層ではあったが，歴史的事実として「奴隷の主人」でもプランテーションからの富を独占する「貴族」でもなかった。しかし，「アラブ」という伸縮自在なカテゴリーを持ち出して，ひとまとめに包んでしまうことで，彼らは「アフリカ人」に対する「抑圧者」に変貌し，革命によって打倒されるべき「不当な支配者」となったのである。

先住民と奴隷出身者

 一方で，革命を成功させた「アフリカ人」は，ある時は「先住民」であり，またある時は「奴隷」として抑圧された人々であるとされる。前節で見たように，先住民と言える唯一の「アフリカ人」はシラズィである。しかし，彼らはZPPPの支持者であり，革命で打倒された政権の担い手であった。したがって，ASPの主要構成員である大陸からの近年の移住者が，革命の根拠に「先住性」を据えるのは，主客転倒した議論であると言える。

 それでは彼らは「奴隷」であったのだろうか。本章6.4.2節で1924年の国勢調査でスワヒリ人と名乗った住民が解放奴隷とその子孫であったこと，そして彼らの多くがシラズィに民族集団名を再変更したことに触れた。一方，ASPの支持者やオケロの革命実行部隊は，大半が大陸出身者とその子孫であった。実行部隊のメンバーの13%に過ぎないザンジバル住民の中で，新しくシラズィの出自を主張しはじめた解放奴隷の末裔たちが，どれだけの規模で作戦遂行に加わったのかは判断する材料がない。しかし，それらの人々に対して，階級闘争の勝利者として「アフリカ人」全体のイメージを表象させることが妥当であるほど，革命の実行集団のマジョリティを構成していたとは，数字の上からも認めがたい。

 つまり，ここでも「アフリカ人」という枠組みが，操作的に利用されているのである。「先住民」という属性が必要な時には，先住者であった本来のシラズィをその中に含み，抑圧された「奴隷」という属性が必要な時には，かつての奴隷出身者を囲い込んでしまう。先住シラズィは革命で倒され，一方で解放奴隷やその末裔は，新しいアイデンティティとして，シラズィを表明しているにも関わらずである。このような恣意的なカテゴリー化が，革命言説において繰り返される「アラブ」と「アフリカ人」という対立軸の本質であった。

6.5　その後のザンジバル

 本章では，これまで語られることのなかった，ザンジバル革命期におけるハドラミー移民の姿について取り上げた。彼らは恣意的に拡大された「アラブ」という概念のもと，オマーン系住民とともに暴力の対象となった。多くの移民が命を落とし，また生き残った者も資産を没収されて家を追われた。命がけの旅の末，ようやくたどり着いたザンジバルという終の住み処において，彼らを襲った暴力の衝撃はあまりに大きかった。

6.5.1　日本人の見た革命後のザンジバル

 革命後のザンジバルは西側諸国とのチャンネルを閉じ，社会主義国家としての

性質を強めていった。そのさなかの1972年，ザンジバルを訪問した日本人が存在する。京都精華大学の元教授で洋画家である斎藤博氏は，この年の2月，京都大学の霊長類研究所のチームとともにタンザニアを訪問中で，絵画作品などの制作のため，ダル・エス＝サラームから船で単身，ザンジバルにわたっている[22]。斎藤氏が見た当時のザンジバルは，すでに活気を取り戻しつつあったという。アフリカ系，アラブ系，インド系の各住民が協調的に暮らしており，市場も賑わっていた。夕方などには，海岸通りを集団で悠々と散歩するインド系住民も見られたそうである。しかし，ストーンタウンから一歩外へ出ると状況は一変する。

ストーンタウンと，その東に隣接する住宅地域ンガンボの間には，1.5キロメートルにわたって南北に延びる目抜き通りがあり，クリークロード（Creek Road）と呼ばれている。この大通りを斎藤氏が歩くと，道の両脇に無数の人骨がゴロゴロと転がっているのが目に入ったという。革命からすでに8年以上が経過していたが，革命やその後に成立した政府による弾圧の犠牲者は，身元を調べて墓にも埋葬されることもないまま，居住地のすぐ傍らで無惨な躯を何年間もさらし続けていたことになる。そして，斎藤氏の訪問から約2ヶ月が過ぎた4月7日，革命政権を率いてきたザンジバル初代大統領アベイド・カルメが暗殺される。

6.5.2　傷口は癒されるのか

カルメ暗殺以降，革命政権の姿勢は漸進的に軟化し，島外へ流出したアラブ系住民やインド系住民の帰還も生じている。また，カルメ時代には禁止されていた宗教活動も認められるようになり，イスラーム的な価値観の復興[23]も急速に進んでいる。しかし，現在もなお，革命について公の場で議論することははばかられ，アフリカ系住民の口も一様に重い。

ザンジバル国立歴史文化博物館（Zanzibar National Museum of History & Culture）には，革命についてのコーナーがある。そこでは，経済状態の悪化から，革命期に家や土地などの資産を手放して島外に出て行くアラブ系住民が多く，その結果，彼らの家財や土地は政府所有となったとの説明がなされている。本章で取り上げたハドラミー移民のライフ・ストーリーでは，資産を強制的に没取され投獄されたことが語られていたが，博物館では，その事実への言及がまったく見られない。当時の革命政府からの流れを汲んでいる現政権は，革命の負の面については沈黙したままである。様々な民族的背景を持った人々が，協調的に暮している現在のザンジバル社会であるが，いまだ革命の大きな傷口を癒す途上にあるのである。

---

[22] 以下の話は，2015年9月22日に実施したインタビューに基づく。

[23] イスラームの復興現象は，世界的な規模で生じている。ザンジバルにおけるイスラームの復権は，政治レベルの規制緩和とともに，世界的な潮流と連動したものという理解も可能である。イスラーム的価値観とザンジバル社会の関わりは，次の第IV部のテーマとする。

第 IV 部

アラウィー教団とはなにか

第IV部のテーマは,「アラウィー教団とはなにか」である。ハドラミーの移住によってホスト社会に生じた影響を,文化的な側面からとらえるため,3つの章にわたって,彼らのタリーカであるアラウィー教団について検討を加える。まず第7章では,アラウィー教団のタリーカとしての外形に注目し,同教団が行う集団儀礼の内容を明らかにする。続く第8章は,アラウィー教団の儀礼でありながらも,一般のザンジバル住民が広く参加する祝祭となった,預言者生誕祭の機能と構造を分析する。最後の第9章では,アラウィー教団のメンバーシップ観をもとに,同教団の組織としての特質を考察し,その視点をタリーカ研究にどう活かせるか考えたい。

第7章
ザンジバルのアラウィー教団

図7.1　参詣儀礼が行われるイブン・スマイト廟
（2007年4月6日に筆者撮影）

　ハドラミーは，インド洋諸地域への移住活動にともなって，定着先のホスト社会に，彼ら独自のタリーカ（ar. ṭarīqah）であるアラウィー教団（al-Ṭarīqah al-'Alawīyah）をもたらした。タリーカは，日本のイスラーム研究において，慣例的に「スーフィー[1]教団」や「イスラーム神秘主義教団」の訳語があてられているが，近代以降のイスラーム世界では，スーフィー以外にも一般のムスリムを巻き込んだ活動が展開されてきた。このような教団活動の大衆化によって，イスラーム世界においては，タリーカは普遍的に見られる存在となっている。ハドラミーのアラウィー教団もまた，東アフリカをはじめとして，インド洋に面する広大な地域に拡散しており，各地の移民コミュニティから周囲の社会へと浸透している。しかしながら，その実態については，シンガポール大学のアラタスによる，思想研究的な枠組みの提供を目的とした試論［Alatas 2005］以外に，これまでまとまった

---

[1] スーフィー（ar. ṣūfī）は，日本語では神秘主義者と訳される。神との神秘的合一を目指して，修行に取り組む者とされる。アラウィー教団においては，イスラーム諸学に通じた学者であるウラマー（ar. 'ulamā'）が，しばしば同時にスーフィーでもある。

研究が行われておらず,現代の活動状況については不明な点が多かった。

ハドラミーの移住活動と重なるように拡散し,ホスト社会に浸透するという,アラウィー教団をめぐる状況は,ザンジバルにおいても同様である。アラウィー教団は,ハドラミー移民の宗教行為に関わるだけではなく,様々な民族的背景を有する他のザンジバル住民や,彼らを取り巻くザンジバル社会において共有されている,イスラーム的な価値観のあり方に大きな影響を与えている。東アフリカにおける,網羅的なイスラーム社会研究としては,トリミンガム［Trimingham 1964］やニムツ［Nimtz 1980］による古典的な論考があるが,アラウィー教団については,詳細が不明なタリーカとして,わずかに言及されているだけである［Trimingham 1964: 102, Nimtz 1980: 62］。それ以外は,ベルゲン大学のバンによる,アラウィー教団出身の特定のアーリム[2]を対象とした家系史研究［Bang 2003］が見られる程度であり,同教団の具体的な活動実態に触れた資料は,インド洋周辺の他地域と同様に存在していなかった。そこで本章では,現代ザンジバル社会において活動するアラウィー教団の集団儀礼について,現地で実施した参与観察の結果に基づいて明らかにしていきたい。

本章の構成は以下の通りである。ザンジバルではアラウィー教団以外にも複数のタリーカが活動していることから,最初にこの地域における,各種タリーカの活動状況について全体像をまとめる。次に,ハドラミーの出身地であるハドラマウト（Ḥaḍramawt）を舞台としたアラウィー教団の成立過程と,東アフリカ沿岸部への導入の経緯について述べる。本章後半では,現在のザンジバルで同教団が行っている集団儀礼の様子を報告する。そして最後に,アラウィー教団をはじめとする,ザンジバルのタリーカが近年直面している問題について検討する。

7.1　ザンジバルのタリーカ概要

ザンジバルにおけるフィールドワークを通して,筆者が活動の様子を直接確認できたタリーカは,カーディリー教団（al-Ṭarīqah al-Qādirīyah）,シャーズィリー教団（al-Ṭarīqah al-Shādhilīyah）,リファーイー教団（al-Ṭarīqah al-Rifāʿīyah）,そしてアラウィー教団の4つである。それ以外にも,調査協力者の証言や文献資料[3]によると,ダンダラーウィー教団（al-Ṭarīqah al-Dandarāwīyah）とナクシュバンディー教団（al-Ṭarīqah al-Naqshbandīyah）が活動しているという。また,カーディリー教団から派生したと考えられる,キラマ（sw. Kirama, ar. Kirām）などのローカル

---

[2] アーリム（ar. ʿālim）は,ウラマーの単数系であり,学者や知識人を意味する言葉である。

[3] 古い研究ではあるが,ニムツの論考［Nimtz 1980: 57–62］では,ザンジバルを含む東アフリカ沿岸部地域における,タリーカの活動状況が網羅的に扱われている。

図7.2　テント内で儀礼を行うカーディリー教団
(2005年5月9日に筆者撮影)

なタリーカが，ザンジバル本島であるウングジャの北部地域や，トゥンバトゥ島を中心に活動している［朝田 2007: 47–48］。ここでは，先に挙げた4教団から，アラウィー教団以外についての活動状況[4]について述べる。

7.1.1　カーディリー教団

　カーディリー教団は，12世紀の宗教家，アブドゥルカーディル・ジーラーニー（Muḥyī al-Dīn Abū Muḥammad ʿAbd al-Qādir al-Jīlānī, 1077/8–1166）を名祖として成立したタリーカである。ザンジバルには，19世紀後半，この地域を支配下に収めていたブーサイード朝（ar. al-Bū Saʿīd）のスルターン，バルガシュ（Barghash b. Saʿīd al-Bū-Saʿīdī, 1837–88, 在位 1870–88）によって，ソマリアからシャイフ・ウワイス（Uways b. Muḥammad al-Barāwī, 1847–1909）が招聘されたことで導入された［Nimtz 1980: 57–60］。バルガシュを含む，オマーンのブーサイード家出身のスルターンは，全員がイバード派[5]であった。しかし，ザンジバルをはじめとして，東アフリカ沿岸部に点在するイスラーム都市においては，アラビア半島南部との数百年にわたる交流の歴史を通して，すでにスンナ派[6]シャーフィイー法学派[7]が

---

[4]　ザンジバルにおける各教団の地域分布は，藤井の論考［Fujii 2007］も参考にされたい。

[5]　イスラームにおける宗派の一つ。詳細は，第2章2.2.2節を参照。

[6]　イスラームにおける宗派の一つで主流派。預言者ムハンマドのスンナ（ar. sunnah：慣行）に従う人々を意味する。もっとも，基本的にどの宗派においても，スンナは重要視され，多くは法源ともなっている。そのため，スンナに従うのはスンナ派だけの特徴ではない。

[7]　スンナ派における4大法学派の一つ。詳細は，第2章2.2.1節を参照。

主流派となっていた。そこで，第2章2.2.1節『ハドラミーとスンナ派』で述べたように，オマーン人による統治を容易にするため，地域住民と同じスンナ派シャーフィイー法学派に属するハドラミーのウラマー（ar. 'ulamā：イスラーム学者）やカーディー（ar. qāḍī：裁判官）を呼び寄せる施策がとられた。シャイフ・ウワイスなど，タリーカによる活動の奨励が行われたのも，このようなブーサイード家のスルターンによる統治目的に沿ったものであったと考えられる。

　ザンジバルで活動するタリーカの中でも，カーディリー教団はメンバーの数や活動拠点の多さの点では，群を抜いて巨大な組織だといえる。現在のカーディリー教団は，スーフィーの共同体という言葉が与えるイメージとはかけ離れた，高度に中央集権化されたタリーカである。大陸内陸部の大都市であるアルーシャ（Arusha）には，タンザニア全体を統轄する本部が存在しており，国内の主要都市には支部が置かれている。ザンジバルにも支部があり，島内の各所に点在する教団拠点を傘下に収めている。そして，各拠点は隣接する村落から，それぞれ100～200人程度の教団員を集めている。このようなトップダウン型の指揮系統は，冊子の形でマニュアル化され，各地域の支部長に配布されるなど，組織運営の方法が徹底して整備されている［Baraza la Wadhamini wa Jumuiya 1993］。

　組織の近代化を進めるカーディリー教団であるが，儀礼の実践面では伝統的な色彩を残している。第9章9.1節で詳しく述べるが，現在でも同教団はメンバーの加入に際して，指導者が手渡した水を入門希望者が飲むなどの象徴的な儀礼を行い，イジャーザ（ar. ijāzah）という入会許可が付与される[8]。また，定期的に集団で実践する儀礼に際しては，特定のモスクや，専用の修道場であるザーウィヤ[9]（ar. zāwiyah）にメンバーが参集し，マウリド（ar. mawlid）の朗誦や，ズィクル（ar. dhikr）と呼ばれる儀礼が行われる（前頁，図7.2）。マウリドとは，第8章で述べるように，預言者ムハンマドの生誕祭を意味するが，この祝祭で読誦されるテキストもマウリドという。ザンジバルでは，結婚式など生誕祭とは別の機会にもマウリドが朗誦され，タリーカの儀礼でも同じテキストが使用される。もう一方のズィクルは，神を想起する行為である。カーディリー教団においては，ズィクルとしてアラビア語で短いフレーズを繰り返し唱える様子が観察される。この儀礼では，車座になったメンバーが，指導者に合わせて激しい呼吸や身体的な動作とともに，神の名前を繰り返し口にしている。またズィクルは，預言者生誕祭であるマウリドの際に，一種の出し物として公衆の前で行われることもある[10]。

---

[8] 書面による許可以外に，指導者が口頭で許可を与えると宣言することで成立するケースもある。イジャーザとタリーカへの加入プロセスの関係は，第9章9.1.1節を参照されたい。

[9] スワヒリ語では，場所の接尾辞（-ni）を付けてザウィヤニ（sw. zawiyani）と呼ぶことも多い。この場合，道場に加えて，儀礼に使われるザーウィヤ前の広場を指していることがある。

[10] このような大衆にアピールする目的で行われるズィクルには，別のタリーカから批判的な声もあがっている（2007年4月6日に実施した，イーサー氏へのインタビューに基づく）。

7.1.2 シャーズィリー教団

シャーズィリー教団は，モロッコ北部出身のシャーズィリー（Abū al-Ḥasan al-Shādhilī, 1196–1258）を名祖とするタリーカで，歴史的経緯から，ハドラミーのアラウィー教団とも関わりが深い。ザンジバルには，19世紀末にコモロ諸島から同島出身のムハンマド・マアルーフ（Muḥammad al-Ma'rūf, 1853–1905）によって伝えられた。マアルーフは，ザンジバルに滞在した際に，先に触れたカーディリー教団の指導者であるウワイスと交流を持ち，彼からイジャーザを取得している。コモロに帰島後，マアルーフはシャイフ・アブドゥッラー[11]（'Abd Allāh b. Sa'īd Darwīsh）の手ほどきでシャーズィリー教団に加入し，メンバー獲得のために積極的な活動をはじめる［Martin 1976］。しかし，当時のコモロを支配していた現地のスルターンやフランス植民地政府と対立したことから，1886年にはザンジバルへ避難することになる。彼はザンジバルにおいても教団の浸透に努め，島内各所で現地人のハリーファ（ar. khalīfah：代理人）を任命していった。マアルーフとこれらのローカルなハリーファの活動によって，シャーズィリー教団はザンジバルにおいて，カーディリー教団に次ぐ規模のタリーカに成長している。

シャーズィリー教団も，先のカーディリー教団ほどではないが，組織化が進んだタリーカである。大陸側の都市ダル・エス＝サラームとザンジバルに，各一人ずつ教団の代表者が置かれている。また，彼らの活動は，中東のレバノンにあるシャーズィリー教団本部の指示を受けている。教団の拠点は，ザンジバルの島内に5カ所あり，マドラサ（ar. madrasah：イスラーム学校）やモスクをメンバーのための教育の場として使用している。各拠点では，教団の代表者ではなく，ハリーファがメンバーの指導を担当している。また，教団員には女性も存在しており，男性とは別の場所で，女性のハリーファの指導を受けている[12]。

タリーカへの参加資格については，シャーズィリー教団も加入儀礼を通してイジャーザを取得する形式である。希望者は，教団指導者と握手するほか，カーディリー教団のように，水を飲む形式を取ることもある。また，近年の世界的な傾向として，一般的なタリーカに所属するメンバーは，自分が加入イジャーザを取得した教団以外の活動には参加することが許可されないが[13]，ザンジバルのシャーズィリー教団においては，他のタリーカの元で学ぶことも認められている[14]。

---

[11] アブドゥッラー自身は，パレスティナでチュニジア出身のアリー・ヤシュルティー（'Alī Nūr al-Dīn al-Yashruṭī）の弟子となっている。

[12] 2005年5月7日に実施した，アフマド氏へのインタビューに基づく。

[13] このような制限は，カーディリー教団をはじめとして，多くのタリーカが課している。

[14] 2007年4月25日に実施した，アフマド氏へのインタビューに基づく。注意が必要なのは，他教団の活動への参加を認めているものの，シャーズィリー教団に対する帰属を放棄していない点である。この問題については，第9章9.3.2節で詳細に議論するが，同教団は加入イジャーザの存在に現れているように，タリーカとしての境界線を明確に定めている。

同タリーカの活動としては，各メンバーが朝夕に決められたワズィーファ（ar. wazīfah：勤行）を実践することが中心となる。ワズィーファに際しては，定められたテキストを朗誦することが求められる[15]。通常ワズィーファは，各メンバーが自宅で一人で行うが，数人でモスクなどの教団拠点に集まって，車座になりながら朗誦することもある。これはダーイラ（ar. dā'irah：円陣）と呼ばれる。また，東アフリカ沿岸部に同教団を定着させたムハンマド・マアルーフを祈念するために，彼の命日であるヒジュラ太陰暦[16]第6月27日には，教団メンバーがリンディ・モスク（Msikiti wa Lindi）に集結する。この日は「故人を偲ぶ日（sw. siku ya kumbukumbu）」と呼ばれ，集団でマウリドやズィクルの朗誦が行われる。

7.1.3　リファーイー教団

　リファーイー教団は，12世紀のイラクのスーフィー，リファーイー（Abū al-'Abbās al-Rifā'ī, 1106–1182）を名祖とする。同教団は，串状の金属棒で，自分の頬の肉を突き刺すなど，身体を傷付ける儀礼を行うことで知られるタリーカである。ザンジバルには，いつ頃，誰によって導入されたのかなど，分からない点が多い。現地で書かれた新聞記事によると，インドネシアからアラビア半島の湾岸諸国へ伝わり，アラブ首長国連邦からザンジバルへもたらされたとある [Abdulla 2003]。しかし，20世紀前半には，コモロ諸島に伝わっていたことが分かっており [Martin 1976: 229]，また，アラブ首長国連邦の成立が1971年であることから，この記事の信憑性は薄い。また，先のニムツによれば，現在のイエメン南西部に位置する国際商業港アデンから，東アフリカ沿岸部に導入されたという [Nimtz 1980: 62]。第4章で見たように，20世紀初頭のアデンを含む南イエメンは，ザンジバルをはじめとする東アフリカ沿岸部とともに，イギリス保護領であったことから，地域的な結び付きがあったことは確かである。また，この新聞記事ではインドネシア[17]とのつながりも紹介されており，先行研究において言及されている南イエメンの話と総合すると，ハドラミーの存在を示唆する。しかし，彼らはアラウィー教団の担い手であり，史料の面でもハドラミーの関与は裏付けられない。

　ザンジバルにおけるリファーイー教団は，先に挙げたタリーカのような組織化された構造を持っていない。ザンジバルのウングジャ島とペンバ島には，教団の代表者が一人ずつ存在しており，彼らの指導の元に，それぞれ40人のメンバーが

---

[15] 『神秘主義思想の解説におけるアブドゥルカーディル（'Abd al-Qādir fī Īḍāḥ al-Taṣawwuf）』というタイトルの本で，著者はヌールッディーン（Nūr al-Dīn b. Ḥusayn al-Ghassānī）である。ザンジバルのシャーズィリー教団メンバー全員に配布されている [Ghassānī 1972]。

[16] イスラームの暦。詳細については，第8章8.1.2節を参照されたい。

[17] インドネシアをはじめとする東南アジアは，第二次世界大戦期まで，多くのハドラミーの移住先となっていた。詳細については，第4章4.4.3節を参照されたい。

所属している。しかし，両島の教団メンバーは個別に活動しており，コモロなどにある島外の同系列の教団とも接点が無い[18]。拠点となるモスクや修道場も設定されておらず，基本的に指導者の家で活動している。また，加入儀礼もかつては見られたが現在は行われないなど，教団の規模は縮小している様子である。

　リファーイー教団の儀礼は，ザンジバルにおいてはマウリディ・ヤ・ホム（sw. Maulidi ya Homu）と呼ばれている。ホムとは，風が一方向に吹くことで，ここでは季節風のことを表している。また，マウリディ（sw. Maulidi）は，先に述べた預言者生誕祭で朗誦されるテキストのマウリドがスワヒリ語に転訛したもので，合わせて「季節風のマウリド」という意味になる。その名称が示しているように，風になびくような身体的動作をともないながら，集団でマウリドが朗誦される。この動きの派手さから，マウリディ・ヤ・ホムという名前はザンジバルでは広く知られており，教団名よりも儀礼名の方が知名度が高い[19]。ただし，他のタリーカのように，定期的に集団儀礼を行うことはなく，イスラームの祝祭や結婚式などに呼ばれて，マウリディ・ヤ・ホムを一種の演目として見せている。このようなショー化したマウリドは，イベントの主催者から出演料を受け取って行われる。つまり，リファーイー教団の活動は，自己鍛錬を目的とした，スーフィーの日常的な宗教実践というよりも，催し物としての側面が強いということである。ザンジバルにおけるタリーカの活動は，先に触れた預言者生誕祭におけるカーディリー教団の集団儀礼のように，ある種のエンターテイメントを観衆に提供することを目的に実施されるケースがあり，リファーイー教団もまた，戦略的に興行団体としての活動に特化した道を選択している可能性がある[20]。

7.2 アラウィー教団の成立

　次に，アラウィー教団について見ていく。同教団は，アラビア半島南部のハドラマウト地方で成立したタリーカで，現地ではハドラミーだけがメンバーとなっていた。しかし，彼らの移住活動の広がりに対応するように，東アフリカ，インド亜大陸，東南アジアと，インド洋に面した諸地域に導入され［Alatas 2005: 225］，

---

[18] 2005 年 5 月 11 日に実施した，ザイン氏へのインタビューに基づく。

[19] マウリディ・ヤ・ホムが，タリーカの名前であると認識している人も多い。

[20] 1964 年の革命以降，初代大統領カルメ（Abeid Amani Karume, 1905–1972, 在任 1964–1972）の存命中は，イスラームに関する活動は弾圧され，どのタリーカも表立った活動が困難であった。公の場での宗教実践が可能になったのは，1980 年代に入ってから（2007 年 5 月 15 日に実施した，イーサー氏へのインタビューに基づく）で，ダンダラーウィー教団やナクシュバンディー教団のように，この時期までに衰退したタリーカも存在する。リファーイー教団における興行団体化は，活動継続のための生き残り戦略とも考えられる。

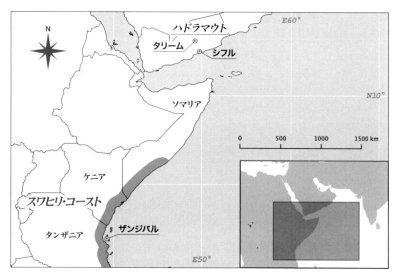

図7.3 ハドラマウトと東アフリカ沿岸部の位置関係
アラウィー教団はハドラマウトからスワヒリ・コーストに伝播した

スワヒリ・コーストにおいては，アラウィー教団がイスラームの浸透に大きな役割を果たしたとされる［Farsy and Pouwels 1989: xvii–xviii］。本節では，同教団の歴史的な背景について，ハドラマウトでの成立から東アフリカ沿岸部への定着までの過程（図7.3）をたどり，次に現在の活動拠点について触れる。

7.2.1 アラウィー家とタリーカの成立

アラウィー教団は，アラビア半島南部のハドラマウト（Ḥaḍramawt）で興ったタリーカである。現在のハドラマウトは，イエメン東部の行政区の名前となっているが，歴史的にはオマーン西部のズファール地方（Ẓufār）までを含んだ地域であった。第5章5.2.2節で触れたように，ハドラマウトは，近代まで出自や職業に応じて序列化された社会であったとされる[21]［Bujra 1971: xiii–xvi］。このような社会階層における区分法については諸説あるが，ハドラミーのサイイド[22]層（ar. sādah）とそれ以外の出身者たちの間には，厳然とした境界線が存在する。ハドラマウトのサイイド層は，アラウィー家（Āl Bā-ʿAlawī）の出身者であり［新井 2002: 218–219］，一族のメンバーのそれぞれもアラウィー（ar. ʿAlawī）と呼ばれて

---

[21] ここで引用したブジュラの著作［Bujra 1971］をはじめ，ハドラマウト社会の階層性を描いた研究は，それぞれ特定地域の調査に基づいたものであるため，このような社会関係が，ハドラマウト全体に当てはまるかどうかは検討を要する。第10章10.5.1節も参照。

[22] 預言者ムハンマドの血を引く一族のこと。イスラーム社会では，高い尊崇を受ける。

いる。アラウィー教団は，この一族の中で成立したタリーカであった。

　アラウィー教団の始祖は，ムハンマド・アリー，通称ファキーフ・ムカッダム（Muḥammad b. ʿAlī b. Muḥammad / al-Faqīh al-Muqaddam, 1255 年没）と呼ばれる人物である［Alatas 2005: 233］。彼は，北アフリカのマグリブ地方出身のスーフィーであったアブー・マドヤン（Shuʿayb Abū Madyan, 1197 年没）の弟子によって，タリーカの加入儀礼を受け，イジャーザを授けられている[23]。一般にタリーカの指導者は，このような師弟関係を，スィルスィラ（ar. silsilah）という鎖状の系譜の形で記憶し，また記録していく。ファキーフ・ムカッダムの場合，彼が直接に教えを受けたのはアブー・マドヤンの弟子であるが，このアブー・マドヤン自身はシャーズィリー教団のスィルスィラに名を連ねる人物であった。そのため，アラウィー教団も，師弟関係の系譜に基づけば，シャーズィリー教団の流れを汲むタリーカであるといえる。一般にタリーカにおける師弟関係は，順番に世代を遡っていくと，究極的には預言者ムハンマドへと至る。したがって，タリーカの指導者は，預言者ムハンマドからの霊的な教えを，代々受け継いでいるみなされているのである［Gilsenan 1973: 184］。このようなスィルスィラの内容は，必ずしも史料的に実証可能なものではないが，ファキーフ・ムカッダムは，シャーズィリー教団とは別の，より重要な系譜に属していた。実は，彼はアラウィー家の出身者，つまりはサイイドであった。このことは，ファキーフ・ムカッダムが師弟関係だけではなく，血統の上でも預言者ムハンマドから聖性を受け継いでいるということを意味する[24]［Bang 2003: 14］。そのため，アラウィー教団とサイイド家とは，開祖の段階から強く結び付いており，初期のメンバーは全員がサイイドであった。

　アラウィー家のメンバーによる活動は，最初から一貫した教団としての形態を取っていたわけではない。当初はアラウィー家の内部で行われていた儀式的な存在であったものが，15 〜 16 世紀頃になって，初めてタリーカとしての組織化が進んだのだと考えられている［Bang 2003: 16］。一般にタリーカは，その創設者か教団設立のきっかけになった人物の名前を形容詞化[25]して組織の名称としている

---

[23] 2009 年 10 月 18 日に実施した，ムフスィン氏へのインタビューに基づく。

[24] タリーカの開祖や名祖がサイイドであることは，実は，めずらしいことではない。例えば，カーディリー教団の名祖であるジーラーニーは，サイイド家の出身であった。一方，ハドラミーのサイイド，つまりアラウィー家は，預言者との結び付きを確実なものとするため，ムハンマドから各人までの系譜を矛盾のない形で整理し，証明書も発行するなど，他のサイイド家にはない仕組みを備えている。このような預言者重視の姿勢は，彼らを中心に成立したアラウィー教団の教義にも色濃く現れている。しかしながら，本章は同教団の儀礼を中心とした，タリーカの外形面を考察対象とするため，その詳細は別稿に譲りたい。

[25] 人物名そのままではなく，ニスバ（ar. nisbah）と呼ばれる形容詞化された形が用いられる。これは語尾が「イー（ī：男性形）」，または「イーヤ（īyah：女性形）」の形式を取り，女性名詞であるタリーカ（ar. ṭariqah）と共に用いる際には，「イーヤ」型に変化する。

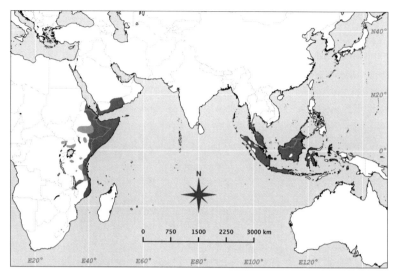

図7.4 インド洋におけるスンナ派シャーフィイー法学派の分布
濃色部は優勢・淡色部は混在（Wikipedia『Madhhab Map』をもとに筆者作図）

ことが多い[26]。しかし，アラウィー教団の場合は，特定の家系の内部で（この場合はアラウィー家）で成立したことを反映して，創始者ファキーフ・ムカッダムの実名，ムハンマド・アリーではなく，彼を含む初期のメンバーが所属していた家名であるアラウィーをタリーカの呼称として用いている点が特徴的である。

7.2.2 スワヒリ・コーストへの定着

　ハドラマウトのローカルなタリーカであったアラウィー教団は，ハドラマウト出身のアラブ移民であるハドラミーの移住活動とともに，インド洋周辺の各地に広まっていった。ハドラミーの海外移住そのものは，預言者ムハンマドがアラビア半島で布教活動を開始した614年よりも以前から生じており［新井 2000b: 244］，これらの移民のネットワークに乗って，7世紀以降はイスラームが，そして後にはアラウィー教団が，インド洋海域世界に拡散していくことになる。ハドラミーは，イスラームにおいては主流派のスンナ派であり，スンナ派に4つある法学派ではシャーフィイー法学派を信奉している。そのため，インド洋周辺部においては，ハドラミーの移住によってイスラーム化が進んだ地域では，彼らが属するスンナ派シャーフィイー法学派が優勢となっている［大坪 2002: 770］。図に示したよう

---

[26] 例えば，カーディリー教団もこの命名法である。本章7.1.1節でも触れたように，同教団の名祖はアブドゥルカーディル・ジーラーニーであるが，その名前の一部であるアル＝カーディル（本来は神の全能性を示す単語）を取って，カーディリー教団としている。

に（図7.4参照），インド洋の東西においては同法学派が主流派となっており，これらの地域にハドラミー移民が定着し，アラウィー教団も活動していると推定される。そして東アフリカにもまた，ハドラミーの移住活動による直接的な影響の結果，スンナ派シャーフィイー法学派とアラウィー教団が広がっている[27]。

ハドラマウトにおいて，タリーカとしての組織化が進展した15〜16世紀のアラウィー教団と，19世紀以降の東アフリカで観察される同教団との間には，資料の面で大きな断絶がある［Bang 2003: 32］。そのため，この両者を直接結び付けて考えることに対しては，一定の留保が必要である。その一方で，現在に見られる形での東アフリカ沿岸部に対するアラウィー教団の導入や，同タリーカの各種の儀礼における実践のあり方については，サイイドであるアラウィー家出身のイブン・スマイト一族（Āl Ibn Sumayṭ）に負う部分が大きいとされる[28]。

アラウィー家のメンバーは，移住先のホスト社会において，シャリーア（ar. sharī'ah：イスラーム法）に基づく裁判官であるカーディーや，イスラーム諸学に通じた学者であるウラマーなど，宗教的権威として活動した。本書でも繰り返し触れたように，19世紀以降，東アフリカ沿岸部にオマーンのブーサイード朝の勢力が達した時，すでにこれらの地域はイスラーム化されており，スンナ派シャーフィイー法学派が優勢であった。ブーサイード家はイバード派であったが，地域住民の実情に合わせて，イスラーム法の運用は，これらのハドラミー移民に任せていた［Farsy and Pouwels 1989: xv］。イブン・スマイト家出身のアフマド（Aḥmad b. Abī Bakr b. Sumayṭ，1925年没）も，このような影響力を持つ学者の一人であり，彼とその息子であるウマル（'Umar b. Aḥmad b. Sumayṭ，1976年没）は，多数のムスリム門弟の指導と，タリーカにおけるイスラーム実践に関する著作によって，現在，この地域に見られるアラウィー教団の行動様式に影響を与えている。

7.2.3 アラウィー教団の拠点

ザンジバルで活動するアラウィー教団には，修道場であるザーウィヤなどの常設された教団拠点が存在していない。島内の都市部であるストーンタウンを中心に点在する，アラウィー家にゆかりの深い人物が建設したモスクが，教団メンバーの集う場となっている。これらの拠点となっているモスクは，カーディリー教団など他のタリーカが島内各所に設置したザーウィヤとは異なって，教団員が占有したり，修行用のスペースが確保されたりしているわけではない。

モスクは基本的に，すべてのムスリムの義務である礼拝のための場所である。しかし，1日に5回ある定めの礼拝以外の空き時間には，子供を集めてのイスラーム教育，成人ムスリムのための勉強会，その他のサークルなど，イスラームに関

---

[27] 2007年5月14日に実施した，ムフスィン氏へのインタビューに基づく。
[28] 2007年5月15日に実施した，イーサー氏へのインタビューに基づく。

わる活動に広く用いられている。アラウィー教団のメンバーも，このようなモスクにおけるすき間の時間を利用して，各種の儀礼を行っている。

　礼拝以外に，教育や儀礼の場としてモスクが機能することは，ザンジバルに限らず，イスラーム世界各地で一般的に見られる現象である。例えばエジプトのカイロ（Cairo）にあるアズハル（ar. al-Azhar）は，世界に名の知られたイスラーム教育の最高学府であるが，歴史的には通常のモスクであった［Gilsenan 1973: 12］。有名な学者がモスクにいれば，その周囲に人が集まり教育が行われる。このアズハルの歴史のように，アラウィー教団の拠点もまた，イスラームの伝統に根ざした，学習サークル的な位置付けの場所とされている[29]。

7.3　ザンジバルにおけるアラウィー教団の儀礼

　ここからは，ザンジバルにおけるアラウィー教団のタリーカとしての外形面を考察するため，現地で実施したフィールドワークと参与観察の結果に基づいて，同教団の集団儀礼の内容について検討する。アラウィー教団の儀礼は，周期の点で，年単位で開催されるもの，週単位で行われるもの，毎日実践されるものの3つのカテゴリーに大別できる。以下，活動の周期別に儀礼の詳細を述べる。

7.3.1　年単位の儀礼

　アラウィー教団の儀礼において，年周期で実施されるものにマウリディ（sw. Maulidi）とハウリ（sw. hauli）がある。マウリディは預言者ムハンマドに対して，また，ハウリはアラウィー教団が輩出した著名な聖者に対して，それぞれにバラカ（ar. barakah：神の恩寵）がもたらされるよう祈念する目的で行われる。

マウリディ

　マウリディとはアラビア語のマウリド（ar. mawlid）を語源とする言葉で，イスラームの暦であるヒジュラ太陰暦の第3月12日を，預言者ムハンマドの生誕日として祝う儀礼のことである。記録上は，この日は預言者の命日となっているが，イスラーム世界では各地で生誕祭が開かれている。ザンジバルにおいては，ムハンマドの誕生日当日だけではなく，ヒジュラ暦の第3月末日まで島内各所に場所を移しながら，繰り返しマウリディが行われている［朝田 2007: 32–33］。

　ザンジバルでは期間中，複数回開催されるマウリディであるが，その構成には一定のパターンが見られる。開会と閉会に際しては，ファーティハ[30]（ar. Sūrat al-

---

[29] 2007年4月6日に実施した，イーサー氏へのインタビューに基づく。

[30] クルアーンの冒頭に位置する，わずか7節の句からなる章である。テキストとしては非常に短いが，クルアーン全体のエッセンスがすべて含まれるとされる，重要な章である。

図7.5　ドゥアーを行うアラウィー教団
（2007年4月5日に筆者撮影）

Fātiḥah）が祈祷文の一種として誦まれる。マウリディの主要部は，アラブの伝統的な形式に則ったカスィーダ（sw. kasida, ar. qaṣīdah：長詩）と，預言者ムハンマドの事跡を物語る散文の朗誦である。後者の途中では，預言者の生誕を描くシーンがある。その際，キヤーマ（ar. qiyāmah）という参加者の全員が起立して敬意を払う場面があり，預言者を讃える特別なカスィーダが誦まれる。マウリディでは，このようなカスィーダと預言者物語を数回にわたって繰り返した後，最後にドゥアー[31]（sw. dua, ar. duʻā）が唱和される（図7.5）。開催場所によって内容に多少の相違はあるが，これらがマウリディの基本構成となる。

　ザンジバルで行われるマウリディは，アラウィー教団に関連した儀礼の中でも最大規模のもので，タリーカのメンバーではない一般のムスリム住民も巻き込む形で広く一般化している。その詳細については第8章『預言者生誕祭の構造』に譲るが，マウリディの主催者やイベントの規模も，地域住民たちによる手作りの祭りレベルから，政府が開催する大規模なものまで様々であり，すでにアラウィー教団の独占的な儀礼とは呼べなくなっている側面もある。

ハウリ

　預言者ムハンマドの生誕を祝うマウリディに対して，ハウリはアラウィー教団がこれまでに輩出した，著名な聖者やイスラーム学者のウラマーを讃えることを目的とした祭礼である。ハウリとは，アラビア語のハウル（ar. ḥawl）に由来する用語で，アラビア語の原義では「変転」や「年」を意味する。マウリディ同様，イスラーム暦に従っており，その人物の命日に開催される。

---

[31] 神に対して祈願する行為と，その際に口にする祈祷文のこと。

ハウリの対象となる聖者やウラマーの数は非常に多く，毎月数人分のハウリが行われる。その開催については，参加者の都合に合わせる形で，近接するウラマーのハウリを同日にまとめたり，アラウィー教団の別の儀礼とセットで行うことが可能なように日程をずらすなど，マウリディの場合より融通が利くようである。マウリディも，預言者の生誕祭という位置付けになってはいるが，実際には命日であることを考えれば，ハウリの一形態であると見ることも可能であろう。

ハウリは，まずクルアーンのヤースィーン章[32]（ar. Sūrah Yā Sīn）の朗誦から始まるが，儀礼の中心となるのはズィクリ（sw. zikri）である。ズィクリとは，本章7.1.1 節で触れた，アラビア語のズィクル（ar. dhikr）がスワヒリ語に転訛したもので，神を一心に想起するために，その名前を繰り返し唱えることである。朗誦されるズィクリの文言は，『アズカール』[33]という本に記載されており，これがアラウィー教団における基本書となっている。ズィクリの後はカスィーダの朗誦が続くが，内容はマウリディのものと異なって，ハウリ用に選ばれた特別な長詩になっている。また儀礼の最後には，全員が起立しドゥアーを行う。

7.3.2 週単位の儀礼

次に，アラウィー教団が毎週行う儀礼について見ていく。マウリディのように何時間もかかる儀礼とは異なって，週単位の儀礼は 1 時間弱で終わる短いものとなっている。儀礼にはウラディ（sw. uradi）とラウハ（sw. rauha）の 2 種類があり，どちらもラーティブ（ar. rātib）と呼ばれる祈祷書の朗誦が中心となっている。

ウラディ

ウラディは，アラビア語のウィルド（ar. wird）の複数形であるアウラード（ar. awrād）から，スワヒリ語に取り入れられた言葉である。ウィルドとは，クルアーンの章句やドゥアーなど，定式化されたフレーズを朗誦する行為と，その際に使用されるテキストを指す言葉である。アラウィー教団のウラディは，11 世紀末の思想家ガザーリー（Abū Ḥāmid al-Ghazālī，1111 年没）が，その著作において日々実践すべきとした儀礼と密接な関係があるが，これについては次節で述べる。

ウラディは，毎週，複数回実施されている。その会場と曜日の組み合わせは，あらかじめ決められており，参加する教団関係者は，曜日ごとに場所を移動して儀礼を行う。会場となるのは，いずれの場合もアラウィー教団やハドラミー移民

---

[32] クルアーン 36 番目の章である。クルアーンの中でも特に重要とされる章の 1 つで，ザンジバルではドゥアーなどと同様に，祈祷文の一種として広く朗誦されている。また，ヤースィーン章だけを抜き出した小冊子も，モスク近くの露天商で安価に販売されている。

[33] アズカール（ar. al-Adhkār wa-al-Awrād：『ズィクルとウィルドの書』）は，アラウィー教団の参加者用ハンドブックで，祈祷文やカスィーダが収録されている［Zanzibārī n/a］。

図7.6 ウラディを行うアラウィー教団
（2007年4月18日に筆者撮影）

によって創設されたモスクで，アスル礼拝[34]（sw. Alasiri, ar. al-ʿAṣr）からマグリブ礼拝[35]（sw. Magharibi, ar. al-Maghrib）までの間に実施される（図7.6）。この時間帯は，アスリ，マグリブ，そしてイシャー礼拝[36]（sw. Isha, ar. ʿIshā'）と，時間が相互に近接しており，定めの礼拝のために集まったムスリムが，帰宅せずに次の礼拝時間までモスク内や周辺で過ごしていることが多い。そのため，先に触れたように，モスクではこの空き時間を利用する形で，アラウィー教団の儀礼をはじめとして，イスラーム教育などの活動が行われる。また，ウラディが始まると，その場に居合わせた人たちが自由に参加する様子がよく見られる[37]。

本節の冒頭で述べたが，ウラディの際に使用されるテキストは，ラーティブと呼ばれる。ラーティブには，アラウィー教団の歴代ウラマーによって編纂された複数種類のテキストが存在しており，それぞれに編者の名前を冠して，例えば『バー・サウダーンのラーティブ（ar. Rātib Bā-Sawdān）』[38]などのように呼ばれている。ザンジバルでは，ドゥアーやクルアーンの特定の章句のように，祈祷書の一つとして，簡易製本された安価な小冊子の形で広く流通しており，多くの場合，会場となるモスク近くの露天商でも容易に手に入れることができる。

---

[34] 昼下がりの義務の礼拝である。季節によっては，昼下がりよりも夕方近くに行われることがある。毎日5回ある義務の礼拝としては，3回目にあたる。

[35] 日没時間帯に行われる義務の礼拝である。太陽信仰との結び付きを避けるため，日没から時間をずらしている。毎日5回ある義務の礼拝としては，4回目の礼拝にあたる。

[36] 夜間の義務の礼拝である。毎日5回ある義務の礼拝としては，最後にあたる。

[37] 一般のムスリムが儀礼に参加する理由については，第9章9.2節を参照されたい。

[38] 『バー・サウダーンのラーティブ』については，第9章の図9.3で写本を掲載した。

表7.1　ウラディを実施する曜日・場所と使用テキスト

	毎日	火曜	木曜
場所	ラフマ・モスク	ジブリール・モスク	ジブリール・モスク
テキスト	ハッダード	バー・サウダーン	アッタース

　ザンジバルのアラウィー教団が使用するラーティブには3種類あり，曜日ごとに別のテキストが割り当てられている（表7.1参照）。また，朗誦されるラーティブの種類によって，どのメンバーが儀礼を主導するかが変わってくる。これはウラディを実施するにあたって，該当するラーティブのイジャーザ[39]を取得しているメンバーだけが，その場のリーダーを務めることが許されるためである。

　儀礼としてのウラディの構成は，前述のハウリとよく似ており，ズィクリとカスィーダが中心となっている。特徴的な点としては，途中で何度もクルアーンのファーティハ章が挿入されることである。ズィクリには回数指定があり，数珠を使って数えながら，全員で呼吸と発声をそろえるが，ファーティハはそれぞれがぶつぶつと小声で誦んでいる。またカスィーダは，朗誦を担当する者以外の休憩時間を兼ねており，コーヒーやクッキーが参加者全員に振る舞われる。中にはカスィーダを聞きながら談笑している者もいる。ウラディの最後は，全員で起立してドゥアーを行い，各々が握手して散会となる。

ラウハ

　ラウハも週単位で実践される儀礼で，アラビア語から派生した用語である。アラビア語のラウハ（ar. rawḥah）は，夕方に行う小旅行を意味している。アラウィー教団が行うラウハ儀礼にも，そのニュアンスは出ているが，ズィヤーラ[40]（ar. ziyārah）の一種だと見ることもできる。ザンジバルのアラウィー教団のラウハで参詣の対象となっているのは，19世紀にザンジバルとコモロを拠点に活動した，同教団出身のイスラーム学者，アフマド・イブン・スマイト[41]の墓である。

---

[39] 本章7.1.1節などで触れた，タリーカの加入資格としてのイジャーザとは，やや性質が異なる。ここでのイジャーザは，特定の学問的知識や経験，技術などを有することを証明するために，教師から弟子に与えられたものである。イジャーザにおける複合的な意味付けと役割については，第9章9.3.2節を参照されたい。

[40] ズィヤーラは，一般に聖者の霊廟への参詣を意味する。イスラーム世界で聖者と呼ばれる人間には，狂人から賢者まで様々な者が含まれる。彼らは神からバラカ（ar. barakah：特別な恩寵）を授かっており，死後もその墓にバラカが宿り続けると考えられている。一方，ムスリム民衆にとっては，現世利益や来世での楽園の生活を祈願するための行為として，聖者の墓所に対するズィヤーラが，重要な役割を担っている。

[41] アフマド・イブン・スマイトについては，本章の7.2.2節を参照されたい。

図7.7 イブン・スマイト廟内でラウハを行うアラウィー教団
(2007年4月13日に筆者撮影)

　イブン・スマイトの墓は，ウングジャ島の都市部であるストーンタウンの北部，マリンディ（Malindi）地区にある金曜モスクの敷地内に設置されている（P. 139の図7.1を参照）。この墓所は，儀礼を行うことを前提にした建物が付属する霊廟となっており，石棺の周囲に座れるようになっている。ザンジバルには他にもズィヤーラの対象となった霊廟が存在していたが，1964年のザンジバル革命と，それに続く社会主義政権の支配下において，多くが破壊された[42]。イブン・スマイト廟の場合は，モスクの私有地の中に設置されていたことから難を免れている[43]。

　イブン・スマイト廟におけるラウハは，毎週金曜日のアスル礼拝の後で行われている。儀礼の参加者は，最初に金曜モスクの内部に集まり，クルアーン朗誦を皮切りにして，ドゥアーやカスィーダを順に唱和していく。途中で参加者にコーヒーや茶菓子が振る舞われるなど，儀礼の構成はウラディとよく似ている。

　モスク内での朗誦が終了すると，全員で外へ出て敷地内にあるイブン・スマイト廟の建物へと向かう。この移動の部分に着目すれば，ラウハの原義通り小旅行を象徴した行為であると言える。霊廟には，イブン・スマイト以外にも二人のアラウィー教団出身のウラマーが埋葬されており，普段は建物に施錠して中に立ち入れないようになっている。ラウハの際には，儀礼のリーダーがカギを開けて，参加者が全員中へ入ると，タイル張りになった霊廟の床にゴザが敷かれる。準備ができたところで，イブン・スマイトの石棺を囲むように車座になり，モスク内の儀礼の続きが行われる（図7.7）。ここで朗誦されるのは，ドゥアーやラーティブ，

---

[42] 2007年5月15日に実施した，イーサー氏へのインタビューに基づく。

[43] 2007年5月14日に実施した，ムフスィン氏へのインタビューに基づく。

カスィーダ，クルアーンのヤースィーン章である。約30分にわたってテキストの朗誦を続けた後，建物内を元と同じように片付けると，全員が外へ出る。そして霊廟前に一列に整列してドゥアーを行い，一連のラウハ儀礼は終了となる。

7.3.3 毎日の儀礼

アラウィー教団には，すでに述べたような，モスクや霊廟などの特定の場所において，集団で実践することが定められた儀礼に加えて，各メンバーが家庭内で個人的に行っている日課がある。この日課にスワヒリ語の固有名はなく，アラビア語でウィルド（ar. wird）やアウラード（ar. awrād）と呼ばれている。つまり，先に触れたウラディと同じ語源の儀礼ということになる。

すべてのムスリムには，毎日5回の聖地マッカへ向かった礼拝が日課として定められている。これはイスラームの六信五行[44]にも含まれる義務行為であり，所定の手続きにしたがって行われる。一方，アラウィー教団においては，毎日の義務礼拝にあてられた時間以外も，昼夜を通して12のセグメントに細分化されており，各時間帯をどのように過ごすべきか，細かい規定がある[45]。

アラウィー教団における日課の基本となる考え方は，本章7.3.2節のウラディの項でも触れたように，11世紀末の思想家，ガザーリーに由来している。ガザーリーは『宗教諸学の再興（ar. Iḥyā' 'Ulūm al-Dīn）』と題された大著において，ムスリムがとるべき外面的な儀礼行為と内面的な救いの道について体系的に述べている。その中の第1部に収められた第10の書には，アウラードの考え方と，実践すべき行為について細かな記述がある。ガザーリーもまた1日を12に区分しており[46]，ザンジバルのアラウィー教団の日課は，ほぼこれに沿ったものとなっている。

7.4　タリーカの復活と革新

これまで見てきたように，現在のザンジバルで活動するアラウィー教団の儀礼においては，日々の実践から年単位の祝祭まで，緻密なスケジュールが組まれている。しかし，1964年の革命から約20年間は，公的な活動が完全に中断しており，家庭内で個人的な実践が行われるのみであった。革命を機に成立した政府は，

---

[44] ムスリムに定められた，6つの信仰箇条と，5つの義務行為を合わせた言葉。前者は，神，天使，使徒，啓典，来世，定命，後者は，信仰告白，礼拝，喜捨，断食，巡礼からなる。

[45] 具体的な規定内容については，付録E『アラウィー教団の日課』を参照されたい。

[46] 『宗教諸学の再興』には，昼のウィルドを7，夜のウィルドを4としている記述もある。この場合は，合計11ウィルドになる。またガザーリーは，時間区分そのものもウィルドと呼んでいる［Al-Ghazālī 1998: 431–453］。

社会主義を標榜しており，イスラーム関係の儀礼は長らく表立った実施が不可能であった。また革命政府は，先に触れたように，参詣儀礼の対象であった聖者廟や共同墓地を破壊したことに加え，イスラームの専門教育施設を閉鎖し，公の場での祭事を禁止するなど，住民による宗教的な活動に，様々な制限を課してきた。しかし，1980年代以降は，政府による制限も漸進的に緩和され，また，同時期に世界中で顕在化した，イスラームの復興現象の影響もあって，ザンジバルでもタリーカを中心としてイスラームをめぐる動きが再び活発化している。本章で詳述したアラウィー教団の儀礼も，この一連の流れの中で，次第に現在見られるような形式に整えられ，革命前の姿を取り戻しつつあるという状況である。

7.4.1　タリーカに対する批判と改革

　政治的な緩和が進んだことで，勢い付くザンジバルのタリーカではあるが，代わって別の勢力による脅威の兆候も現れている。近年，イスラーム世界の各地で，預言者ムハンマドの時代には存在しなかったと考えられる各種の宗教的な慣行を，本来イスラームがあるべき姿からのビドア（ar. bid'ah：逸脱）であると糾弾する思想が力を得つつある。この考えを主導する人々は，サラフ（ar. al-Salaf：父祖）と呼ばれるイスラーム初期の先人たちが生きた時代にこそ，理想的なイスラームが実現されたとしており，その時代への思想的な回帰を目指していることから，一連の運動をサラフィー主義（ar. al-Salafīyah）と呼ぶ。そしてタリーカもまた，サラフィー主義者たちからの攻撃に曝され始めているのである。

　イスラーム改革運動から生じた批判，そしてタリーカ自体の近代化の必要性といった課題を前にして，タリーカ側が取った対応策は，思想面と組織面における自己改革であった。すなわち，批判者からビドアとみなされ得る要素を，教団の教義から排し，一方で，タリーカの中央集権化を進めて，組織力を強化するという動きである。本章で挙げた一部のタリーカに見られたような，教団の高度な組織化にも，このような自己防衛の側面があると考えられる[47]。一方でアラウィー教団には，教団メンバーを囲い込んで中央集権化を目指す動きはまったく見られず，むしろ他教団における組織化とは，逆行するかのような構造が観察される。この問題については，第9章で改めて検討することにしたい。

---

[47] 東アフリカ沿岸部地域においても，一部でタリーカの活動に対する批判が可視化している。大陸側の都市ダル・エス＝サラームのカリアコー地区（Kariakoo）にあるムトロ・モスク（Msikiti wa Mtoro）周辺には，宗教書やタリーカの祈祷書などを売る店が集まっているが，教団の活動に批判的な主張を行うグループが，これらの店舗まで押し掛けるなどして，しばしばトラブルになっている。

図7.8 新しい参詣地となった墓所
（2009年10月6日に筆者撮影）

7.4.2 アラウィー教団における革新

　本章では，タリーカの外形に注目して，ザンジバルにおけるアラウィー教団の活動実態について集団儀礼を中心に述べてきた。その活動内容とは，タリーカの日本語訳である「イスラーム神秘主義教団」という言葉が喚起するような，神秘体験のイメージではなく，より日常的な宗教実践のためのガイドラインを与える活動であった。このことは，専用の修道場を構えず，イスラームの学習サークルのように，礼拝時間の合間にモスクで行われることにも現れている。

　一方で，ザンジバルのアラウィー教団には，カーディリー教団やシャーズィリー教団に共通して見られた，中央集権化の動きはなかった。しかしながら，それはアラウィー教団が変革を拒むような，保守的なタリーカであることを意味するわけではない。すでに述べたように，同教団で毎週金曜日に行われている儀礼に，イブン・スマイト廟におけるラウハがあるが，近年は，その形式に変化が生じている。2009年に，ハドラミー・コミュニティの大物と目されている二人の人物が相次いで亡くなった。一人は，ザンジバルのアラウィー教団を代表するハブシー家（al-Ḥabshī）出身のイスラーム知識人であり，もう一人は，100歳以上の年齢を重ねた篤心のムスリムで，学者ではなくハドラミー移民の商人であった。筆者が2011年に調査を行った時には，すでに二人の墓所が，アラウィー教団の新たな活動対象として，イブン・スマイト廟とともに集団儀礼の枠内に加えられていた。つまり，21世紀に入ってなお，神の恩寵であるバラカに満ちた新しい参詣地が生まれたことになる（図7.8）。このように，アラウィー教団もまた，社会状況やコミュニティ内の動きに付随するように，柔軟にその姿を変え続けているのである。

第8章
預言者生誕祭の構造

図8.1 マウリディを行うハドラミー移民
(2007年4月11日に筆者撮影)

　イスラーム暦[1]の第3月は、ザンジバル全島が祝祭ムードに包まれる。この月の12日は、預言者ムハンマドの生誕日とされ、それを祝した祭事がザンジバルの各所で開催される。この祭はマウリディ[2]（sw. Maulidi）と呼ばれており、元来はハドラミーのタリーカ[3]であるアラウィー教団が、東アフリカに導入した儀礼であった。現在は、同教団のメンバーに加えて、普段タリーカの活動に関わることのない一般のザンジバル住民も参加するなど、大衆化が進んでいる（図8.1）。
　そこで本章では、第7章7.3.1節でも簡単に触れた、アラウィー教団最大の集団儀礼であるマウリディについて、具体的な事例を取り上げ、祝祭とザンジバル住民の関わりを手がかりにして、その構造と特質を考察する。まず、預言者生誕祭

---

[1] 太陰暦に基づく暦。イスラームの暦については、本章8.1.2節を参照されたい。
[2] 本章では、ザンジバルをはじめとする東アフリカ沿岸部における預言者生誕祭を「マウリディ」、それ以外のアラブ・イスラーム世界の事例を「マウリド（ar. mawlid）」とする。
[3] タリーカ（ar. ṭarīqah）は、一般に神秘主義に基づく教団と解される。ザンジバルで活動するタリーカの概要は第7章、タリーカそのものについての議論は第9章を参照されたい。

としてのマウリディの背景と基本要素を整理する。次に，マウリディを支えている舞台裏に注目し，今日では一大イベントとなった儀礼が実現される過程に注目する。本章の後半部は，ザンジバルで開催されているマウリディの実態を，参与観察の結果に基づいて述べる。そして最後に，他地域で見られる同様の祝祭との比較を通して，ザンジバルにおけるマウリディの特質を明らかにしたい。

8.1 マウリディとはなにか

　マウリディは，アラビア語のマウリド（ar. mawlid）がスワヒリ語に取り入れられたものである。アラビア語のマウリドは，一般に出生や誕生日，また生誕地を表す単語であるが，預言者ムハンマドや聖者の生誕祭，またこれらの祝祭で朗誦されるテキストも同様にマウリド[4]と呼ばれる。ザンジバルにおけるマウリディは，アラブ世界でマウリドが指し示す内容とおおむね一致しているが，生誕祭の意味では預言者ムハンマドの祝祭に限定される。諸聖者の祭に対しては，ザンジバルではハウリ（sw. hauli）という別の単語が使用されている[5]。

　本節では，祝祭の個別的な事例を検討する前段階として，マウリディをめぐる基本的な情報の共有を行いたい。まず，アラブ・イスラーム世界における預言者生誕祭と，東アフリカ沿岸部のマウリディの歴史的な背景をたどり，次に，マウリディの開催に関わるイスラームの暦について，ザンジバルに固有な状況を中心に述べる。続いて，マウリディの日程，使用されるテキスト，イベントにおける演目の内容といった，預言者生誕祭を構成する諸要素について順にまとめる。

8.1.1 預言者生誕祭とマウリディの歴史背景

　記録に残っている中で，預言者ムハンマドの誕生を祝した最古の事例は，ファーティマ朝（ar. al-Dawlah al-Fāṭimīyah, 909–1171）の支配下にあったエジプトであるとされる。ファーティマ朝はシーア派ムスリムを中心とした王朝であり，ムハンマドの血族に特別な高潔さを認める彼らの姿勢が，この祭事につながったと考えられている［Eickelman 2005: 5788］。次に預言者生誕祭が記録されたのは，1207年のイラクであった。この段階ですでにマウリドという名前が使われており，イスラーム暦の第3月12日の前夜[6]に，宗教的な詩歌とともに預言者の生誕が祝わ

---

[4] 預言者ムハンマドの生誕祭の場合は，より弁別的にマウリド・アンナビー（ar. Mawlid al-Nabī：預言者のマウリド）と呼んで，用語を使い分けることがある。

[5] 詳しくは第7章7.3.1節の『年単位の儀礼』を参照。

[6] 預言者ムハンマドの生誕日は第3月12日であるが，その前夜に祝祭が行われる理由については，次節の『8.1.2 スワヒリ・カレンダー』を参照。

図8.2　ラム島のリヤーダ・モスク
（2006年11月7日に筆者撮影）

れたという。学者や説教師，名士や詩人，神秘主義者であるスーフィー（ar. ṣūfī）が参加するなど，より民衆的な祭として描かれている［Eickelman 2005: 5788］。

　マウリドの大衆化はその後も進み，15世紀にはエジプトでスルターン主催の預言者生誕祭が開かれていたという［大稔 2008: 81–82］。また，19世紀のイギリス人東洋学者のエドワード・レイン（Edward William Lane, 1801–1876）は，エジプト滞在中に目撃した"Moolid en-Nebee（ar. Mawlid al-Nabī：預言者のマウリド）"の様子[7]を記している［Lane 1860: 442–456］。河川の氾濫期に湖となる広場にテントが立ち並び，中では何十人ものスーフィー[8]が輪になってズィクル[9]を唱えていたという［Lane 1860: 442–443］。また，人々が見ている前で，地面に横になったスーフィーたちの上を，馬に乗った教団指導者が踏みつけながら行進する儀礼[10]も行われた。横になったスーフィーたちは，馬に踏まれてもまったく傷つくことはなく，それが教団指導者による奇蹟とみなされた［Lane 1860: 451–454］。このように，預言者ムハンマドの生誕祭であるマウリドは，アラブ・イスラーム世界においては，民衆とスーフィーを中心とした祭として発展をとげてきたのである。

---

[7] エジプトの口語表現を音訳しているため，このような綴り方になっている。アラビア語における口語の扱いについては，第5章5.3.3節を参照。

[8] レインは，ペルシャ語でダルヴィーシュ（pr. darvīsh）と書いている。

[9] 連祷の一種。ズィクル（ar. dhikr）については，第7章7.1.1節を参照。

[10] ダウサ（ar. dawsah）と呼ばれる。現代のエジプトで活動するリファーイー教団（al-Ṭarīqah al-Rifāʿīyah）も同じ儀礼を行っている。同教団の場合，教団員が剣を身体に押当て，その上を別のメンバーや聖者廟の管理者が歩いているが，踏まれた者は奇蹟によって怪我をしないという［大塚 2000: 162, 165］。

表8.1 スワヒリ語によるグレゴリオ暦のカレンダー

	序数詞を用いた月名	英語に由来する月名
1月	mwezi wa kwanza	Januari
2月	mwezi wa pili	Februari
3月	mwezi wa tatu	Machi
4月	mwezi wa nne	Aprili
5月	mwezi wa tano	Mei
6月	mwezi wa sita	Juni
7月	mwezi wa saba	Julai
8月	mwezi wa nane	Agosti
9月	mwezi wa tisa	Septemba
10月	mwezi wa kumi	Oktoba
11月	mwezi wa kumi na moja	Novemba
12月	mwezi wa kumi na mbili	Disemba

※ザンジバル政府は右列の月名を用いている

　シーア派王朝の祭事から民衆の祝祭に展開したアラブ・イスラーム世界のマウリドに対して，東アフリカのスワヒリ・コースト[11]を舞台としたマウリディは，アラビア半島南部のハドラマウト地方（Ḥaḍramawt）から，ハドラミー移民によってもたらされた。起源がいつの時代までさかのぼるのかについては史料がないが，現在これらの地域で見られる預言者生誕祭としてのマウリディは，ケニアのラム島（Lamu）でハドラミー移民が行っていた儀礼がもととなっている［Zein 1974: 93–101］。その後，アラウィー教団のイスラーム学者であったハビーブ・サーリフ（Ḥabīb Ṣāliḥ, 1935年没）が，19世紀のラム島（前頁，図8.2）でマウリディのスタイルを革新し，現在の形に整えられていったという[12]［Bang 2003: 148–150］。
　スワヒリ・コーストにおける具体的なマウリディの研究事例としては，オランダの歴史学者クナッパートによる論考がある［Knappert 1971］。彼は，タンザニア本土側の港湾都市であるダル・エス＝サラーム（Dar es Salaam）で開催されたマウリディについて報告している［Knappert 1971: 43–45］。しかし，クナッパート自身は祝祭に参加しておらず，現地で入手した資料をもとに預言者生誕祭につい

---

[11] 東アフリカ諸国の中でもインド洋に面した沿岸部地域のこと。イスラーム化された都市が連なるように点在する。その範囲については，巻頭に掲載した図1の地図を参照。

[12] 現在のラム島では，アラウィー教団の拠点であるリヤーダ・モスク（Masjid al-Riyāḍah, 図8.2）において，預言者の生誕日だけではなく，毎週木曜にマウリディの朗誦が行われている（2006年11月9日に実施した，アラウィー教団の儀礼に対する参与観察に基づく）。

表8.2 ヒジュラ太陰暦に基づくカレンダー

	アラブ・イスラーム世界	ザンジバル・スワヒリ世界
第1月	Muḥarram	Mfunguo Nne
第2月	Ṣafar	Mfunguo Tano
第3月	Rabīʿ al-Awwal	Mfunguo Sita
第4月	Rabīʿ al-Thānī	Mfunguo Saba
第5月	Jumādā al-Ūlā	Mfunguo Nane
第6月	Jumādā al-Ākhirah	Mfunguo Tisa
第7月	Rajab	Rajabu
第8月	Shaʿbān	Shaabani
第9月	Ramaḍān	Ramadhani
第10月	Shawwāl	Mfunguo Mosi
第11月	Dhū al-Qaʿdah	Mfunguo Pili
第12月	Dhū al-Ḥijjah	Mfunguo Tatu

※スワヒリ世界では断食明けの第10月から数える

て考察を加えている。その理由として，彼はイスラーム関係の儀礼や祝祭に，非ムスリムである部外者が加わるのが困難であることを挙げている［Knappert 1971: 41］。このような背景から，東アフリカのスワヒリ・コーストにおけるマウリディの実態については，現在まで限られた情報しか手に入らない状態にあった。

8.1.2 スワヒリ・カレンダー

　イスラームの祝祭[13]である預言者生誕祭は，イスラームの暦であるヒジュラ暦に基づいて行われる。ザンジバルでは，太陽暦であるグレゴリオ暦と，太陰暦であるヒジュラ暦が，両立する形で使われている。ムスリムが住民の大半を占めているザンジバル社会ではあるが，日常生活においては，我々と同様に西暦（グレゴリオ暦）に基づいたカレンダーが基本的に使用される。一方，ヒジュラ暦の方は，イード（ar. ʿīd：イスラームの祭）やマウリディのような祭事，そして断食・巡礼といった，ムスリムの義務として定められた行為など，イスラームの枠内で実施される行事に限って用いられている。

　ザンジバルでは，グレゴリオ暦（表8.1）とヒジュラ暦（表8.2）の双方において，対応する名称がスワヒリ語で与えられているが，月の命名法には独特な暦の解釈

---

[13] イスラームの枠内で行われるマウリディであるが，近代以降の趨勢として，このような預言者ムハンマドを特別視する祝祭に対しては，イスラーム本来の教義からのビドア（ar. bidʿah：逸脱）であるという批判が，しばしばなされている［Kaptein 2004: 108］。

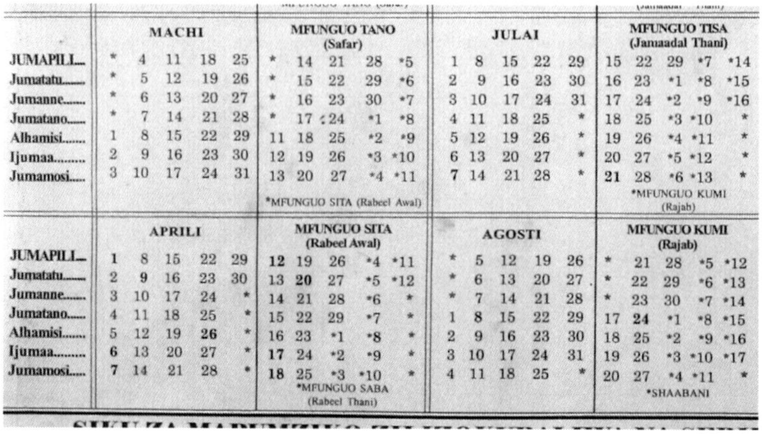

	MACHI	MFUNGUO TANO (Safar)	JULAI	MFUNGUO TISA (Jamaadal Thani)
JUMAPILI...	* 4 11 18 25	* 14 21 28 *5	1 8 15 22 29	15 22 29 *7 *14
Jumatatu......	* 5 12 19 26	* 15 22 29 *6	2 9 16 23 30	16 23 *1 *8 *15
Jumanne......	* 6 13 20 27	* 16 23 30 *7	3 10 17 24 31	17 24 *2 *9 *16
Jumatano......	* 7 14 21 28	* 17 24 *1 *8	4 11 18 25 *	18 25 *3 *10 *
Alhamisi......	1 8 15 22 29	11 18 25 *2 *9	5 12 19 26 *	19 26 *4 *11 *
Ijumaa.........	2 9 16 23 30	12 19 26 *3 *10	6 13 20 27 *	20 27 *5 *12 *
Jumamosi.....	3 10 17 24 31	13 20 27 *4 *11	**7** 14 21 28 *	**21** 28 *6 *13 *
		*MFUNGUO SITA (Rabeel Awal)		*MFUNGUO KUMI (Rajab)

	APRILI	MFUNGUO SITA (Rabeel Awal)	AGOSTI	MFUNGUO KUMI (Rajab)
JUMAPILI...	1 8 15 22 29	**12** 19 26 *4 *11	* 5 12 19 26	* 21 28 *5 *12
Jumatatu......	2 **9** 16 23 30	13 **20** 27 *5 *12	* 6 13 20 27	* 22 29 *6 *13
Jumanne......	3 10 17 24 *	14 21 28 *6 *	* 7 14 21 28	* 23 30 *7 *14
Jumatano......	4 11 18 25 *	15 22 29 *7 *	1 8 15 22 29	17 **24** *1 *8 *15
Alhamisi......	5 12 19 **26** *	16 23 *1 *8 *	2 9 16 23 30	18 25 *2 *9 *16
Ijumaa.........	**6** 13 20 27 *	**17** 24 *2 *9 *	3 10 17 24 31	19 26 *3 *10 *17
Jumamosi.....	**7** 14 21 28 *	**18** 25 *3 *10 *	4 11 18 25 *	20 27 *4 *11 *
		*MFUNGUO SABA (Rabeel Thani)		*SHAABANI

図8.3　ザンジバルのカレンダー
ザンジバル政府が発行しているもの

が現れている。一般に，他のイスラーム諸国では，ムハッラム月（ar. Muḥarram）が年明けの第 1 月[14]に相当することに対して，ザンジバルのヒジュラ暦の場合は，断食月であるラマダーン月（ar. Ramaḍān, sw. Ramadhani）の翌月である第 10 月（ar. Shawwāl, sw. Mfunguo Mosi）が，月名の数え始めになっている[15]［Trimingham 1968: 90–93］。月名に使われているムフングオ（sw. Mfunguo）とは，断食開けを意味する言葉で，明け 1 月（ヒジュラ暦第 10 月）から明け 9 月（翌年のヒジュラ暦第 6 月）までである。その後の 3 ヶ月は，通常のヒジュラ暦と同じである。

月と年の長さにも，使用する暦で違いが現れる。太陰暦であるヒジュラ暦は，新月から次の新月までを 1 ヶ月と定めている。そのため，1 ヶ月の長さは 29 日間または 30 日間の 2 通りあり，合計 354 日で 1 年が経過することになる[16]。したがって，西暦と対照すると毎年 11 〜 12 日ずつ前にずれていくことになる。ザンジバルで使用されているカレンダーには，西暦とヒジュラ暦を併記したものが多く見

---

14) 太陰暦にしたがった暦であるため，当然ながら西暦の年明けとは一致しない。また，季節も毎年ずれることになり，西暦のような特定の時候と結び付いたイメージはない。

15) ただし，ザンジバルでもイスラーム暦における年明けは，通常のヒジュラ暦と同じタイミングでとらえられている。そのため，ザンジバルのイスラーム暦では，ムフングオ・ンネ（sw. Mfunguo Nne：明け 4 月）が，新年の始まりとなっている。

16) ヒジュラ暦の考え方自体はイスラーム世界で共通であるが，月の開始日は国や地域によって 1 日前後することがある。これは，目視で新月を確認して月初めを決定する習慣が原因となっている。現在では，プログラムやスマートフォンのアプリなどを用いて，ヒジュラ暦でも瞬時に計算できるが，これらの一般的なカレンダーと，実際にザンジバルにおいて政府が発表する公式な暦との間には，しばしば不一致が生じている。

られるが，西暦の月割りを中心にした表記を行っているため，ヒジュラ暦側の区切りが月の途中で生じる形になっている（図 8.3）。

　ザンジバルをはじめとするスワヒリ・コーストでは，1 日がいつ開始されるかという点でも独自の考え方がある。現在のグローバル・スタンダードでは，日付の更新が深夜 12 時に行われており，その点はヒジュラ暦を採用している地域でも変わりがない。しかし，イスラーム世界においては，少なくとも 19 世紀までは日没後から新しい 1 日が始まる習慣があった［大塚 2000: 27–29］。現在のザンジバルにおける 1 日の開始点は，我々の時計と同じ真夜中となっているが，時間名にはかつての名残がある。夕方の 6 時をあたかも日付変更のタイミングのように扱い，夜 7 時をスワヒリ時間の 1 時，夜 8 時をスワヒリ時間の 2 時と数えていくのである。したがって，我々の時計で日付変更が生じるのが深夜 12 時であるのに対して，ザンジバルではスワヒリ時間の深夜 6 時に翌日に移行する。そして，そのまま 7 時，8 時と加算していくことになる。整理すると，日付の切り替えは真夜中であるが，時間名だけは通常の時計から 6 時間ずれている。ところが，マウリディについては旧来の日付変更パターンに従うのである。預言者ムハンマドの生誕日はヒジュラ暦の第 3 月 12 日であるが，ザンジバルではこれらのルールに基づいて，前日，つまり第 3 月 11 日の夜からマウリディが開始されることになる[17]。

8.1.3　ザンジバルのマウリディを構成する諸要素

　現代のザンジバル住民が行うマウリディは，前述のレインが描いた 19 世紀エジプトにおけるマウリドのような神秘主義的色彩の濃い祭礼というよりも，厳密なルールに基づいて実施されるイベントである。決められたスケジュールに沿って進行し，使用するテキストも定められている。また，祭事の内容自体も，一定のパターンで選択された演目から構成される。そこで本節では，ザンジバルのマウリディを形作るこれらの諸要素について内容を整理しておきたい。

マウリディの日程

　預言者生誕祭をいつ行うかという点において，ザンジバルのマウリディは特異な考え方を取っている。ムハンマドの生誕日はヒジュラ暦の第 3 月 12 日であり，前節で述べた通り，ザンジバルではその前夜にマウリディが開かれる。しかしながら，ザンジバルのマウリディは一夜限りのイベントではない。第 3 月 11 日を皮切りにして，その後も引き続き，ムフングオ・スィタ（sw. Mfunguo Sita：明け 6 月・ヒジュラ暦 3 月）の月末まで，会場となる場所を変えながら，同様の祝祭が繰り返し開かれるのである。これらもまたマウリディと呼ばれる。

---

[17] この点については，アラブ・イスラーム世界で行われる預言者生誕祭としてのマウリドも同様である。先に挙げたレインの記録からは，第 3 月 11 日の昼前からすでに人が集まり始めている様子が分かる［Lane 1860: 450–451］。

図8.4 ザンジバルで売られているマウリディ本
右端は3種類の合本になっている

　それぞれのマウリディは主催者が異なっており，ザンジバル住民は基本的に自分が資格を持つ[18]イベントに参加することになる。そのため，同じ日の同じ時間帯に，複数の会場においてマウリディが開催されていることも珍しくない。また，数日間にわたって行われるマウリディもある。ムフングオ・スィタ（明け6月）の月末に，ウングジャ島の北西部沖に位置するトゥンバトゥ島で開催されるマウリディは，三日三晩つづくザンジバル最大のイスラームの祝祭となっている。

テキストとしてのマウリディ

　ザンジバルのマウリディは，預言者生誕祭用に編纂されたテキストに基づいて行われる。このテキスト自体もマウリディと呼ばれる[19]。テキストとしてのマウリディには複数の種類があり，その編纂者によって収録された内容に違いがある。ザンジバルで使われているものは，『バルザンジーのマウリディ[20]（sw. Maulidi ya Barzanji）』，『ハブシーのマウリディ[21]（sw. Maulidi ya Habshi）』，『ダイバイーのマウリディ[22]（sw. Maulidi ya Daibei）』の3種類があり，それぞれの編纂者の名前を

---

[18] 後述するように，特定の団体が行うイベントでは，招待状が発行される。また，より小規模なマウリディは，主催者の縁者に限って参加が認められる。屋外で行われる大規模なマウリディの場合は，ムスリムであれば誰でも参加可能である。

[19] アラブ・イスラーム世界も同様で，預言者生誕祭とテキストは共にマウリドと呼ばれる。

[20] アラビア語版のテキストは，『預言者マウリド集：バルザンジーのマウリド（Majmūʻah Mawlūd Sharaf al-Anām: Mawlid al-Barzanjī）』と題されている［Barzanjī n/a］。

[21] これは通称で，正式な題名は『真珠の首飾り（ar. Simṭ al-Durar）』である［Ḥabshī n/a］。

[22] アラビア語のタイトルも同義で，『ダイバイーのマウリド（ar. Mawlid al-Daybaʻī）』である。

冠した書名で呼ばれている。これらの冊子は，テキストの本編がアラビア語で書かれているが，スワヒリ語による翻訳版[23]も出版されている［Barzanjī 2003］。また，3種類のマウリディが，1冊に合本されたものも売られている（図8.4）。

　ザンジバルでもっともポピュラーなマウリディは，バルザンジー[24]によるものである。このテキストは全体で19の章[25]に分けられており，それぞれの内容は，預言者ムハンマドの歴史的な事跡を描いた散文となっている。すでに触れたように，テキスト自体はアラビア語で編まれているため，ザンジバルで売られている本には，スワヒリ語の対訳とセットになった物が多い。また，マウリディの際に朗誦される関連テキストとして，カスィーダ（ar. qaṣīdah）と呼ばれるアラビア語の長詩や，ドゥアー（ar. duʿāʾ：神への祈願文）が含まれる場合もある。

　これら3つのテキストとしてのマウリディは，ザンジバルのみならず，大陸側のダル・エス＝サラーム，ケニアのモンバサ（Mombasa）やラム島［Knappert 1971: 41–42］，さらには東アフリカ沿岸部地域と同様に，多数のハドラミー移民が移住した，インドネシアでも朗誦されている［新井 2015: 202］。これらの中のどのテキストに重きを置くかは，地域によって異なっているが，地理的には連続性のない国々において，広範囲に同じテキストが使われている事実は，各地のイスラーム実践に対するハドラミー移民による影響の証左となろう。

マウリディの演目

　ザンジバルにおいては，様々な時間と場所で開催されるマウリディであるが，その演目には共通性が見られる。まず，マウリディの最初には，基本的にクルアーンの冒頭部にあたるファーティハ章が朗誦される。これはムスリムの義務である1日5回の礼拝でも誦まれているが，預言者生誕祭においてファーティハ章が重視されるのは，レインが記した19世紀のエジプトでも観察された特徴である［Lane 1860: 445］。これは，祈祷文の一種として機能しており，マウリディ以外の機会に

---

[23] クルアーンのスワヒリ語訳を出版した，ファールスィー（ʿAbd Allāh b. Ṣāliḥ al-Fārsī, 1982年没）による物がポピュラーである。ファールスィーは，ザンジバル生まれのオマーン系住人であったが，ザンジバル革命の際に，ケニアのモンバサに逃れた。当地でカーディー（ar. qāḍī：イスラーム法に基づく裁判官）を務めた後，オマーンにわたって首都マスカト（Musqaṭ）で没した［Musa 1986］。ファールスィーの手によるスワヒリ語版のクルアーン（厳密には，アラビア語の原文以外は解釈とみなされる）は，東アフリカ沿岸部のムスリム・コミュニティにおけるスタンダードとなっている。この翻訳・解釈本は分冊で発行され，革命による中断をはさんで，1969年に避難先のケニアで完成した［大川 2010a: 252］。

[24] バルザンジー（Jaʿfar b. Ḥasan b. ʿAbd al-Karīm al-Barzanjī, 1690–1764）は，ハドラミーと同じ，スンナ派シャーフィイー法学派に属するムフティー（ar. muftī：法的見解を出すことが可能な学者）である［Harries 1962: 103］。家名であるバルザンジーは，一族の出身村である，イラク北部のバルザンジャ（Barzanjah）に由来する［Martin 1976: 229］。

[25] 各章の区切りは，スワヒリ語でムランゴ（sw. mlango：扉）と呼ばれる。

図8.5　キヤーマとバラ水のサービス
（2007年4月11日に筆者撮影）

おいても，アラウィー教団が日常的に行う集団儀礼で朗誦されている。

　マウリディの主要部は，先に挙げたバルザンジーなどが編纂した預言者物語とカスィーダで構成される。イベントの主催者によって，どのテキストを用いるかに違いは出るが，いずれの場合でも，会場に設営された舞台上で，演者が預言者物語とカスィーダを交互に朗誦するのが基本的な流れとなる。預言者物語自体は非常に長いため，現在のマウリディでは，主要な章だけを抜粋して朗誦される[26]。また，テキスト通りアラビア語で朗誦される預言者物語に対して，カスィーダは聴衆にとって，より身近なスワヒリ語の詩が選ばれることがある。古典とされる長詩から，現代の作家の手による作品まで，様々なカスィーダが誦まれる。

　イベントの主催者によって，取り上げられる章が異なる預言者物語であるが，預言者ムハンマドの誕生を扱う章[27]だけは，どのマウリディでも必ず朗誦される。預言者の生誕シーンにさしかかると，舞台上での朗誦が中断され，会場にいる参加者の全員が起立する。これはキヤーマ（ar. qiyāmah）と呼ばれ，立って見守ることを意味している。キヤーマの最中は，舞台上の演者だけではなく，参加者の全員で，預言者を讃える特別なカスィーダを誦む。また，カスィーダの朗誦中は，沈香（ar. ʿūd, sw. udi）を焚いた香炉と，バラ水（sw. marashi）を入れたポットを手にしたスタッフが会場を回り，参加者の一人ひとりに香り付けをして身を清めていく（図8.5）。それが終わると，再び着席し預言者物語の続きが朗誦される。

　マウリディの中盤では，主催者が誰であるかを問わず，説教を行う時間が必ず

---

[26] マウリディを短めにまとめている都市部に対して，農村部ではすべての章を朗誦する場合がある（2007年4月14日に実施した，イーサー氏へのインタビューに基づく）。

[27] バルザンジーの場合は，第4章にあたる。付録Cを参照。

設けられている。これらは，イベントによって呼び名が変わる[28]が，登壇した説教師（ar. khaṭīb）が，アラビア語でクルアーンの引用を行いながら，スワヒリ語で聴衆に熱を込めて語りかけるという形式を取る。同様の説教は，成人ムスリム男性の義務である，金曜昼の集団礼拝においても行われている。

マウリディの最後には，参加者全員で神への祈願であるドゥアーが行われる。マウリディのテキストも，最終章としてドゥアーを収録している物が多い。ドゥアーの後は閉会であるが，引き続き，会食の時間が設けられることもある。

8.2 マウリディを支えるもの

大衆化が進んだザンジバルのマウリディは，現在ではアラウィー教団の関係者だけではなく，ザンジバル住民の大半が老若男女を問わず，何らかの形で関わる催し物となっている。そのため，様々な人間が裏方として祝祭を支えることで，イベントとしてのマウリディが実現されている。そこで本節では，現代のマウリディが，どのようなプロセスで実施されるのかについて述べる。

8.2.1 マウリディの主催者たち

マウリディはアラウィー教団の儀礼であるが，ザンジバルでイベントとして行われる預言者生誕祭の主催者は，同教団の関係者だけではない。次節の事例でも取り上げるように，現在はザンジバル革命政府自体がマウリディの主催者となっているほか，野党であるCUF（Civic United Front：市民統一戦線）も支持者を集めて預言者生誕祭を行っている。第3章で述べたザンジバル住人を構成する各エスニック集団は，それぞれに相互扶助を目的とした協会を設立しているが，これらの団体もマウリディを主催している。さらに，ザンジバルは街区ごとに住民のコミュニティが存在しており，地域住民が主体となったマウリディも行われる。他にも親族を中心とした，プライベートなマウリディがあるなど，ザンジバルの預言者生誕祭は，主催者によって規模や目的，性質などに違いが見られる。

いずれの主催者の場合も，マウリディの催行に際しては同様の手続きが踏まれている。まず，マウリディの1ヶ月前にあたるムフングオ・タノ（sw. Mfunguo Tano：明け5月）に実行委員会が設立される。ここではイベント開催のための現実的な問題として，資金をどのように調達するかが主に話し合われることになる。スポンサーや関係者の寄付[29]などによって，預言者生誕祭開催の見通しが立つと，

---

[28] 筆者の観察では，ワイザ（sw. waidha, ar. waʿẓ），フトゥバ（sw. khutuba, ar. khuṭubah），ハディスィ（sw. hadithi, ar. ḥadīth）などの使用が見られた。

[29] マウリディ自体は主催者に関わらず無料であり，一般の参加者に経済的負担はない。

次にイベントで担当する役割ごとに下位の作業グループが組織される。収容人数に合わせた会場の手配，マウリディで取り上げる預言者物語の章やカスィーダの決定，演目終了後の会食や引き出物として会場内で提供される食物の調達など，各グループが具体的な作業を進める。また決定したプログラム内容に合わせて，招聘するパフォーマーの選定と出演交渉が行われることになる。

　開催日の当日は，実行委員会のスタッフが会場の設営を行う。マウリディの会場は，基本的に演者が登壇するステージと，一般参加者が着席する客席に分かれている。舞台の設営と飾り付け，来賓用のテントの組み立て，観客が座るマットやイスの設置が行われ，また夜間に開催する場合には照明器具も配置される。ステージ上方には，能筆家の手によるアラビア書道で装飾された横断幕も架けられ（図 8.7 を参照），会場の端まで音声が届くように音響装置も運び込まれる。会場周辺には，休憩用のスペースやコーヒースタンドも設置されるなど，祝祭を盛り上げ，参加者をもてなすための様々な配慮が重ねられる。そして，マウリディの開催時間になると，会場入り口にスタッフが並んで来場者を出迎えるのである。

8.2.2　マドラサとマウリディ

　マウリディにおいて，舞台上で詩歌の朗誦を行うのは，マドラサ（ar. madrasah）の生徒と教師である。マドラサとは，イスラームの専門教育をムスリム門弟に提供するための学校である。政府が運営する公立学校は，西洋型の教育システムを採用しているのに対し，マドラサは私立学校であり，クルアーンやイスラーム法の理解を中心としたイスラーム教育[30]に特化している。ザンジバルの子供たちは，基本的に公立学校とマドラサの両方に通っている[31]。

　イスラーム諸学の教育とともに，ザンジバルのマドラサにおいて指導の柱となっているのが，テキストとしてのマウリディである。ザンジバルの各所にあるマドラサは，お互いに競うように生徒に対してマウリディ朗誦のトレーニング[32]を実

---

[30] クルアーンについては，読誦法，内容の解釈，章句の暗記が指導される。イスラーム法に関しては，イバーダート（ar. ʿibādāt：神と人間の関係），ムアーマラート（ar. muʿāmalāt：人間同士の規定）となっており，これらの法源に関わるハディース学も扱われる。また，預言者伝とイスラーム史，神学，アラビア語（統語法，形態論），道徳もカリキュラムに含まれる（2007 年 4 月 15 日に実施した，参与観察に基づく）。

[31] 公立学校の授業は，午前もしくは午後の半日で終わるため，残りの時間をマドラサで過ごすことになる。通常，マドラサでは，午後と午前に同じ内容のカリキュラムが設けられている。そのため，生徒が通う公立学校の授業が，朝昼のいずれで行われる場合でも，空いた時間帯にマドラサで受講できるようになっている。

[32] 生徒が朗誦するのは，基本的に長詩であるカスィーダである。預言者物語の散文は，資格（sw. ijaza, ar. ijāzah）を有する朗誦師が担当する。多くの場合，マドラサでマウリディの指導にあたる教師が，その有資格者となっている。

施しており，学校によって朗誦の技巧面で大きな優劣の差が生じている。マウリディにおいて実際にステージに上がることができるのは，イベント主催者によって多数の候補校の中から選定されたマドラサの生徒だけである[33]。

　出演者の選抜は，マウリディに招聘されるマドラサの内部においても行われている。各マドラサでは，預言者生誕祭が行われる2ヶ月前に，全生徒の中から優秀な者を数十人ほど選び，彼らを対象としたマウリディ特別クラスが編成される。これは通常の授業が終わった後である夜間[34]に開講されている。特別クラスでは，バルザンジーをはじめとする主要なマウリディのテキスト，カスィーダの朗誦，そしてカスィーダに付随した楽器の演奏が指導される[35]。

　優秀な生徒を多数擁するマドラサにとって，マウリディへの出演は一種のビジネスとして機能している[36]。イベント主催者から依頼を受けると，スケジュール管理を担当するマドラサ職員が，出演者のブッキングを行う[37]。パフォーマンスを担当する教師と生徒たちは，ステージ衣装としてターバンやコフィア[38]（sw. kofia, ar. kūfīyah：被り物）を同じデザインの物に揃えて，指定された日時にマウリディ会場へ向かう。主催者からマドラサに対しては，マウリディへの出演料[39]として，1回あたり日本円に換算して最低でも1,000円以上[40]が支払われる。この出演料はマドラサ側の収入であり，出演する子供たちに対する報酬ではない。ただし，次節で紹介する事例のように，結婚式などで行われる私的なマウリディで登壇する場合は，出演料の代わりに50～100円程度の粗品が主催者から生徒に渡されるか，マドラサが受け取った出演料が分配される。

---

[33] 2007年4月14日に実施した，イーサー氏へのインタビューに基づく。

[34] 夜7時前後に行われる夜間の義務礼拝の後に設定されている。開講時間は，毎日3時間程度である。なお，マウリディの当月であるムフングオ・スィタ（明け6月）に入ると，出演する生徒の喉をケアするために，特別クラスは開講されなくなる。

[35] マウリディは本質的にアラウィー教団の儀礼であるため，特別クラスにおいては，教師の中でも同教団のメンバーが中心になって生徒の指導にあたっている。

[36] 2007年5月5日に実施した，アブドゥルカーディル氏へのインタビューに基づく。

[37] 私立学校であるマドラサにとって，マウリディへの出演料の受け取りは，貴重な収入源となっている。ザンジバルのマドラサにおいては，有名無名を問わず，生徒へのマウリディの指導が盛んであるが，その背景には学校経営上の問題もあると考えられる。

[38] ザンジバルにおけるムスリム男性の正装の一つで，浅いトルコ帽型に成形された円筒形の帽子である。ザンジバル女性による手工芸品であり，複雑なフェルト刺繍が施されている。語源となったアラブのクーフィーヤは，四角い布を黒い輪で留めた物で，被り物という点を除いて，コフィアとはデザイン上の共通性がない。

[39] 出演料は，キナラ（sw. kinara）と呼ばれる。キナラの原義は，ステージである。

[40] 参考までに，タンザニアの公務員の月給は，日本円で5,000円程度である。

図8.6　政府主催のマウリディ
（2005年4月21日に筆者撮影）

8.3　マウリディの規模と性質

　ザンジバルにおいては，ヒジュラ暦の第3月12日以降，ムフングオ・スィタ（明け6月）の月末まで，繰り返し行われるマウリディであるが，これらは主催者の種類と性質によって，いくつかのカテゴリーに分類可能である。マウリディには，特定の家族が主催するもの，街区を単位にしたもの，政党や各種の団体のもの，政府主催のものがあり，イベントの規模や参加者の数は，この順に大きくなる。また他にも，ムフングオ・スィタ以外の期間に行われる特殊なマウリディがある。本節では，これらのマウリディの特徴について，規模の大きいものから順に見ていく。また期間外の事例として，結婚式におけるマウリディも取り上げる。

8.3.1　政府主催のマウリディ

　参加者数やプログラム内容など規模の点で最大のものは，預言者の生誕日前日の第3月11日の夜に開かれるマウリディである（図8.6）。このマウリディは表向き，ミラディ・エルナビー協会[41]（Miladi-el-Nabii）の主催となっているが，実質的主催者はザンジバル州政府である。多数の参加者を収容できるよう，ウングジャ島の都市部であるストーンタウンの郊外，南東方向にあるマイサラ（Maisara）と呼ばれるスポーツグランドが会場となっている。イベントには誰でも参加可能であり，テレビ中継も行われる。また，マウリディのプログラムでは預言者物語

---

[41] これは，アラビア語をスワヒリ語に音訳したもので，正式にはミーラード・アンナビー（ar. Mīlād al-Nabī）と表記される。日本語に訳すと預言者生誕日協会となる。

図8.7　協会主催のマウリディ
ヤミーン慈善協会主催のもの（2007年4月11日に筆者撮影）

の章が多く誦まれ，交互にカスィーダも挿入されるなど構成が豪華である。

第2章と第6章で述べたように，1964年のザンジバル革命後に成立した社会主義を標榜する革命政府が，イスラームに関わる公的な活動を制限してきたため，マウリディなどの宗教的な祝祭も1980年代までは途絶えていた。多党制に移行した現在でも，政権与党[42]は代わっていないが，奇妙なことに近年は政府がマウリディを主催するようになっている。そのため，イベントにはザンジバル革命政府の大統領をはじめとして，政府高官が列席している。また，通常はマウリディの一番最初に位置付けられる神への祈願やクルアーン朗誦に先駆けて，ザンジバル州歌の斉唱や演説が行われる。マウリディの開会と閉会は，大統領や閣僚が乗った政府専用車の入退場を基準に実施されており，それに際しては参加者の全員が，預言者物語のムハンマド生誕シーンで行うように，起立して敬意を表すなど，宗教的祝祭としては異例の政治色の濃いイベントになっている。

8.3.2　政治団体・各種協会主催のマウリディ

規模の面で政府主催に次ぐものが，政治団体や各種協会によるマウリディである（図8.7）。誰でも参加可能であった政府主催のマウリディと異なって，基本的に招待状を持つ関係者だけが参加できるイベントとなっている。会場となるのは，数百人程度の参加者を収容できる，中型ホールや学校施設である。演目で取り上げられる預言者物語の章やカスィーダは，政府主催のイベントより大幅に減らさ

---

[42] 大陸側の政党と統合されたことから，党名はアフロ・シラズィ党（Afro-Shirazi Party：略称ASP）から，タンザニア革命党（Chama Cha Mapinduzi：略称CCM）に変化している。

図8.8　街区におけるマウリディ
（2007年4月16日に筆者撮影）

れており，祝祭自体の長さも3分の2程度の時間で終了する。カスィーダの選択においては，より伝統的なものが好まれる傾向があり，ドゥフ（sw. dufu, ar. duff）とよばれるタンバリンに似た形状の大型の打楽器も用いられる[43]。

　このカテゴリーのマウリディには，ステージ上の演目が終わった後に，会食の時間が設けられていることが多い。イベントの進行中には，横並びの列を作って前向きに座っている参加者が，会食に際しては，対面になるよう一列ごとに向きを変える。次に，向かい合ったスペースに食事用のマットが広げられ，大きな盆に盛り付けられたピラウ（sw. pilau：ピラフ）が数人おきに置かれる。参加者たちはこれを右手だけで器用に握って食べる。食事中は，舞台上で専用のカスィーダが誦まれる。特定のサークルに属する人々に向けたイベントであるため，参加者同士の親睦を深めることがマウリディの大きな目的となっている。

8.3.3　街区のマウリディ

　街区（sw. mtaa）単位で実施されるマウリディ（図8.8）は，主催者・参加者の双方ともが地域住民である。会場には，街区内にある駐車場や空き地等の広場が利用されており，屋外なので仮設ステージが組まれる。必要な道具や機材は各人が持ち寄りで調達するなど，手作り感にあふれたイベントになっている。開催される地域は，都市部のストーンタウンに加えて，島内に点在する農村部など様々で，場所によってプログラムで取りあげる演目には地域色が見られる。
　ステージ上のパフォーマンスは，政府や各種団体のマウリディとは異なって，

---

[43] ドゥフの使用は，ケニアのラム島で行われるマウリディにおいて，より一般的である。

ザンジバル全土に名前を知られた朗誦者ではなく，街区内にあるイスラーム学校であるマドラサの教師と生徒や，地域住民自身が中心になって行う。また，マウリディで朗誦されるカスィーダは，規模の大きいマウリディにおいてはアラビア語で書かれた作品が中心となっていることに対して，街区のマウリディではスワヒリ語による長詩もよく誦まれている[44]。さらに預言者物語も，章によってはアラビア語とスワヒリ語の両方で読誦されるなど，語学の知識が限られた一般のムスリム住民も楽しめるように，演目に工夫がこらされている。

　ザンジバルのマウリディの中でも，街区のイベントにだけ見られる特徴としては，客席から舞台へ向けた声かけが挙げられる。これは預言者に呼びかける形を取っているが，舞台上でのパフォーマンスが良かった場面での，一般参加者からのリアクションである。ステージと客席の一体感を演出するこれらのしくみは，街区におけるマウリディの性質をよく表していると言えよう。

8.3.4　家族のマウリディ

　特定の家族が主催するマウリディは，ザンジバルにおいては最も規模の小さな預言者生誕祭となる。政党や各種団体の場合と同様に，主催者が発行した招待状を持つ関係者だけが参加可能なイベントである。ただし，会場となるのは，その家族と関わりの深いモスクや家屋[45]となるため，収容できる人数も数十人程度に限られている。来賓を出迎えて対応するのは主催者の家族であるが，パフォーマンスを行うのは，資格を持った専門の朗誦家である[46]。

　すでに述べたように，ザンジバルの預言者生誕祭では，標準テキストとして一般的にバルザンジーが使用されるが，このカテゴリーのマウリディにおいては，ダイバイーやハブシーといった，他の編纂者による預言者物語がしばしば誦まれている。いずれのテキストを使用した場合でも，預言者物語とカスィーダが交互に朗誦されるという，祝祭のプログラム構成自体は共通している。また，預言者ムハンマドの生誕シーンでは，バルザンジーの場合と同様に，参加者全員が起立して敬意を表す場面が観察できる。プライベート色の濃いマウリディであるため，主催者の家族の出身地で使用されるテキストが選ばれるなど，主催者側の好みが強く反映されている点が特徴的である。

---

[44] 預言者の生誕シーンで誦まれるカスィーダは，アラビア語で書かれた専用のものが定められているが，街区のマウリディでは，全く異なるスワヒリ語詩が使われることもある。

[45] 基本的に，主催する家族の父祖が建てた宗教施設や集会所である。ワクフ（ar. waqf：所有権を手放した寄進財）として管理されている建物が多いと推定される。

[46] ただし，特殊なマウリディが選ばれた場合は，資格を持つ朗誦家であっても馴れていないことから，誦み間違えてやり直す様子がしばしば観察される。

図8.9　結婚式におけるマウリディ
後列の左から4人目が新郎（2007年5月17日に筆者撮影）

8.3.5　結婚式のマウリディ

　マウリディの中には，ムフングオ・スィタ（明け6月）以外の期間に行われるものがある。先に述べた家族が主催する預言者生誕祭も，期間外に開催されることがあるが，ザンジバル住民にとってよりポピュラーなものは，結婚式（sw. harusi）で朗誦されるマウリディであろう。ザンジバルにおいて，結婚式は金曜日に行われることが多く，早朝，昼の礼拝後，夕方の3つの時間帯に分かれている[47]。この中で，マウリディが朗誦されるのは夕方の結婚式である[48]。

　結婚式で行われるマウリディの演目も，通常の預言者生誕祭と同じ構成である。バルザンジーの預言者物語とカスィーダが交互に朗誦され，預言者ムハンマドの生誕シーンでは，参加者が起立して敬意を表すキヤーマもある。中盤では宗教指導者による説教の時間が設けられており，閉会に際してはドゥアーが行われる。相違点は，キヤーマの最中に新郎が入場することと，預言者物語の第4章の朗誦が終わった段階で，結婚契約式[49]が挿入されることである（図8.9）。

　結婚契約式では，まず証人がアラビア語で書かれた結婚契約書を読み上げる。次に，新婦の父がイズニ（sw. idhini/idhni, ar. idhn）と呼ばれる許可を，同様にアラビア語で読み上げて，それに新郎が同意する。そして，これら両者が握手することで結婚契約は締結となる。最後は，参加者が個々にクルアーンのファーティ

---

[47] 2011年11月18日に実施した，ザイナブ氏へのインタビューに基づく。

[48] 結婚式は，男女が完全に分離された状態で行われる。会場自体が別の場所に設定されるため，筆者が参与観察することができたのは，男性だけが集まる結婚式である。

[49] 結婚契約式は，アクディ（sw. akidi/akdi, ar. 'aqd）と呼ばれる。

ハ章をボソボソと小声で唱え，さらにドゥアーを行う。

　一連のマウリディの演目が終了すると，参加者全員に軽食が振る舞われて会食の時間となる[50]。会食時間中は，各種団体が主催するマウリディの場合と同様に，背景音楽のようにステージ上でカスィーダの朗誦が行われる。結婚式の場合には，通常のカスィーダに加えて，歌のようにメロディーを付けたものも含まれる[51]。

　ザンジバルにおいては，結婚式以外の場面でも，新しい建物の開所式や子供が生まれて40日目[52]などにマウリディが開かれる。これらは，ハドラマウトで行われていた習慣が導入されたものである。本質的に預言者ムハンマドの生誕を祝う儀礼であると考えると，ムフングオ・スィタ（明け6月）と無関係な機会にマウリディを開くのは奇妙に思えるが，預言者を讃えることで，新しい家族，建物，子供にバラカ（ar. barakah：神の恩寵）がもたらされるのだとされる[53]。

8.4　考察

　本来は，アラウィー教団の儀礼として東アフリカ沿岸部に導入された預言者生誕祭であったが，ザンジバルでは民衆の祭マウリディとして，地域住民の多くが関わるイベントとなっていた。預言者ムハンマドの生誕を祝して行われる祭事という本質においては，アラブ・イスラーム世界のマウリドも，ザンジバルのマウリディも，目指すところは同じである。それでは，マウリディとはアラブ起源の祝祭の東アフリカ版であったと，単純に結論付けられるのであろうか。

8.4.1　マウリドとマウリディ

　ザンジバルのマウリディの特質を明らかにするために，他のアラブ・イスラーム世界における預言者生誕祭が，どのような構成になっているのか，簡単な比較を行いたい。本節では，この祝祭の最古の記録が残り，かつ近代以降も活発に預言者生誕祭が行われてきた，現代エジプトのカイロにおける預言者マウリド[54]

---

[50] 結婚式は2日間にわたって行われる。本節で取り上げた1日目は，結婚契約式を兼ねているため，やや厳粛な空気がある。2日目は披露宴としての性格が強く，くつろいだ雰囲気のもとで，会食の時間が長めに取られている。

[51] メロディー付きのカスィーダは，ナシーダ（sw. nashida, ar. nashīd）と呼ばれる。

[52] これはアルバイニ（sw. arubaini, ar. arubaʿūn）と呼ばれる。出産後の女性が，40日後に月経を迎えることに起因する。背景には経血に対する穢れの意識がある（2007年5月19日に実施した，イーサー氏へのインタビューに基づく）。

[53] 2007年5月19日に実施した，イーサー氏へのインタビューに基づく。

[54] すでに述べたように，アラブ・イスラーム世界では，聖者の生誕祭もマウリドと呼ばれるため，ここでは大塚の表記にしたがって預言者マウリドとしている［大塚 2000: 152］。

の研究事例を手がかりとする。ここでは資料として，社会人類学者の大塚による論考［大塚 2000: 152-161］をもとにまとめる。

カイロにおける預言者マウリド

　現代のカイロにおける預言者マウリドでは，ムハンマドの生誕日の約1ヶ月前から，次第に祭りの気分を盛り上げる行事が始まる。ここで中心的な役割を果たしているのは，イスラーム神秘主義者であるスーフィーである。この時期，スーフィーたちは教団ごとに集まって，各拠点においてクルアーンや詩の朗誦，神の名前を繰り返し唱える儀礼であるズィクルを行う。

　預言者ムハンマドの生誕日の前日にあたる，ヒジュラ暦の第3月11日の午後になると，スーフィーたちは教団ごとに数百人規模で隊列を組んで町を練り歩く。時間帯は，ムスリムの義務であるアスル礼拝（ar. Ṣalāt al-ʿAṣr：午後の礼拝）と，マグリブ礼拝（ar. Ṣalāt al-Maghrib：夕方の礼拝）の間である。沿道に砂糖菓子や玩具を売る出店が立ち並ぶ中，旗を掲げたスーフィーたちの一行は，鐘や太鼓を打ち鳴らしながら，マウリドの会場となる広場まで行進していく。

　すでに述べたように，預言者生誕祭においては，日没後に日付が切り替わる旧来の暦観が残っているため，第3月11日の夜以降は12日の扱い，つまり預言者の生誕日当日となる。カイロの場合は，11日の夜をライラ・カビーラ（ar. laylah kabīrah：大きい夜）と呼んでおり，預言者生誕祭のメイン・イベントが行われる。広場には教団ごとにスーフィーたちのテントが張られ，その内部では教団指導者を軸にマディーフ[55]の朗読やズィクルなどが数時間行われて散会となる。

アラブ地域との比較から

　ザンジバルにおけるマウリディの流れを，カイロの預言者マウリドと対比させて再確認する。マウリディはまず，開催期間の点でカイロの祝祭と大きく異なっていた。預言者の誕生日の前日である，ヒジュラ暦の第3月11日に大きな預言者生誕祭が開かれるところは共通している。しかし，カイロでは11日の夜に，祝祭がクライマックスを迎えるのに対して，ザンジバルではこの日が一連のイベントの初日となっており，その後は島内各所に場所を移しながら，毎晩のように繰り返し祝祭が開かれる[56]。マウリディは主催者を代えつつ，預言者の生誕月であるムフングオ・スィタ（明け6月）の月末まで，反復継続的に実施されていた。

---

[55] 大塚はマディーフ（ar. madīḥ）を「預言者を讃える讃歌」としている［大塚 2000: 153］。内容と目的は，マウリディにおけるカスィーダに近いものであると考えられる。

[56] ザンジバル同様，ハドラミー移民が多く暮らすマレー半島においても，ザンジバルと似た事例が報告されている。ハドラミーの中でも預言者ムハンマドの血族であるサイイド（ar. sayyid）と，この地域のマウリドの関係を論じた久志本によると，近年，インドネシア，マレーシア，シンガポールの主要都市で，日程をずらしながら繰り返しマウリドが開催されており，宗教指導者のグループが各地を巡回しているという［Kushimoto 2013: 61］。

会場の様子にも違いが見られる。カイロでは，広場が共有されているが神秘主義教団はそれぞれに専用のテントを張っており，個別に儀礼を行っていた。ザンジバルのマウリディでは，各主催者が事前に設定したプログラムにしたがって，会場全体で一体的にイベントが進められていく。会場周辺の通りはマウリディとは関わりがなく，施設外にスーフィーのテントも存在しない[57]。

イベントとしての構成内容も大きく異なる。カイロの預言者マウリドにおいて中心的な役割を果たしているのは，スーフィーと彼らが所属する教団で，儀礼の内容もズィクルを中心としていた。一方，ザンジバルのマウリディでは，会場に設置されたステージに，専門のパフォーマーが順に上がって演目をこなしていくスタイルになっている。プログラムはスーフィーの儀礼であるズィクルを含んでおらず，預言者物語とカスィーダの朗誦を中心に構成されていた。

カイロの預言者マウリドと比べると，ザンジバルのマウリディの場合は，預言者ムハンマドの生誕を祝うという，祝祭の目的と枠組み自体は共通している。しかし，実際の祝祭の場においては，スーフィーが直接的な関与を示す場面はなく，実行委員会の存在に端的に現れているように，極めて組織化の進んだイベントとして構成されている点に独自性があったといえる。

8.4.2 ザンジバルのマウリディが担う機能とは

次に，ザンジバルにおいてマウリディが担っている役割について考えてみたい。ここまで見てきたように，ザンジバルでは複数回マウリディが開かれているが，これらはプログラムの内容など祝祭自体の基本構成は共通しているものの，主催者によってイベントの性質と機能が異なっている。そこでこれら2つの観点から本章の事例を分類し，マウリディが開催される目的について検証する。

マウリディが持つ性質

ザンジバルのマウリディを特徴付ける性質としては，イベントにおける政治性と民衆性が挙げられる。この軸で分類すると，前者には政府主催，そして政党や団体主催の事例が該当し，後者にはそれら以外のマウリディが当てはまる。

---

[57] ウングジャ北部地域で行われるマウリディでは，会場の周辺に神秘主義教団のテントが建てられることがある。また，トゥンバトゥ島では，教団旗（sw. bendera, ar. bandīrah）を先頭にしたスーフィーの行進が見られる（2005年5月8日に実施した，参与観察の結果に基づく）。本章で取り上げたマウリディの事例は，いずれもアラウィー教団が確立した預言者生誕祭の形式に厳密にしたがっており，同教団の儀礼においてスーフィーが行進する場面はない。しかし，ザンジバル北部の農村部の場合は，地域内にカーディリー教団の活動拠点が数多く存在するため，その影響があるものと推察される。また，同じマウリディという名前のもとで行われてはいるが，都市部を中心とするアラウィー教団とは，別のルートから導入された祝祭である可能性もある。農村部とカーディリー教団の関係については，拙稿［朝田 2007］でも触れたが，今後さらなる研究が望まれる分野である。

政府主催のマウリディの特質は，何よりも政治的な色彩を帯びている点にある。これは預言者生誕祭という，本来は宗教的なイベントが，ザンジバル住民の大半を占める，ムスリムを中心とした多数の有権者を動員可能な手段として活用されているためだと考えられる。同様の性質は，政党や各種団体のマウリディにも見られた。団体のイベントは，招待客だけが参加できるようになっており，組織としての統一的なイメージが，マウリディを通して共有されることになる。
　一方で，街区のマウリディには，預言者生誕祭が本来持っている，民衆の祭としての側面が強く出ていた。街区のマウリディは，地域住民のための祝祭であり，出演者と観客の双方が住民であった。また，本来，アラビア語と不可分なイスラームの儀礼において，例外的に彼らの母語であるスワヒリ語が多用されており，大衆性を獲得する仕組みも備えていた。一方，家族主催で行われる預言者生誕祭や，結婚式におけるマウリディにも同じことが指摘できる。家族のマウリディは，主催者の好みで演目が決定され，関係者が管理するモスクや個人の邸宅を会場とするなど，公的なマウリディにはない，手作り感や私的要素の多い祭事であった。また，結婚式では預言者の生誕を祝うという形式を取ることで，神の恩寵であるバラカの獲得が期待されており，多分に民衆の祝祭的な性質が見られた。

マウリディが持つ機能

　ザンジバルにおけるマウリディを機能面から観察すると，聴衆に対する一方向的なアピールと，参加者同士のコネクションが対極に見られる。この軸で分類すると，前者は政府主催のマウリディが，後者はそれ以外の事例が当てはまる。
　政府のマウリディは，イベントの最初と最後に配置された，政治的アピールに顕著なように，公的に設定された一種の劇場であると考えることができる。この劇場的な空間においては，見る側と見られる側は完全に隔絶されており，主催者である政府が見せたいものを，観客である参加者は一方的に受容することが求められる。両者は同じ会場において，まったく別の世界に属しているのである。
　一方で，街区での預言者生誕祭は，日常生活におけるテリトリーの内側にある，参加者自身のマウリディであった。舞台に対する自由な声かけに見られたように，ここでは見る側と見られる側の境界線は曖昧であり，参加者相互の結び付きを促進する装置として，マウリディが機能していた。コネクションの機能は，政党や団体のマウリディも見られる。イベント内における会食時間の設定には，来場者間の親睦を深める狙いがあった。同様の機能は結婚式にもある。そもそも結婚式とは，2つの親族グループを契約によって結び付ける式典である。結婚式の中心となる契約締結式の後には，これを機に新たな関係を持つことになった新郎新婦の親族同士が，共に会食する時間も設けられていた。また，家族のマウリディもこのカテゴリーに含まれるであろう。主催者の一族のルーツに関わる演目が設定され，マウリディを通して親族集団内の結束が再確認されるためである。

8.5 おわりに

　本章では，ザンジバルで行われている預言者生誕祭について，具体的な事例を取り上げながら，祭事と住民の関わりに注目し，マウリディの構造や特質を考察してきた。その結果，一見，同じ目的を持った祝祭の場でありながらも，ザンジバルのマウリディが，アラブ・イスラーム世界の預言者マウリドとは，また異なった構造を持っていること，そしてザンジバルの中でもイベントの主催者によって，様々な性質と機能が付与されていることが示された。ハドラミー移民が，彼らの移住とともに東アフリカ沿岸部に導入した，アラウィー教団のイスラーム実践が，どのように地域住民に受け入れられているのか，その一端を，明らかにできたのではないかと思われる。

第 9 章
タリーカの境界線

図9.1 アラウィー教団のウラマーの肖像
(イーサー氏の執務室にて，2011年10月23日に筆者撮影)

　ザンジバルにおいて，ハドラミーのタリーカ[1]（ar. ṭarīqah）であるアラウィー教団を特徴付ける最大の要素は，儀礼におけるオープンな性質にある。前章までの議論で明らかになったように，モスクを拠点に活動する同教団は，集団儀礼を公衆に開放しており，その活動には教団メンバーではない一般のムスリムが数多く参加している。また，預言者ムハンマドの生誕祭であるマウリディは，普段のモスクにおける儀礼には加わることがない女性や子供を含めて，全ザンジバル住民が関わる規模のイベントとなっていた。しかし，タリーカが特定の流派に属するスーフィー[2]（ar. ṣufī）たちが集結した組織であるとするならば，アラウィー教団の活動に見られるこの特質は，いささか奇妙な印象を与える。
　第 IV 部のまとめとなる本章では，タリーカの教義的な側面に注目することで，アラウィー教団に見られる開放性の背景に迫りたい。その手がかりとして，まず

---

[1] スーフィー教団や神秘主義教団と訳されることが多い。一般論としてのタリーカの歴史は本章9.3.1節を，アラウィー教団の成立と展開については第 7 章7.2.1節を参照されたい。
[2] 一般に，イスラーム神秘主義者と訳される。詳細は，本章9.3.1節を参照されたい。

アラウィー教団におけるメンバーシップのとらえ方を中心に議論を進める。本章の後半では，教団の儀礼がなぜ行われるかという，参加者側の動機について検討する。そして最後に，タリーカをめぐる事例と語りの総括として，ザンジバルのアラウィー教団とは，いかなる存在であったのかを考えてみたい。

9.1　メンバーシップをめぐる言説

　ムスリムは生まれながらにしてタリーカのメンバーとなることはない。何らかの契機で，自発的にその地位を選択することになる。つまり，タリーカには構成員であるための，メンバーシップをめぐる条件が存在するのである。その一方で，アラウィー教団の儀礼における，誰もが参加できるという開放性は，この事実とどのように折り合いを付けているのかという疑問を喚起する。そこで本節では，アラウィー教団および同教団以外のタリーカにおける集団儀礼の指導者と，その参加者に対するインタビューから，この問題について考える。彼らの語りから，何が人々を教団のメンバーとするのか，そしてタリーカの内と外を隔てる境界線は，儀礼における開放性とどのように関わっているのかを検討したい。

9.1.1　加入プロセスについての語り

　一般ムスリムとタリーカとの関わりは加入することから始まる。カーディリー教団やシャーズィリー教団といったタリーカのメンバーになるには，イジャーザ[3]（sw. ijaza, ar. ijāzah）が必要である。イジャーザとは，一般的にライセンスを指して用いられる言葉であり，これらのタリーカでは，加入儀礼を行うことで人々がイジャーザを帯びた状態，つまり正式なメンバー資格を得たとみなされる。この点に関して，ザンジバルにおけるシャーズィリー教団の代表者アフマド氏による，イジャーザとタリーカの加入プロセスについての語り[4]を見てみたい[5]。

> 「タリーカの指導者と握手することで，イジャーザは成立する。これは人々がタリーカに入る儀式である。加入儀礼には，他にも水を飲む形式がある」

---

[3]　タリーカにおけるイジャーザの意味付けは多義的である。本章 9.1.4 節では，メンバーシップ観との関わりから，アラウィー教団におけるイジャーザの機能について考える。また，本章後半の考察においても，9.3.2 節でタリーカとイジャーザの関係を再検討する。

[4]　以下の内容は，2005 年 4 月 25 日，および 5 月 7 日に実施したインタビューに基づく。

[5]　本章における語りは，スワヒリ語で行われた。ただし，話者が意図的に英語やアラビア語を用いて話した部分は，説明を添えてそのまま収録した。また，段落の区切りやカッコ内の補足は筆者が加えている。

「シャーズィリー教団への入会に際して，水や牛乳を飲んだり握手したりするのは，合図（sw. ishara, ar. ishārah）に過ぎない。大勢の前で指導者がイジャーザを与えると宣言し，全員が受け取りましたと答えることでもイジャーザは成立する」

　この語りで明らかになるのは，一般のムスリムがタリーカに加入する際には，水を飲んだり握手をしたりという儀礼が行われること，そして儀礼自体は象徴的なものであり，教団指導者の許しによってイジャーザが成立する，つまり正式なメンバーとなるということである。

　次に，アラウィー教団のケースを見てみたい。ノルウェー・ベルゲン大学の歴史学者であるバンによれば，かつてアラウィー教団においても加入儀礼として，入門希望者には，教団指導者のヒルカ（ar. khirqah）と呼ばれる外套を，身にまとうことが定められていたという［Bang 2003: 13–14］。この記述はシャーズィリー教団における象徴的な加入儀礼を思わせるが，現代のアラウィー教団にもあてはまるのであろうか。ザンジバルにおけるアラウィー教団の代表的なウラマー[6]の一人で，現地人イスラーム研究者でもあるイーサー氏の語りである[7]。

「アラウィー教団は，ヒルカを身に付けるような儀礼を行わない」

「ヒルカ，ショール，ターバンといった教団指導者の持ち物を身に付けるのは，バラカ（ar. barakah：神の恩寵）のためである。それをするしないがメンバーシップの鍵を握っているわけではない」

「（アラウィー教団は）宗教そのものと同じであるから，ムスリムであれば無条件でメンバーになれる。それは，クルアーンを読むのに何のライセンスも必要ない[8]のと同じである。したがって，ルールに従う限りは自動的にメンバーになる。（中略）加入に際してイジャーザは必要なく，ルールに従う限りはメンバーである」

　イーサー氏は，バンが挙げた儀礼は一般的なタリーカの話であって，アラウィー教団の場合にはあてはまらないと述べている。またこの語りでは，ヒルカなど指導者の持ち物に触れるのは，そこに宿ったバラカを受け取るためであり，メンバー

---

[6] ウラマー（ar. 'ulamā'）は，イスラーム諸学を修めた学者・知者を意味する。本来は複数形であるが，日本のイスラーム研究においては，一人の学者に対してもウラマーの用語をあてることがある。

[7] 以下の内容は，2007年4月18・21日，および5月1日に実施したインタビューに基づく。

[8] ただし，クルアーンには正しいとされる読誦法が定められており，その知識と技術を身に付けたことを証明するためのイジャーザは存在する。

シップとは無関係であるとしている。さらに興味深いことに，アラウィー教団への加入にあたっては，イジャーザは必須要件ではなく，ただ教団の定める儀礼を行うだけで無条件にメンバーとみなされるという。

9.1.2 タリーカへの帰属

　タリーカへの加入に際して，アラウィー教団とそれ以外の教団では，加入資格としてのイジャーザ[9]が必要かどうかという点で，大きな違いが見られた。特にアラウィー教団においては，教団が定める儀礼を行うだけで，自動的にタリーカのメンバーとしての資格が充足される。この認識に立てば，本書の第7章や第8章の事例で取り上げた，アラウィー教団の儀礼に参加する一般のムスリムたちは，みな同教団のメンバーということになってしまう。

　自らの意思で加入儀礼に参加した上で教団員となる一般的なタリーカに対して，アラウィー教団が行う集団儀礼の参加者は，自分たちの行為がメンバーシップに関わっていることを自覚しているのだろうか。アラウィー教団に対する帰属意識について，ウラディ（第7章7.3.2節『週単位の儀礼』を参照）に参加していた，二人の男性ムスリムに話を聞いてみた[10]。

　　　サーリフ氏「私はアラウィー教団のメンバーではないが，たまにウラディなどに参加している。ウラディがアラウィー教団の儀礼だということは知っている。私は他にマウリディにも参加している。妻が特に熱心で，家でもアラウィー教団の儀礼を行っている」

　　　ウマル氏「ウラディには毎週参加している。これがアラウィー教団の儀礼だと理解しているが，私自身は教団のメンバーではない。タリーカ全般に関心があって，私はムペンズィ（sw. mpenzi：愛好家）なんだ」

　これらの語りによれば，二人ともアラウィー教団の儀礼に参加していることについては自覚しているが，それによって教団のメンバーになったという認識にはつながっていない。これは同教団が加入儀礼を欠いているために，タリーカへの帰属意識の希薄化が生じたものと推察される[11]。なお，アラウィー教団の集団儀礼に対する参加者側の動機面については，本章の後半で検討する。

---

[9] この種のイジャーザは，イジャーザ・アル＝イラーダ（ar. ijāzah al-irādah：意思のイジャーザ）と呼ばれる。その詳細については，本章の9.3.2で議論する。

[10] 以下の内容は，2007年5月11日に実施したインタビューに基づく。

[11] ただし，加入儀礼の有無に起因する所属意識とは別に，教団内における人間関係として，アラウィー教団には，指導者と弟子による二者関係がある。この点は，次項で触れる。

先にシャーズィリー教団の指導者による語りを紹介したが、カーディリー教団においても、加入儀礼やイジャーザがメンバーシップを確認する仕組みとなっている。アラウィー教団が設立したマドラサ[12]で学長を務めるアブー・バクル氏は、アラウィー教団について詳しい知識を持ちながら、同時にカーディリー教団のイジャーザも取得している人物である。アラウィーとカーディリーの両教団におけるタリーカへの帰属について、同氏の語りを見てみよう[13]。

「カーディリー教団の加入イジャーザを得るということは、そのコミュニティのルールに従うことへの同意を意味している。アラウィー教団の場合は、入会したり許可を得たりする必要はない。（中略）儀礼に参加するだけで、アラウィー教団のメンバーとしての資格は十分である」

「カーディリー教団の場合は、最初にイジャーザを取り、保証を受ける必要がある。カーディリー教団のイジャーザは、入会者がその儀礼やプログラムに同意するということである」

アブー・バクル氏は、カーディリー教団における加入イジャーザの取得が、教団が定めるルールへの同意を意味するとしており、そのことで教団からの保証も受けられると述べている。つまり、加入イジャーザが一種の契約として機能していると見ることができる。一方、アラウィー教団については、儀礼への参加だけでメンバーとなるとしており、先のウラマーたちの語りと同様に、タリーカへの所属が、多分に無意識的であることを示唆している。

9.1.3 アラウィー教団と組織としてのタリーカ

タリーカが、特定の目的のもとで教団員が自発的に集結して構成された組織体であるとするならば、アラウィー教団のように無意識的にタリーカのメンバーとなるという考え方には違和感が生じる。そこで、組織としてのタリーカが、それぞれどのような構造を持っているのかを考えてみたい。まず、カーディリー教団における組織構造について、先のアブー・バクル氏の語りを紹介する[14]。

---

[12] ザンジバルには、西洋型の近代的なカリキュラムに従った教育を行う学校としてのシューレ（sw. shule, de. Schule）と、イスラームの伝統的な学問分野の教育を行う学校としてのマドラサ（sw. madrasa, ar. madrasah）という、2つのタイプの教育機関が存在する。運営上はシューレが公立学校、マドラサが私立学校に区分され、後者への就学は任意である。詳細は別稿に譲りたいが、アラウィー教団はマドラサの建設に積極的であり、これらのイスラーム教育機関における職業教師の多くも、同教団の関係者で占められている。

[13] 2007年5月5日に実施したインタビューに基づく。

[14] 2007年5月5日に実施したインタビューに基づく。

表9.1　一般のタリーカにおける上下関係

ランク	名称
高	シャイフ
中	ハリーファ（ムルシド／ムサイディズィ）
低	ムリード
枠外	ムヒッブ（ムペンズィ）

「カーディリー教団には，頂点にシャイフ（sw. shehe, ar. shaykh：教団代表者），次いでハリーファ（sw. khalifa, ar. khalīfah：長の代理），そしてムリード（sw. muridi, ar. murīd：弟子）がいる。しかし，ハリーファはムリードでもある。つまり，ムリードの中にもレベルの違いがあって，より上部にいる者がハリーファである。ハリーファはイジャーザ[15]を与えられており，ムリードのズィクリ[16]を指導する。（中略）車座の中心にはハリーファがいる」

この語りから，カーディリー教団にはシャイフを頂点にしたピラミッド型の組織構造が存在することが分かる（表9.1）。教団で実際の儀礼の指導にあたっているのは，シャイフの代理人であるハリーファで，その役割からムルシド（ar. murshid：指導者）や，ムサイディズィ（sw. msaidizi：助手）とも呼ばれている。ヒエラルキーの最下部にいるムリードは，文字通りに訳すと追随する者となるが，一般的な教団メンバーを指すことに加え，相対的にとらえて，より上位の者から見た下位のメンバーもこのように呼ばれる。なお，ここで収録した語りでは触れられていないが，教団の枠外に存在する者として，ムヒッブ（ar. muḥibb：愛好家）という地位もある。これに対応するスワヒリ語はムペンズィ[17]である。

続いて，アラウィー教団の組織構造について見てみたい。先に登場した，アラウィー教団のアーリム[18]でイスラーム研究家でもあるイーサー氏の語りである[19]。

「アラウィー教団に，シャイフ，ハリーファ，ムリードが層になったような構造はない。存在するのはシャイフとムリードだけである。両者はとても緊密で，

---

[15] ここでのイジャーザは，イジャーザ・アッタバッルク（ar. ijāzah al-tabarruk：祝福のイジャーザ）と呼ばれる。その詳細については，本章の9.3.2節で議論する。

[16] ズィクル（ar. dhikr：連祷）のこと。詳細は第7章7.3.1節の『年単位の儀礼』を参照されたい。

[17] 先に触れた，アラウィー教団の儀礼における一般の参加者も，自身をムペンズィと定義していた点に注目されたい。この問題については，本章の考察で再度検討する。

[18] アーリム（ar. ʻālim）は，イスラーム学者を意味するウラマーの単数形である。

[19] 2007年5月1日に実施したインタビューに基づく。

それは教師と生徒の関係と同じである。シャイフの周囲にムリードの軌道がある。ムリードは，他の指導者の元にも自由に移動し，教えを受けることができる。タリーカは人々を結び付けるために存在する。それはイルティバート（ar. irtibāṭ：連結・結合）である」

イーサー氏の語りからは，アラウィー教団がカーディリー教団のような階層構造を取っておらず，指導者と弟子の関係を主軸にしていることが分かる。語りの中にある「ムリードの軌道」とは，シャイフの周囲に弟子のサークルが形成される様子を，惑星と衛星の関係になぞらえた発言である。また，これらの指導者と弟子の関係は固定的なものではなく，他の指導者に自由に教えを求めることができるとしている。この緩やかな関係性について，ザンジバルのアラウィー教団を代表する，もう一人のアーリムであるアリー氏の語りを見てみたい[20]。

「アラウィー教団の構造は，指導者と生徒の関係である。彼らの関係はラービタ（ar. rābiṭah：紐帯）であり，指導者から生徒に対しては，ガイダンスが与えられる。アラウィー教団の活動とは，教育のことである」

「アラウィー教団とは，シャイフとムリードの関係であり，官僚機構のようなものではない。それはイスラームが事務局なしに世界に広がっているようなものだ。アラウィー教団とはフィクラ（ar. fikrah：理念）である。したがって，それはクラブのような組織ではない。（中略）アラウィー教団には組織はなく，知者たちが存在するだけである。シャイフはムリードを指導し，ムリードはアドバイスを得るためにシャイフのもとへ来る。だから，アラウィー教団にはクラブのような組織はないのだ」

アリー氏が繰り返しているクラブのような組織とは，カーディリー教団のことを念頭に置いたものだと思われる。この語りの中では，アラウィー教団の構造は他のタリーカに見られるような，トップダウン式の組織体を持たず，指導者と生徒の二者間に結ばれた，「つながり」であると強調されている[21]。またアリー氏は，アラウィー教団の活動の本質が，教育であるとも定義付けている[22]。

しかしながら，アラウィー教団にはピラミッド型の階層化された構造が存在していないとしても，指導者と弟子の間には上下関係があるように見える。その点

---

[20] 以下の内容は，2007年4月16・30日に実施したインタビューに基づく。
[21] アリー氏が述べている「ラービタ」と，イーサー氏の語りにある「イルティバート」は，結び付けるという意味を持つ，同じ語根から派生したアラビア語の用語である。
[22] 脚注12のマドラサの項で述べたように，ザンジバルのアラウィー教団は，宗教学校の建設などを通して，教育を活動の柱に位置付けている。

に関して，タンザニア本土を代表する港湾都市であるダル・エス＝サラーム（Dar es Salam）とザンジバルの双方において，一族で出版業を営んでいるアラウィー教団メンバー，ハールーン氏[23]の語りである[24]。

> 「アラウィー教団には，教師と弟子の関係が個々に存在するだけである。リーダーシップにおいて上下関係はない。ダール・アル＝ムスタファー[25]のハビーブ・ウマル[26]も，教育機関の代表者に過ぎず，アラウィー教団のトップではない。彼も別の教師のもとでは，一人の生徒に過ぎない」

> 「この教団の中に上下関係があるとすれば，より年配でより多くを学んだ者に対する敬意である。アラウィー教団の組織体としての結びつきは，緩やかなものである」

ハールーン氏は，インド洋周辺部に位置する国々を舞台としたアラウィー教団の活動状況にも詳しく，出版事業やタリーカの活動を通して，海外と太いつながりを維持している人物である。そこで，ハドラマウトにおけるアラウィー教団の中枢とも言える，ダール・アル＝ムスタファーの学長を引き合いに出しながら，同教団の指導者は，タリーカの内部においては固定された役職ではなく，状況に応じて誰もがムリードや生徒になり得ると述べている。

組織としてのアラウィー教団について，ここまでの語りの内容をまとめよう。まず，アラウィー教団には他教団に見られるようなシャイフを頂点とした階層型の組織構造がない。次に，同教団は指導者と弟子という二者間のつながりを中心としている。この二者はシャイフとムリード，あるいは教師と生徒とも呼ばれており，このような個人的な関係がタリーカ内にはいくつも存在している。また，指導者と弟子の関係は固定的ではなく，弟子が他の指導者のもとへと移動したり，指導者も別のメンバーに対しては弟子の立場になることがある。

---

[23] ハールーン氏は，東アフリカを代表するアラウィー教団の大アーリムであった，アブドゥルカーディル・ジュナイド（'Abd al-Qādir b. 'Abd al-Raḥmān b. 'Umar al-Junayd：2006年没）に指導を受け，アラウィー教団のメンバーになっており，現在は同教団をはじめとする，イスラーム諸学の書籍の発行を手がけている。

[24] 2007年4月9日に実施したインタビューに基づく。

[25] ダール・アル＝ムスタファー（Dār al-Muṣṭafā）とは，イエメンのタリーム（Tarīm）にある，イスラーム諸学の高等教育機関である。アラブ移民であるハドラミーの子息を中心として，多数の学生をインド洋周辺地域から集めており，アラウィー教団とのつながりも深い。

[26] ウマル・b・ムハンマド（'Umar b. Muḥammad b. Sālim）は，ダール・アル＝ムスタファーの学長である。彼は預言者ムハンマドの血を引く一族である，サイイドのアラウィー家の出身であり，ハビーブ（ar. ḥabīb：愛しい人）の敬称をともなって呼ばれる。

9.1.4 イジャーザとメンバーシップ

　ここまでの語りから明らかになったのは，組織としてのアラウィー教団の内部には，指導者と弟子の関係だけが存在するということである。それでは同教団において，メンバーはどのような仕組みを通して，弟子や指導者の立場になるのであろうか。本節の冒頭で，シャーズィリー教団のアフマド氏の語りを紹介した。彼はこの教団の指導者であるが，同時にアラウィー教団のアーリム，つまり教師でもある。そこで，彼がその地位を得た経緯について見てみたい[27]。

> 「私は，アラウィー教団にムリード（求道者）として参加しているが，このタリーカのアーリムでもある。それは，アラウィー教団のイジャーザを持っているからである」

　アフマド氏は，シャーズィリー教団の加入儀礼を受けて，同タリーカの正式なメンバーとなった後に，教団指導者の地位にまで登り詰めた人物であるが，同時期にアラウィー教団でもイジャーザを得たという。すでに見たように，アラウィー教団には加入儀礼がないことから，ここで述べられたイジャーザとは，加入資格のことではない。このイジャーザについて，さらに聞いてみた。

> 「私はアラウィー教団の人々のところで学び，そのイジャーザを得た。（中略）人にイジャーザを出せるのは，自分にイジャーザを与えた人が許可した場合である」

　アフマド氏の語りから，この種のイジャーザが持つ性質が見えてくる。まず，指導者のもとでの学習を通して取得されること，そしてイジャーザを持つ者は，自分が取得したイジャーザを，他の人に対しても与えることができるということである。タリーカにおけるイジャーザの条件と役割について，アラウィー教団の代表的な立場にいるアーリム，イーサー氏も同様の発言をしている[28]。

> 「誰しもが学ぶことができるが，師と論議を重ねるなどして，より深い理解に至った時に，その証しとしてイジャーザが出される」

> 「修了のイジャーザを持つ者は，他者にもイジャーザを与えることができる。しかし，イジャーザを持っていても，毎日のようにアラウィー教団の儀礼を行わなければならない。実践がともなわないならば，人にイジャーザを出すことはできないのだ」

---

[27] 以下，アフマド氏の2つの語りは，2007年4月25日に実施したインタビューに基づく。
[28] 以下の内容は，2007年4月21日，および5月1日に実施したインタビューに基づく。

イーサー氏の語りからは，弟子が深いレベルにおいて教えを理解したと指導者がみなした時に，それを証明するためにイジャーザが与えられることが分かる。またアフマド氏の説明と同様に，イジャーザを持つ者は他者にイジャーザを出すことができるとしている。ただし，これを一般的な意味での「教育免状」であると理解すると，イジャーザが包含する多様な意味付けをとらえることができない。先に登場した，アラウィー教団において出版業に携わるハールーン氏は，筆者を含む海外の研究者によるイジャーザの理解には，大きな誤解があるとしたうえで次の話を語った。少々長くなるが全文を見てみよう[29]。

> 「イジャーザは許可や免状ではない。それは一部の側面でしかない。イジャーザとは，何よりボンデージ（en. bondage：縛り・結び付き）である」

> 「何かの本を理解すれば，その本のイジャーザを与えられるが，それは本の理解だけを示すわけではない。教師は弟子に対する時，教育のみならず生活のあらゆる面を成長させている。（やがて）弟子の知識量が教師を上回ることもあるかもしれないが，教師との関係が変わることはない。教師はガイドであり，弟子はフォロワーだ。教師は弟子にワスィーヤ（ar. waṣīyah：アドバイス）を与えるのだ」

> 「同じカテゴリーのイジャーザにもレベルがあって，それは君らがやっている柔道や空手の段のようなものだ[30]。ライセンスとイジャーザの違いは，ライセンスだと一度取得したならば，同じカテゴリーのものを何度も取得する必要はないが，イジャーザは様々な教師の元へ行き，何度も与えられるという点にある。それは結びつきであり，知識の鎖だからだ」

> 「同じ教師の元で学んだ二人の弟子が，その後それぞれの道を進んで，やがて再会したとする。そのような二人が，互いにイジャーザを与えることがある。イジャーザは同じレベルの者と与えあったり，自分より下のレベルの者からもらうことさえある。それはイジャーザがイズン（ar. idhn：許可）やルフサ（ar. rukhṣah：免状）の面だけではなく，何よりつながりを意味するからである」

　ハールーン氏が強調するのは，イジャーザが持つ人々を結び付ける働きである。知識の鎖や，つながりという言葉で何度も繰り返されているように，イジャーザとは単なる許可や免状というよりも，人々の間に結ばれた「絆」を表している。先の語りで，アラウィー教団のアーリムであるアリー氏も「アラウィー教団の構造とは，教師と弟子のラービタ（紐帯）である」と述べていたが，同教団におい

---

[29] 2009年10月23日に実施したインタビューに基づく。
[30] インタビューを行っている筆者が日本人であることをふまえた発言。

てメンバーシップを決定付けているのは，イジャーザの考え方にあるとみられる。このタリーカとイジャーザの関係については，後ほど再度検討を加えたい。

9.2　タリーカの活動に参加する動機

　人々は，なぜタリーカの活動に参加するのであろうか。現代のザンジバル社会において，タサウウフ（ar. taṣawwuf）[31]の研鑽を積むことで修行の階梯を昇って，スーフィーとなるような者は限られている。したがって，アラウィー教団の集団儀礼に参加しているムスリムの多くは，神秘主義者になることを目指しているのではない。前節でのアラウィー教団におけるメンバーシップの考え方を検討する過程で，自らをタリーカのメンバーではないと語りながらも，同教団が行う集団儀礼に参加しているムスリムを紹介した。また興味深いことに，ハドラミー移民の第一世代の中に，移住前のハドラマウトで暮らしていた時代には，アラウィー教団の活動と関わりを持っていなかったが，ザンジバルに移り住んでから定期的に集団儀礼に参加するようになったという者も存在する。そこで本節では，ザンジバルのアラウィー教団が果たしている機能と役割を，同教団が行う集団儀礼に対する参加者の動機の面から考察する。

9.2.1　ザンジバル住民における悪霊観

　アラウィー教団が活動するモスク周辺で，儀礼への参加者に動機を尋ねると，清らかに生きるためという理由を挙げる者が多い。しかし，彼らを単純に篤信のムスリムであると結論付けるのは早計である。儀礼に加わるムスリムには年配者が多いが，宗教活動よりも商売に熱心なビジネスマンであっても，何かの契機で積極的に参加するようになることがある[32]。これには，ザンジバル住民の間で共有されている，ある種の悪霊観が背景にある様子がうかがえる。

　ザンジバルでは，悪魔・悪霊のことをシェタニ[33]（sw. shetani）と呼ぶ。これはアラビア語のシャイターン（ar. shayṭān）から転訛したもので，聖典クルアーンで

---

[31] 一般に，スーフィズムやイスラーム神秘主義と訳される。スーフィーとなるための哲学や思想を意味する。本章後半の9.3.1節も参照されたい。

[32] 2011年10月29日に実施した，イブラーヒーム氏へのインタビューに基づく。

[33] ザンジバル住人が悪魔や悪霊について言及する際は，複数形のマシェタニ（sw. mashetani）が用いられることが多い。小田によれば，クルアーンにおいてシャイターンのアラビア語複数形であるシャヤーティーン（ar. shayāṭīn）が使われるのは悪霊に対する場合であって，単数系で冠詞付きの時は固有名詞とみなされ，堕天使のイブリース（Ibrīs）と同一視されるという［小田 2002: 445］。ザンジバル住民の語りからは，シェタニが複数体存在するとされることから，特定の悪魔よりも悪霊のイメージに近いものと考えられる。

図9.2　ミティ・シャンバなどの民間療法用の薬品
（2007年4月10日に筆者撮影）

も言及されている悪魔を指す言葉である。シャイターンは，ユダヤ教やキリスト教のサタンと同語源の言葉であり，イスラーム以前の時代からのアラブ世界における悪霊観と，ユダヤ教に由来する悪魔観が統合されたものであるという［小田 2002: 445］。ザンジバルに限らず，イスラーム世界においては人間に対して悪事を成すというイメージが共有された，ムスリムにとって身近な存在である。

　ザンジバル社会の悪霊観に見られる特徴的な点は，コミュニティ内の人間関係や人々の振る舞いにおいて，イスラーム的な基準に照らすと不道徳だとみなされるような要素の背後には，このシェタニがいると考えられていることにある[34]。シェタニは，人々の精神に間接的に影響を及ぼすほか，直接人間に取り憑いて，ある種の病的な状態を引き起こすこともあるという。ここで，ハドラミー移民の第一世代であるフサイン氏が体験した話を紹介しよう[35]。

　「私の姉ファトゥマは，シェタニに取り憑かれて発狂したんだ。姉は結婚式を行う当日になって，（新郎に対して）この人とは結婚したくないと叫んで正気を失った。そして人を蹴るなどして大いに暴れた後に，部屋に閉じこもって鍵をかけてしまった。翌朝，家族がドアをこじ開けて内部の様子を見ると，姉はお腹が風船のように膨らんだ状態で亡くなっていた。これは，シェタニが取り憑いたために起こったことだと，家族は考えている」

---

[34] 2011年10月29日に実施した，イブラーヒーム氏へのインタビューに基づく。
[35] 2011年12月9日に実施した，フサイン氏へのインタビューに基づく。

フサイン氏の姉の身に降り掛かった出来事が，本当に悪霊が引き起こしたものであるかは判断する術がないが，ザンジバルにおいて，このような話を聞くこと自体は決して珍しくない。住民たちにとって，シェタニは隙があれば人々の中に入り込むような，ありふれた存在となっている。

9.2.2 タリーカと民間医療

ここまで見てきたザンジバルのシェタニ観とは，社会にあふれており，住民を不道徳にする存在，また時に人間に取り憑いて，その精神を狂わせる悪霊というものであった。このような考え方は，アラウィー教団のメンバーに限らず，程度の差こそあれ，ザンジバルのムスリム住民の間では広く共有されている。そこで，人々はこの問題に対する解決策を模索することになる。それには，大きく分けて民間療法とタリーカという2つのアプローチ方法がある。

民間医療とミティ・シャンバ

近年，ザンジバルの都市部であるストーンタウンにおいて，民間療法用の薬を売る店[36]が，顕著に増加している[37]。この種の店で扱われるのは，ミティ・シャンバ[38]（sw. miti shamba）と呼ばれるハーブ類が中心である。日本でも見られる漢方薬局に似ているが，その商品には，植物の種子や薬草，香油やハチミツ，果ては土を棒状に固めたものまであり，非常にバラエティーに富んだ品揃えとなっている（図9.2）。このような民間医薬店の需要は高く，商店が多く集まる商業地区に限らず，住宅地区の中にさえも続々と開店している。

ザンジバルにおけるハーブを用いた民間医療は，実は，西洋医学に沿った治療法でも，在来の伝統医療でもない[39]。これらは，預言者ムハンマドのスンナ[40]（ar.

---

[36] この種の店自体は薬屋，ハーブ屋と呼ばれる。
[37] ただし，民間療法用の薬を売る店自体は，ザンジバル革命の前から存在していた（2011年11月9日に実施した，サーリム氏へのインタビューに基づく）。近年の店舗の急増は，世界的なイスラームの復興現象に歩調を合わせたものという理解も可能であるが，純粋にビジネス上の問題という側面もある。従来のザンジバルの主要産業であった，ホテルや飲食店などの観光客を対象とした業種よりも参入障壁が低い一方で，収入に関しては比較的高い水準となっている。タンザニアの公務員の平均月収は，日本円にして5,000円相当であるが，民間医薬店の日商は3,000円を越えている（2007年5月4日に実施した，サーリム氏へのインタビュー，および参与観察に基づく）。
[38] ミティ・シャンバは複数形であり，単数系ではムティ・シャンバ（sw. mti shamba）となる。
[39] ただし，在来の伝統医療が，預言者医療の名を借りて行われている可能性はある。
[40] 預言者ムハンマドが生前に行っていた慣習や，自らの言葉として残した内容のこと。ムスリムの行動規範となっており，彼の言行を集成したハディース（ar. ḥadīth：言行録）は，神の言葉であるクルアーン（ar. al-Qur'ān）とともに聖典とされている。

sunnah, sw. kisunna) に基づいた医療活動であると主張されている[41]。預言者に起源を求める医療行為は，預言者医療（ar. ṭibb nabawī）と呼ばれ，イスラーム世界で普遍的に見られる現象である[42]。実際，ザンジバルの民間医薬店の売り子たちも，預言者医療について記された書籍を所有し，預言者の時代から行われているとされる伝統的な処方箋にしたがって投薬を行っている[43]。

このような民間療法の範疇とみなされる活動には，様々な変種が含まれている。ムガンガ[44]（sw. mganga）と呼ばれる伝統医による治療行為と，よりイスラームの規範にしたがった施術法を行おうとするアプローチを対極として，その中間には両者の漸次的バリエーションが存在している。また，聖典クルアーンの章句にはシェタニを祓う効果があるという考えから，その朗読を録音したCDを使うなど，最近は新しいテクノロジーを積極的に取り入れた治療法も現れている[45]。これは，患者にスピーカーを押し当てながら，体内に再生したCDの音声を送り込むことで，治療効果を期待したものである［藤井 2010: 46–48］。

これらの治療行為に対しては，イスラームの伝統とは相容れないビドア（ar. bid'ah：逸脱）であるという非難もしばしばなされる[46]。しかし，ザンジバル社会においては，民間療法に基づく治療が隠然と行われているのが現状である。

---

[41] 2007年5月4日に実施した，サーリム氏へのインタビューに基づく。

[42] 2007年4月30日に実施した，アリー氏へのインタビューに基づく。

[43] ただし，彼らはライセンスを持った医師ではない。

[44] スワヒリ語には，医師を指す言葉として，ムガンガと英語由来のダクタリ（sw. daktari）がある（アラビア語に由来するタビブ（sw. tabibu, ar. ṭabīb）もあるが，他の2つに比して使用頻度は極めて低い）。ダクタリは西洋医学を修めた医師であり，ムガンガは伝統医として使い分けがある。現地の子供用の教科書にも，まず西洋医学に基づいた病院に行って，効果が薄いと見ると，伝統医のところに駆け込むという話がイラスト付きで登場している。イラスト内のムガンガは怪しいコスチュームをまとっており，道具としてドクロがおかれているなど，伝統医の描写には，多分に「非科学的」な色付けがなされている。

[45] 2011年11月30日に実施した，サルハ氏へのインタビューに基づく。CDの内容自体は，基本的にクルアーンの朗読であるが，治療用として制作されている。収録された音声には，宗教用のものと比して，早回しの処理と深い音響効果が加えられている。

[46] 第7章7.4節でも述べたように，初期イスラーム時代に理想を求めて，原点回帰を目指す改革運動が，イスラーム世界の各地で活発化している。近年は，ザンジバル社会にも同様の主張を行うグループが出現しており，シェヘ・バチュ・モスク（Msikiti wa Shekhe Bachu）とミエンベニ・モスク（Msikiti wa Miembeni）が，その活動拠点となっている。彼らは，ザンジバル住人からはワッハービー（ar. Wahhābī）と呼ばれている（2007年4月11日に実施した，アリー氏へのインタビューに基づく）。ワッハービーという呼称自体は，18世紀の改革主義的な思想家であった，ムハンマド・イブン・アブドゥルワッハーブ（Muḥammad b. ʿAbd al-Wahhāb, 1703–1791）にちなんでいる。

図9.3　バー・サウダーンのラーティブ（祈祷書）
イーサー氏所有の手稿（2007年5月21日に筆者撮影）

集団儀礼における身体の浄化

　シェタニが人々に与える悪影響を取り除く方策として，民間医療に対抗しうるもう一つの選択肢がタリーカである。第7章で述べたように，アラウィー教団は，モスクを会場とした週に3度の集団儀礼と，諸聖者や預言者ムハンマドの祝祭を行っており，ハドラミー移民をはじめとして様々な民族的背景を持つザンジバル住民が活動に参加している。儀礼の中心となる祈祷書（図9.3）や聖典の読誦，ドゥアーは，実はタリーカの活動であると同時に，一般のムスリムからは，シェタニを避ける効能があると信じられている。アラウィー教団の集団儀礼に参加し，自らも読誦を行うことで，魂を清浄に保つことかできるのだという[47]。

　先に触れた民間療法でも，クルアーンの朗読CDを再生する治療法があった。宗教的な音声，特に聖典の読誦によってシェタニを避けているという部分に注目するならば，アラウィー教団の活動に参加する人々が，集団儀礼に期待しているものと，民間療法による効用は，一見通底してようにも思える。しかし，同教団の参加者は，クルアーンや祈祷書を呪文としてとらえているわけではない。民間療法では，身体に取り憑いた悪霊を音声化したクルアーンによって追い出す効果を期待していることに対し，アラウィー教団の集団儀礼は，悪霊払いの呪術ではなく，日常生活の中で汚れていく心身を聖典の読誦を通して浄化することを目的としている。つまり，同教団の教えにしたがうことで清らかな人生を送り，その結果としてシェタニの影響を避けようとしているのである[48]。

---

[47] 2011年10月29日に実施した，イブラーヒーム氏へのインタビューに基づく。

[48] 2007年4月30日に実施した，アリー氏へのインタビューに基づく。

9.2.3 アラウィー教団が果たす役割とは

　ミティ・シャンバなどのハーブやクルアーンの録音 CD を用いた治療を行う者たちは，自らの行為を預言者のスンナに基づいているとみなしている。そして，預言者医療について書かれた資料やクルアーンを典拠として治療を行うことで，正統性を担保しようとしている。それでは，民間療法ではなくアラウィー教団を選択した者は，この種の治療行為をどのようにとらえているのであろうか。同教団の活動に参加しているハドラミーのイブラーヒーム氏の話を紹介しよう[49]。

> 「最近，ミティ・シャンバを売る店が増えていることは知っている。でも私はこういった種類の治療行為や，ムガンガがやっていることは好きではない。正直言って怖いとさえ感じている」

　イブラーヒーム氏は，民間療法とムガンガを並列して批判し，これらを恐怖の対象であるとまとめている。ザンジバル社会において，ムガンガには怪しい治療行為を行う者という含みがあり，イスラーム的な伝統にしたがったものであるという民間療法の従事者の自己規定とは裏腹に，その治療行為をアラウィー教団の参加者は自分たちとは相容れない存在だと見ていることが分かる[50]。それでは，アラウィー教団の集団儀礼に，ある種の治療効果的な動機をもって参加している人が存在することについて，教団の指導者の側ではどう考えているのであろうか。同教団のスーフィーかつ教師であるアリー氏の語りである[51]。

> 「アラウィー教団のすべての活動は，預言者に由来している。預言者は現世と来世についてだけではなく，社会生活におけるすべての事柄について語ったのだ。その中には医療もある。（中略）タリーカにおいては，何にでも源泉がある。それらすべては預言者という大きな傘のもとにあって，我々指導者は彼の教えから医療を含めて様々なことを学んだのだ」

　アリー氏は，医療に関わる事柄であっても，それが預言者に由来する限りは，すべてアラウィー教団の活動であるとしている。また，ここに引用しなかったが，祈祷書を朗誦する行為も，明確に預言者医療であると定義付けている。つまり，同教団が治療をうたって活動しているわけではなくても，そこには医療も含まれており，それを期待して参加することに矛盾や問題はないという考えである。

---

[49] 2011 年 10 月 29 日に実施した，イブラーヒーム氏へのインタビューに基づく。
[50] しかしながら，タリーカの活動自体にも，非イスラーム的であるという非難にさらされている部分がある。詳細は，第 7 章 7.4.1 節を参照されたい。
[51] 2007 年 4 月 30 日に実施した，アリー氏へのインタビューに基づく。

アラウィー教団が，一般のザンジバル住民と共に行う集団儀礼は，神秘主義者であるスーフィーや，イスラーム学者であるウラマーを目指すような修行道ではなく，彼ら自身の日常生活と密着したものであった。そのためザンジバル住民は，自らを教団のメンバーではないと考えつつも，アラウィー教団の集団儀礼に積極的に参加するのである。本章9.1.2節で述べたように，同教団の指導者たちにとって，住民たちはタリーカが示す道を共に歩む同輩であり，その意味において教団メンバーとみなされる。その一方で，一般のムスリム参加者の視点からは，教団の位置付けをめぐって，異なった動機や論理が見えてくるのであった。

9.3 考察

アラウィー教団の活動に関わる人々の語りから，同教団におけるメンバーシップの考え方や，集団儀礼に参加するザンジバル住民側の動機が明らかになった。これらの語りから浮かび上がった同教団のあり方は，カーディリー教団など他のタリーカとは，いくつかの点で大きく異なる性質を示していた。そこで本節では，アラウィー教団とはいかなるタリーカであったのか，これまでのイスラーム研究におけるタリーカの位置付けや他教団との比較を通して検討する。

9.3.1 タリーカの成立過程

まず，タリーカの歴史的な成立過程を概観する。アッバース朝（ar. al-Dawlah al-'Abbāsīyah, 749–1258）の全盛期である8世紀から9世紀にかけて，シャリーア（ar. sharī'ah：イスラーム法）がウラマーによって体系化され，国家権力を制度面から支えるようになった。このことが信仰の形骸化を招いていると考えた人々は，禁欲主義的な修行を手始めに，イスラームを精神面から追求し始め，彼らはスーフィーと呼ばれるようになった［東長 1993: 71–75］。スーフィーの思想や活動を意味するタサウウフに対して，英語ではスーフィズム（en. sufism），日本語では「イスラーム神秘主義」という訳語が，慣用的に使われている[52]［東長 2005: 107］。スーフィーの中には，内面性を重視するあまりにシャリーアを軽んずる者もいたため，活動の黎明期にウラマーと対立することもあった。しかし，ガザーリー[53]らによって，12世紀半ばまでに理論の整理が進んだタサウウフは，正統とされるイスラームの思想的枠組みに統合されていった［東長 1993: 75–77］。

12世紀以降，スーフィーの数は急増する［Trimingham 1971: 16］。個々の求道者

---

[52] スーフィズムやタサウウフに対して，一意にイスラーム神秘主義という訳語をあてることの問題点については，東長［東長 2013: 17–47］で議論されている。

[53] ガザーリー（Abū Ḥāmid al-Ghazālī, 1111年没）は，11世紀末の思想家。第7章も参照。

の活動から始まったタサウウフは，次第にカリスマ的な指導者のもとで修行する形に移行し，この時期にはスーフィーのコミュニティが形成された［Ernst 2004: 685］。イスラームにおける「内面探求の道」はタリーカと呼ばれていたが，この言葉はやがて各指導者のもとに成立した「流派」も意味するようになる［高橋 2014: 16］。また，世俗的な職業に就きながら修行にも定期的に参加するような，在家の信者も出現し［堀川 2005: 162–163］，彼らの活動は民衆を巻き込んだ集団として可視化されていった［高橋 2014: 27］。スーフィーの導師を軸にした，このような「組織」もまた同様にタリーカと呼ばれる。大衆化が進んだタリーカは，イスラームの地理的拡大に寄与した［濱田 1994: 260–261］。

9.3.2 タリーカとイジャーザ

　すでに見てきたように，アラウィー教団におけるメンバーシップのとらえ方は，同教団の大きな特徴であった。ここで鍵となっているのは，本章9.1.4節で述べたようにイジャーザである。本章では，ザンジバルで活動する教団の指導者の語りを通して，タリーカにおけるイジャーザの機能について，複数の事例から検討を加えてきたが，アラウィー教団と他教団では，どのような点で共通し，あるいは異なるのであろうか。これまでの議論を整理しながら考えてみよう。
　タリーカにおけるイジャーザの意味付けは多義的であり，たとえ同じ言葉が使用されていても，その指示内容については慎重に検討する必要がある。包括的なタリーカ研究で知られるトリミンガムは，2種類のイジャーザを名前付きで挙げている［Trimingham 1964: 99］。一つは，イジャーザ・アル＝イラーダ (ar. ijāzah al-irādah：意思のイジャーザ)，もう一つはイジャーザ・アッタバッルク (ar. ijāzah al-tabarruk：祝福のイジャーザ) である[54]。トリミンガムによれば，イジャーザ・アル＝イラーダは，弟子の身分としてのライセンスであり，イジャーザ・アッタバッルクは，字句通りには教団指導者が継承するバラカ（神の恩寵）とつながりを持つ許しとなる。後者の機能は，名前から推測しにくいものであるが，特定のテキストや学問領域における修了証明となる。これらの定義を手がかりにして，本章で取り上げてきた，アラウィー教団をはじめとするザンジバルを舞台に活動するタリーカのイジャーザの機能について検討してみたい。
　まず，修了証明であるイジャーザ・アッタバッルクである。これはタリーカの

---

[54] ただし，ここで引用したイジャーザの名称や機能は絶対的なものではない。研究者によっては，同じ呼称であっても別の役割を充てたり，同じ機能に対して別の名前で言及することがある（例えば［Bangstad 2007: 292］など）。この事実は，時代や地域，教団の流派，あるいは研究者によって，イジャーザの位置付けが異なり得ることを意味しており，トリミンガムによる定義を，一意にすべての事例に当てはめるのは適当ではない。トリミンガム自身も，別の論考においては3種類のイジャーザを挙げており，これらのカテゴリーが固定的ではないことを示唆している［Trimingham 1971: 192］。

メンバーが，教師や指導者となるプロセスに関わっており，修了のイジャーザを得ることで他者への指導が可能になっていた。その機能は，我々の社会における学位や教員免状と似たイメージを与えるが，いくつかの点で顕著な違いがある。第一に，組織的な学位制度というより，弟子と指導者からなる二者関係で生じた，極めて個人的なものである点である。ここでは，ライセンスとしての効力よりもイジャーザが作り出した師弟関係こそが重視されていた。第二に，同じ学問領域においても，弟子は指導者を代えながら繰り返しイジャーザを取得するという点である。原則として重複履修を認めない近代的な学校教育における単位制度とは異なり，タリーカの指導では何を学んだかよりも誰から学んだかが重視される。これら2つの相違点は，第三の特徴とも関わってくる。イジャーザによって指導者と関係を取り結ぶことは，実は知の系譜に組み込まれることを意味している。歴代の師弟関係は，イジャーザによって鎖状のつながりを形成しており，弟子が指導者の立場となってイジャーザを出した時には，その系譜は新たな弟子に接続され，次代へと受け継がれていく[55]。スーフィーやウラマーの人物伝においても，師弟関係の系譜は主要な構成要素であり，当該人物の教師と弟子の名が必ず記録されている。このような修了イジャーザの位置付けについては，アラウィー教団と他のタリーカにおいても基本的に変わる所はない。

　アラウィー教団か否かで扱いが大きく異なるのは，入門許可であるイジャーザ・アル＝イラーダである。イラーダ（ar. al-irādah）とは，希望や意思を表すアラビア語であり，タリーカへの加入を希望する者に対して出されるイジャーザである。ザンジバルで活動するカーディリー教団やシャーズィリー教団においては，象徴的な加入儀礼が行われた後に，教団指導者から入門希望者に対してイジャーザが出されていた。この加入イジャーザによって，各メンバーは教団からサポートを得ることができる一方で，同時に教団が定めているルールにしたがうという義務も発生する。つまり，この種のイジャーザは，入門許可でありながら，希望者を拘束する，一種の契約としても機能していたことになる。一般のタリーカが規定する組織内の上下関係において，シャイフ，ハリーファ，ムリードの3つのランクがタリーカの正規のメンバーであることに対して，ムヒッブやムペンズィと呼ばれるカテゴリーは，明確に教団の枠外に置かれていた（P. 188の表9.1参照）。彼らは，大衆的な人気があるタリーカの活動に集まってくる愛好家グループで，時として教団の集団儀礼への関与が許されることはあっても，加入イジャーザを

---

[55] 師弟関係の系譜を重視する姿勢は，イスラームにおいてはタリーカだけに限られた話ではない。タリーカより先行して制度化・組織化が進んだマドラサ（ar. madrasah：イスラーム学校）においても，イジャーザを通した系譜関係が，伝統的に重視されてきた。ただし，現代のイスラーム世界では，多くのマドラサにおいて西洋近代型の学校教育制度の導入が進んでおり，かつてのような師弟関係を軸にしたパーソナルな指導体制は衰退している［Berkey 2004: 204］。

得ていないために，正規のメンバーとみなされることは決してない。それは，このイジャーザが持つ，契約としての側面を考えれば理解可能であろう。

しかしながら，アラウィー教団の場合は，イジャーザを所属契約とする考え方が成り立たない。ザンジバルで活動する他教団とは異なり，アラウィー教団には加入イジャーザに相当するものが存在しないためである。第7章で触れたように，特定の修道場を構えず，モスクにおいて集団儀礼を行うアラウィー教団は，その活動内容を一般住民に公開している。そして，会場となるモスクに居合わせたり，シェタニからの影響を避けることを期待した人々が，同教団の集団儀礼に自由に加わる様子が見られた。この種の参加者が，他教団においてはムヒッブと呼ばれ，たとえ場を共有しても，組織としてのタリーカの外側に位置付けられることは，すでに述べた通りである。一方，アラウィー教団においては，加入イジャーザの仕組みを使用したタリーカとしての外縁が定められていないことから，参加者はすべて同教団のメンバーであるとみなされているのである。

ここまで検討してきたように，修了イジャーザと加入イジャーザを両輪として，ザンジバルのタリーカは教団としての外形を与えられていた。修了イジャーザが紡いできた系譜は，地域で活動するすべてのタリーカに備わっており，師弟関係を軸にした教団のあり方を制度的に支えている。一方，加入イジャーザは，カーディリー教団やシャーズィリー教団において，メンバーを囲い込む装置[56]として機能していたが，アラウィー教団には，これに相当するシステムが存在していなかった。結果として，同教団はタリーカとしての「境界線」を欠くこととなり，どこまでが教団で，どこからが外的世界であるのかが，非常に分かりにくいものとなっていた。そこで次に，イジャーザとは別の観点から，組織体としてのタリーカをどのように定義付けることができるのかを考えてみたい。

9.3.3 タリーカの多義性

本書では第7章の冒頭で，「タリーカ」にイスラーム神秘主義教団という訳語を充てた。また，それぞれの流派に対して，例えばカーディリー教団などのように，組織名に「教団」を続ける形で日本語の表記を行ってきた。これはアプリオリに，「タリーカ」という用語が日本語における「教団」と同義のものとして，議論を進めていたことになる。しかしながら，本章9.3.1節『タリーカの成立過程』で示したように，タリーカという言葉もまたイジャーザと同様に多義的な存在である。

---

[56] このようなメンバーの囲い込み戦略は，タリーカにおける現代的な趨勢という側面もある。近代のイスラーム改革運動の流れから生じた，タリーカの活動に対する批判を受ける形で，イスラーム世界の各地で教団のあり方に変革が起こっている。従来は複数教団に所属すること自体は普遍的な現象であったが，18世紀後半のモロッコで設立されたティジャーニー教団（al-Ṭarīqah al-Tijānīyah）は，メンバーが他教団の活動に参加することを明確に禁じている［Johns and Lewis 2005: 9011］。

そこで，アラウィー教団のタリーカとしての位置付けを検討する前提として，この用語の持つ多義性について確認し，タリーカと教団の関係を整理しておく。

まず，先行研究に現れた，タリーカの多義性をめぐる議論を確認する。東洋史を専門とする堀川は，現時点でのタリーカ研究の世界的な動向を総括した論考において，タリーカという用語が持つ重層性を，常に意識する必要があると指摘している［堀川 2005: 161］。この重層性の具体例として，堀川が挙げている定義は，同じく東洋史を専門とする濱田によるものである。彼はタリーカを「真理への道」，「修行方法」，「集団」の3つに分類し，これらを連続した意味のレベルと定義した［濱田 1994: 261］。一方，近代エジプトを対象にタリーカ研究に取り組む高橋は，タリーカという用語には，スーフィーたちの「流派」と，その流派を受け継いだ「教団」の2つの意味があるとしている［高橋 2014: 20–21］。これらの先行研究における分類手法は，それぞれに切り口は異なってはいるものの，「タリーカ」が指示する対象が，方法論に類する抽象的な概念から始まって，教団という実態のある存在へと，段階的に拡大されてきたことを含意している。

アラビア語におけるタリーカ（ar. ṭarīqah）の原義は「道」である。しかし，同じ語根から構成された単語であるタリーク（ar. ṭarīq）が，一般的な「道」を指すことに対し，タリーカはやや抽象化され，道に加えて方法論や手段，信仰体系もその意味範疇に含んでいる［Wehr and Kropfitsch 1985: 773］。近現代のスーフィズム研究を専門とするエルンストによると，初期のスーフィーによって書かれた神秘主義思想の書に，神のもとへ至る道を指す言葉として「タリーカ」が使われているという［Ernst 2004: 680］。スーフィーによる個別的な内面探求の道に発したタリーカは，有力な指導者のもとで行う修行法に対しても用いられ，指導者ごとのスタイルの違いから，やがて流派としても認知されるようになった。その後，各流派の組織化が進み，教団として可視化したグループもまたタリーカと呼ばれている。このようなタリーカの語義における通時的な展開[57]は，本章9.3.1節で見た通りであり，前項で挙げた先行研究で試みられた分類も，一連のプロセスのどこに注目して，その現象を切り出すかという違いでしかない。

しかしながら，気を付ける必要があるのは，後から拡大された意味範疇が先行する定義を上書きするのではなく，これらが並立して用いられているという点である。つまり，現地人ウラマーがタリーカについて言及した時，それが必ずしもスーフィーの集団や教団を意味するとは限らず，場合によっては修行法であったり，より抽象的な意味での真理を指している可能性がある。この点に関して先の堀川は，タリーカ研究者が思い浮かべるのが，まず「集団」としてのタリーカ像であり，各人の研究課題が「修行法」であったとしても，この点が自明のものと

---

[57] 用語としての「タリーカ」に観察される重層性は，認知意味論におけるメトニミーのように，近接領域への意味の拡張［谷口 2003: 119, 142–145］が行われた結果だと考えることもできる。

されていると喝破している［堀川 2005: 161–162］。本書では，タリーカにおける思想面よりも教団組織としての活動実態に注目していることから，これまで「タリーカ＝教団」という前提で議論を進めてきた。事実，カーディリー教団などの主要なタリーカには教団としての実態があり，この枠組みで理解すること自体は大きな問題とはならなかった。しかし，アラウィー教団については，本章 9.3.2 節『タリーカとイジャーザ』で分析したように，組織としての境界線を確定しがたい側面があり，タリーカの意味範疇を教団に限定することは，その活動のあり方を過度に捨象することにつながる危険性がある。それでは，ザンジバルのアラウィー教団を，どのような「タリーカ」と考えるのが適切なのであろうか。

9.3.4 アラウィーというタリーカ

前項までの議論を通して，ザンジバルで活動する多くのタリーカにおいては，教団組織としての活動実態が見られる一方で，アラウィー教団は組織体としての外縁を定める仕組みを備えておらず，このタリーカに対して「教団」という訳語を一意に当てはめる姿勢には，一定の留保が必要であることを示した。そこで，結論となる本項では，アラウィー教団をどのような「タリーカ」として理解することが可能であるのか，その位置付けを探っていくことにしたい。

表 9.1（P. 188 参照）に示したように，この地域の主要なタリーカは，教団内部に階層化された組織構造が存在し，トップダウン型の指示系統が機能している。第 7 章 7.1 節でも詳述した通り，特にカーディリー教団においては高度な組織化が進んでおり，タンザニア全域の教団活動を統括する本部のもとで，国内の主要都市に拠点として支部が設置されている。各地域に点在する修道場は，これらの支部の管理下に置かれており，各修道場においてはハリーファがムリードの指導にあたっている。規模の違いはあるものの，シャーズィリー教団でも同様の組織構造が見られ，国外との連携も図られている。このように，地域レベルの修道場から全国的な水準に至るまで，徹底した組織化が図られているのが，ザンジバルで活動している多くのタリーカで見られる特徴となっている。

スーフィーの共同体としての教団から始まって，中央集権的な組織化を極度に推し進めているのが，他のタリーカにおける現在の一般的傾向であったのに対し，アラウィー教団に見られる諸特徴は，それらとは正反対の方向性を示している。本章におけるウラマーの語りから明らかになったように，アラウィー教団の構造は，「教師と弟子」の関係に集約される。彼らの結び付きは，惑星と衛星に例えられたように，あくまで個人的なつながりであって，組織的なものではない。また，指導的立場にある者も，別の教師のもとでは弟子の地位になるなど，その関係性は相対的かつ流動的なものである。この教師と弟子が形作る二者関係の周囲には，愛好家が取り巻いており，彼らもまた折に触れて，アラウィー教団の集団儀礼や

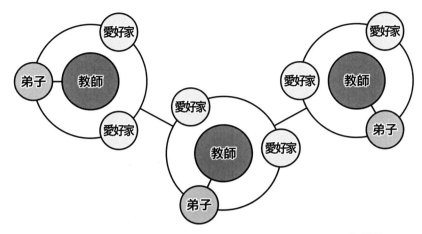

図9.4　アラウィー教団に見られるアメーバ状のネットワーク型組織体
静止図では表現困難であるが，教師も弟子の立場になるなど動的な関係である

学習に参加する。彼らと弟子の違いは，修了イジャーザの取得を目指すかどうかであり，儀礼への参加に特別な許可は不要であった。このような教師を軸にしたサークルが，タリーカの中には多数存在しており，それらが相互にアメーバ状のネットワークを形成しているのがアラウィー教団の構造であった（図9.4）。

　本章の事例から浮かび上がったタリーカ像には，中央集権型とネットワーク型の2つのパターンがあったが，実は，整然とした組織構造を持つ教団のあり方は，伝統的なタリーカの形態とは異なるという指摘がある。かつてトリミンガムは，タリーカの歴史的な発展をハーナカー[58]（pr. khānaqāh / khānqāh）段階，タリーカ段階，ターイファ（ar. ṭā'ifah：党派）段階に区分して説明を試みた［Trimingham 1971: 103］。彼によると，ハーナカー段階は，指導者と弟子が最低限度の決まりのもとで共同生活を営み，しばしば遊歴している状態だという。次のタリーカ段階は12世紀以降で，教義や修行法が一代限りではなく，組織的に受け継がれていく教団の形成期である。続いて15世紀以降はターイファ段階となり，各流派が無数の支教団に分裂するともに，聖者信仰と結び付いて大衆化が進んだ時代である。つまり，この発展図式においては，12世紀以降にタリーカの教団としての組織化が進行し，それが15世紀にかけて分裂を繰り返すことによって，イスラーム社会に拡散・浸透していったように描かれている。しかしながら，堀川はジオフロイ［Geoffroy 2000］を引用しながら，古典的なイスラーム研究で語られるタリーカの

---

[58] トリミンガムはハーナカーとしている［Trimingham 1971: 103］が，通常はハーンカーと表記される。なお，ここでの彼の定義とは異なって，イスラーム学における一般的な用法では，ハーンカーはスーフィーの住居と修道場を兼ねた，大規模な複合施設を意味している［髙橋 2014: 14–15］。

組織化の流れが，歴史研究の成果からは必ずしも跡付けられていないことを指摘している［堀川 2005: 162–163］。また先の高橋は，シャイフ，ハリーファ，ムリードという 3 クラスの階層構造自体が多分に理念的であり，「総じて，前近代の教団の多くは分権的な組織であった」［高橋 2014: 24］とまとめている。

　それでは，現在見られるような明確な形での「タリーカ＝教団」という構造は，どの段階で出来上がったのであろうか。個々のタリーカの変質がいつ生じたのか，具体的な史料によって裏付けることは困難であるが，近代史においてタリーカの活動を揺るがす事態は，少なくとも 2 度あった。その一つは，19 世紀エジプトのムハンマド・アリー朝（ar. Dawlah Muḥammad ʿAlī, 1805–1953）において生じた。当時の国家によって，すべてのタリーカが，エジプトの有力スーフィー家系であったバクリー家（al-Bakrīyah）のシャイフの支配下に置かれることが定められた。この制度が契機となって，少なくともエジプトにおいては，ピラミッド型の支配構造やメンバーの管理システムなど，タリーカの教団組織としての整備が進められることになった［東長 2010: 83–84］。もう一つは，同じく 19 世紀から可視化し，現代までその影響が続く，一連のイスラーム改革運動である。この時代，圧倒的軍事力を背景にして植民地主義を押し進めるヨーロッパ列強の前に，イスラーム世界は従属的な立場に追い込まれていった。自分たちの社会が弱体化した原因が，誤ったイスラーム理解にあると考えた人々は，預言者ムハンマドの時代への思想的な原点回帰を掲げた。それは必然的に，後代に生じた非イスラーム的な要素であると彼らが考えたものに対する批判をともなっており，タリーカの活動もまた非難の矛先となっていた［高橋 2014: 51–56］。このような潮流の中，生き残りを賭けた諸教団においては，組織上の変革が希求されたものと考えられる。少なくとも，整然とした組織体としてのタリーカの姿は，「イスラーム史上，比較的新しい産物」［東長 2010: 82］なのである。

　ここまでの議論で，現在のザンジバルの諸教団が備えるような，明確な指示体系を持つ組織としてのタリーカは，ある意味で近現代において生じた変革の結果であることが明らかになった。カーディリー教団やシャーズィリー教団に観察された高度な組織化の傾向は，イスラーム世界の他地域における，イスラーム改革運動やタリーカの革新と歩調を合わせたものと理解できる。ではそのような中で，ネットワーク型の組織体を有しているアラウィー教団は，どのように位置付ければ良いのであろうか。他のタリーカに起こったことが「革新」であるとするならば，アラウィー教団は組織としての制度化が進まなかった，古いスタイルに基づくタリーカであるようにも見える。しかし，トリミンガムが挙げた 3 つのレベルの発展図式と比較しても，そのいずれの段階にも該当していない。また，高橋が提示した前近代における分権的な教団像とも一致しない。彼が言う分権的な教団とは，導師のもとでの修行を終えたハリーファが，広範なエリアへと拡散していき，それぞれに独自の教団を形成していく様子をモデル化したもの［高橋 2014:

24–25]であり，アラウィー教団において教師を中心とするサークルが相互に結び付いている様子とは根本的に異なる。アラウィー教団の組織体は，アメーバ状のネットワークを構成しており，本章で検討した先行研究で描かれるような，これまでのタリーカ像とは相容れない異質なものであった。

　アラウィー教団における組織構造の特質を理解する手がかりは，このタリーカの中心的な担い手であるハドラミー自身にある。実は彼らは，同教団の組織体が形作るイメージと相似したネットワークを構築しているのである。東南アジアのハドラミー研究に取り組む新井は，ユダヤのディアスポラにおけるイスラエルの位置付けと比較する形で，ハドラミーのコミュニティにおいては，彼らの故郷であるハドラマウトの中心性が，必ずしも自明ではないと述べている［新井 2012: 245–248］。ハドラミー移民はインド洋に面した諸地域に移住しているが，彼らの人的なつながりは，「ハドラマウトを中心に放射状に広がっているわけではなく」，ハドラマウトの外で形成されたコミュニティ同士が絡み合うような，「リゾーム状のネットワーク」として理解可能であるという［新井 2012: 249］。リゾーム（en. rhizome）とは，シダ類などに見られる根茎のことで，ここでは網目状に広がった中心性のないネットワークがイメージされている。このハドラミー移民が形作るネットワークが，彼らのタリーカであるアラウィー教団における，アメーバ状のネットワークと共通した構造であることは注目に値する。すでに見たように，イスラーム世界においては，近現代にかけて西欧列強による植民地化やイスラーム改革運動が生じており，多くのタリーカにおいて中央集権化を進めることで生き残りが図られた。そのような流れの中，アラウィー教団が同じ方向性での組織化を目指さなかったのは，教団の担い手であるハドラミー移民とともに，インド洋海域世界の各地に拡散したことで，彼らの移住活動とパラレルに張り巡らされたネットワークを獲得できたことにあると考えられる。ハドラミー移民が有しているリゾームやアメーバのように広がったネットワークは，インド洋における国際情勢によって生じた波に対して，彼らが生き延びるための手段を提供してきた。それと同様にアラウィー教団もまた，タリーカの境界線を定める仕組みもたないことで，ハドラミー移民とともにホスト社会に定着・浸透し，その柔軟な組織体を活かして構築された多元的ネットワークに支えられることで，13世紀から現代まで命脈を保ち続けてきたのではないだろうか。

9.4　おわりに

　第IV部では，ハドラミー移民のホスト社会に対する影響を，社会・文化的な側面からとらえることを目的として，彼らがザンジバルに導入したタリーカである，アラウィー教団の活動実態について検討してきた。第7章と第8章では，同教団

の集団儀礼の内容と，ザンジバル社会で担っている機能について考察した。また本章では，アラウィー教団をどのようなタリーカとして位置付ければ良いのか，彼らの教義に見られるメンバーシップ観と，儀礼に対する参加者側の動機面から検討し，最後に他教団との比較を交えながら分析した。

　本章9.3.3節において，これまでタリーカ研究では基本的に「タリーカ＝教団」を自明のものとして議論を進めていたことに触れたが，本書においても，アラウィー教団の組織的な活動実態に注目してきたことから，この点は共通した立場を取っていた。しかし，教団という日本語訳だけでは掬い取れない，様々な要素がこのタリーカに観察できたこともまた事実である。そこで議論の総括として，改めてタリーカという用語が持つ多義性に立ち返りながらアラウィー教団の活動を整理し，この東アフリカ沿岸部のローカルな事例から得られた成果を，今後のタリーカ研究にどのように活かすことができるかを考えてみたい。

　アラウィー教団のウラマーは，同教団に内在する多義性について，語りの中で示唆していた。彼らの一人は，「アラウィー教団とはフィクラ（理念）である」と述べている。これはタリーカの原義である「真理への道」と同じレベルの定義であろう。真理への道は，神への道と同義であるが，そこへ至るための実践手段を提供するのが「修行方法」としてのタリーカである。同教団に見られる，体系化され細かな規定が定められた，各種の儀礼と祈祷書の存在は，確かに「修行道」としてのタリーカの姿を喚起させる。しかし同教団の活動を，単にスーフィーの修行道とするだけでは，一般のザンジバル住民を包含する形でホスト社会に深く浸透している実態をうまくとらえることができない。メンバーシップの考え方や修了イジャーザの位置付けに観察されたように，人々の間のつながりを強調する彼らの教義は，緩やかな「紐帯」としてタリーカを可視化しており，人に対する強い関心が現れている。フィクラは，それを解釈する人間が行動に移すことで，初めて観察可能な実体を持つことができる。集団儀礼で使用する書物などの形で示されたアラウィー教団の先人たち（P. 183の図9.1を参照）の理念は，いわば建物の設計図にあたるものであり，これらの諸要素を適切に学んで，その骨組みに肉付けして形あるものとしているのは，同教団が示す生き方にしたがったムスリムである[59]。アラウィー教団は，これらの実践者を加入イジャーザの有無で選別することはせず，人的なネットワークの一部とすることで組織体の中に取り込んでいる。つまりアラウィー教団とは，「タリーカ」が意味範疇として備えている，理念から教団までの重層性を同時に示すとともに，それらを解釈して実践する「主体」である，ムスリムをも内に含む存在だと言うことができるであろう。

　アラウィー教団によって示された重層性は，「タリーカ＝教団」という考え方に改めて反省をうながすものであった。それでは，タリーカが内包する多元的な

---

[59] 2007年5月25日に実施した，ハーリド氏へのインタビューに基づく。

意味付けは，どのように理解することが適切であろうか。タリーカ研究の隣接分野であるスーフィズム研究においても，現在，スーフィズムとはなんであるかが批判的に問い直されており，タリーカの定義をめぐる問題と近い状況が生じている。この課題に対してスーフィズム研究では，神秘主義，道徳，民間信仰を軸とした，三極のチャートによる分析的枠組みが提案されている［東長 2013: 32–47］。しかしながら，アラウィー教団から得られた，理念，修行道，教団，実践主体という諸要素は，それぞれが水準の異なる分析概念であるため，スーフィズム研究にならって，これらをそのまま同列にチャートの軸に当てはめるのは困難である。タリーカという言葉は，元となるアラビア語やイスラーム社会において，本来は一定の意味範疇に収れんされるようなイメージを描いていたはずである。それが，タリーカ研究者の専門領域や，それぞれが設定した課題に応じて，次第に切断・細分化されていき，いつしかバラバラのパズル・ピースのごとく解体されたのが現状であるように思われる[60]。そこで発想を転換して，タリーカを分極化してとらえようと試みるよりも，これらの諸要素がなぜタリーカという一つの言葉で表象されているのかを考えてみる必要があるだろう[61]。

　アラウィー教団のウラマーたちは，語りの中でしばしばラービタ（ar. rābiṭah：紐帯）やイルティバート（ar. irtibāṭ：連結）という，同じ語根を持つ言葉を口にしていた。タリーカは，実践の主体となるムスリムと理念を結び付けることで，目に見える形を取る。また，道を同じくする者同士を結び付けて，集団や教団とする。指導者と弟子はタリーカの枠組みの中で結び付き，イジャーザの作り出す知の鎖は，彼らを過去の偉人たちに，そして究極的には預言者ムハンマドの教えに結び付ける。タリーカとはなにか，その答えもまたウラマーの言葉にあった。それは「人々を結び付けるもの」，つまり関係性の束だったのである。

---

[60] この点について，アラウィー教団のウラマーの一人がこのように語っていた。「外国人研究者は，自分たちの先行研究をもとに，そこから誤った引用を繰り返している。しかし，彼らはまずアラウィー教団の教えからタリーカの考えを学ぶべきである」（2007 年 4 月 9 日のインタビューに基づく）。

[61] これはまだ提言の段階であり，どのように表象するのがふさわしいかは，今後さらに議論を深めていく必要がある。

第 V 部

結論

第 V 部は，本書の結論に位置付けられる。序論で設定した課題に対して，本研究が何をどこまで明らかにできたか提示することを目的とし，第 10 章の単独で構成される。この章では，これまで各部のテーマとして行ってきた議論の内容を章ごとに総括し，これからのハドラミー研究において必要となる視点について検討することで，将来への展望としたい。

第10章
研究の総括と今後の展望

図10.1 ザンジバル都市部の目抜き通りダラジャニの賑わい
(2011年12月24日に筆者撮影)

　本書の研究の出発点は,「なぜアフリカの小島にアラブがいるか」という素朴な疑問である。学士課程時代にアラビア語とイスラーム研究を専攻していた筆者は,ユーラシア大陸の東西に広がるイスラーム世界の多様性を実地に経験しようと,長期休暇の度に渡航を繰り返した。北アフリカのスペイン飛地領セウタ (Ceuta) から,徒歩で国境を越えてモロッコへ入ったのを皮切りに,北アフリカはチュニジアとエジプトを訪問した。また,アラブ圏に加えて,オスマン帝国の舞台となったトルコや,1979年のイスラーム革命以降,シーア派法学者の治める国となったイランにも足を運んだ。そして,東アフリカ沿岸部にもイスラーム都市があることを知り,学士課程時代の最後に訪れたのがザンジバルであった(図10.1)。

　ザンジバルは,アラビア半島の南端部から直線距離にして2,200キロメートル以上も離れた場所にある。これはかつてヨーロッパとバルカン半島を結んでいたオリエント急行の開業当初のルートである,パリーイスタンブル間の距離にほぼ等しい。19世紀末,パリを出発した豪華列車は,ドイツ,オーストリア,ハンガリー,ルーマニア,ブルガリアの主要都市を経由した後,オスマン帝国の首都で

あるイスタンブルに至った。当時は6日の行程[1]であったという［平井 2007: 11, 144］。これに匹敵する距離，しかも同時代に，木造帆船に乗りアラビア半島からザンジバルへわたった人々が存在した。それがハドラミーである。

　本研究の目的は，インド洋西海域におけるアラブ移民ハドラミーの移住活動と，彼らの移住によってホスト社会であるザンジバルに生じた社会的・文化的な影響を解明することであった。本書では，これらの研究目的を複数の問いに分割し，各部に設定したテーマに基づいて，これまで9章にわたって議論を重ねてきた。そこで結論である本章では，まずこれらの問題設定に沿って，各章で行った議論を総括する。次に今後の展望として，ハドラミー研究を深化させるために必要となる将来的な課題を示し，最後に結語を述べて筆を置くことにする。

10.1　序論（第I部）

　本書の第I部は，研究全体の導入部である「序論」として設定した。第1章の単独で構成されており，ハドラミーをめぐる先行研究が積み上げてきた到達点と限界点を示した。また，その議論をふまえ，取り組むべきテーマの射程を定めることで，本研究における課題設定を行った。以下，これらの総括として，改めてハドラミー研究の現状を振り返り，本書で掲げた研究目的を確認しておきたい。

10.1.1　東アフリカのアラブ移民（第1章）

　インド洋においては，紀元前後の時代より海路を介した交易網が存在していた。アラビア半島南部に位置するハドラマウト地方出身のアラブは，この交易活動の主な担い手であり，出身地にちなんでハドラミーと呼ばれている。ハドラミーは，海の商人であったことに加え，移民としても活発に海外移住を行った。その結果，定着先であるホスト社会のイスラーム化を進める要因になるなど，彼らの移住活動からは，社会・経済・文化・言語など，様々な影響が生じている。

　ハドラミー移民は，インド洋に面した国々に定住しており，彼らを対象とした研究も同様に地域的な多様性を示している。近年は，インド洋周辺部に点在するハドラミーのコミュニティをディアスポラとしてとらえ，各地域の研究者が連携することも提唱されている。その研究成果は，彼らを主題とした国際学会に結実するなど，ハドラミーに対する関心と研究の機運は世界的に高まっている。特に，移住者が多い東南アジアにおいては，多角的な視点で研究が重ねられてきた。

---

[1] ただし，開業当初のオリエント急行は，すべての行程が鉄道だけで運行されていたわけではない。乗客は，ブルガリアのヴァルナからオスマン帝国のイスタンブルまでの区間については，黒海汽船に乗り換える必要があった［平井 2007: 144］。

総括と今後の展望 　215

　注目を集めるハドラミー研究であるが，一方で限界点も存在する。先行研究の大半が，歴史学を専門とするイスラーム研究者によるものであり，現代的な視点による課題設定が遅れている。また，地域的な偏りもあり，厚い研究蓄積があるインド洋の東海域に対して，西海域の研究事例は限定的である。特に東アフリカでは，特定のイスラーム知識人をめぐる家系史研究が，事実上，唯一のハドラミー研究の成果であり，近現代の移民の動向を射程に入れたものは存在しない。

　先行研究においても，インド洋の西海域におけるハドラミー移民を対象とした研究の必要性自体は，研究者相互の共通認識となっていたが，現実的には，この問題に対する積極的な取り組みを欠いていた。そこで本研究では，ザンジバルを調査対象地とし，東アフリカを目指したハドラミーの移住活動の実態と影響について，領域横断的なアプローチによって明らかにすることを目的とした。

　本研究では，ハドラミーの移住活動を多角的に評価するため，2つのテーマを設定した。その一つ目は，移住の経緯と実態を解明することである。ここでは，移民の人生経験に注目し，彼らの移住活動を社会・経済的な側面から考察した。そして二つ目は，ハドラミーの存在がホスト社会に与えた影響を探ることである。移民とザンジバル住民の関わりを，現地社会のイスラーム実践を通して観察することで，移住活動のインパクトを文化的な側面から検討した。それぞれ，第1の課題は第III部の，第2の課題は第IV部の主題となっている。

10.2　インド洋海域世界とザンジバル（第II部）

　本書の第II部の主題は，「インド洋海域世界とザンジバル」である。ハドラミー移民が目指したザンジバルとは，どのような特徴を持つ社会であるのか，研究の前提となる基本的な背景について，2つの章にわたり検討した。まず第2章では，ザンジバルの地理的な位置付け，住民の宗教とその分布，そしてイスラーム都市としてのザンジバル史を概観した。続く第3章では，多様な民族的出自を有するザンジバル住民が置かれている，錯綜したエスニシティの状況について考察した。以下，第II部の議論で明らかになった内容を，章ごとにまとめる。

10.2.1　イスラーム都市ザンジバルの素描（第2章）

　現在のザンジバルは，タンザニア連合共和国を構成する島部州の名称である。しかし，そのイスラーム社会としての特質を理解するには，タンザニアの本土に付属した存在としてとらえるよりも，背後にある海域との連関に注目する必要がある。そこで，インド洋を中心とした海域世界の文脈に基づいて，東アフリカにおけるザンジバル社会の立ち位置を多角的に検討した。

インド洋の周辺部に位置する地域は，半年ごとに風向きを反転させる季節風を利用した航海技術によって，紀元前後から交易を通して相互に結び付いていた。東アフリカもこの海洋交易網に組み込まれており，木造帆船であるダウに乗ったアラブ商人が来航していた。その結果，陸域のアフリカ在来の文化と，海域からのイスラーム文化が邂逅し，東アフリカ沿岸部には特色あるイスラーム都市が築かれることになった。中でもザンジバルは，地域経済と文化の中枢であった。

ザンジバル社会は，その成立の経緯から住人の98％がムスリムとなっている。しかし，民族集団によってイスラームでも宗派が異なり，主流はアフリカ系住民，アラブ系住民のハドラミー，そしてインド系住民の一部が属している，スンナ派シャーフィイー法学派である。同じアラブでもオマーン系住民は，ハワーリジュ派の流れを汲んでいるイバード派となる。また，スンナ派以外のインド系住民はシーア派で，その多くは十二イマーム派のムスリムである。

イスラーム都市としての長い歴史を持つザンジバルであるが，その社会が現在見られるような姿となった契機が，オマーンの進出とイギリスによる保護領化，そして独立と革命であった。19世紀の初頭，ザンジバルと東アフリカ沿岸部は，海外進出を目指すオマーンの支配下に入った。そして19世紀末には，インド洋に覇を唱えたイギリスの支配によって，アラビア半島南部から東アフリカの一帯が，イギリス保護領として地域的な連続性を獲得した。その結果，ザンジバルを中心として人と物の流動性が高まったが，1963年のイギリスからの独立と，翌64年に発生したザンジバル革命によって，この動きには終止符が打たれた。

10.2.2 ザンジバル住民のエスニシティ（第3章）

イギリス保護領時代のザンジバルにおいては，政策上の都合から，行政当局によって民族集団別に住民の人口統計がとられた。その分類方法は，人種・民族・宗教という，異なる基準が混在したものであったが，住民自身による民族的アイデンティティの表出という側面もあった。そこで，行政当局の資料を手がかりにしながら，ザンジバルのエスニシティ状況について考察した。

保護領の行政当局による統計資料において，アラブ系住民には独立した項目があてられた。しかし，ザンジバルのアラブ系住民は，実態としてオマーン出身者とハドラマウト出身者という，2つの異なる帰属意識を持つ集団を構成してきた。オマーン系はさらに，貴族階級の古参移民と，肉体労働者を中心とした新参移民に分かれる。またハドラマウト系は，その出身地にちなんでハドラミーと呼ばれるが，ザンジバル社会ではシフル人という俗称も広く用いられてきた。

ザンジバル在来民族として資料で挙げられているアフリカ系住民は，スワヒリとシラズィに二分することができる。前者は研究上，スワヒリ語を話すムスリム自由人と定義される。また後者は，居住地域に結び付いた複数の名称が記録され

ているが，出自を古代ペルシャの移住者に求めている集団であり，彼らの自称はシラズィである。しかし，大陸出身のかつての解放奴隷の子孫が，新たなアイデンティティとしてスワヒリを選択し，後にシラズィに名乗りを変更したことから，民族名をめぐっては外部観察者と当事者の意識の間にズレがある。

統計資料では，ザンジバル住民としてコモロ系とインド系も挙げられている。コモロ系住民は，ザンジバルから750キロメートル離れたコモロ諸島からの移住者である。コモロも多様な出自を持つ住民からなる社会であるが，ザンジバルにおいては，コモロ人という単一の民族集団として扱われる。またインド系住民は，インド亜大陸に起源を持つ移民である。多くはムスリムであるが，ゴア州の出身者はキリスト教徒であり，ゴア人として別の集団とみなされることがある。

10.3　ハドラミー移民の生きる世界（第III部）

本書の第III部は，「ハドラミー移民の生きる世界」という共通テーマを設定した。移住活動の社会・経済的な側面の解明を目的としており，3つの章にわたって，ハドラミーが経験した人生の諸相に迫った。まず第4章では，ハドラマウトからザンジバルを目指したハドラミーの移住活動の背景を考察した。続く第5章では，ホスト社会において世代交代を経ることで，移民たちの民族集団としての意識が，どのように変化したかを分析した。さらに第6章では，ホスト社会への定着後に生じたザンジバル革命と，この出来事に関わる言説について，ハドラミーの視点から再評価した。以下，移民の人生をめぐる各章の議論を総括する。

10.3.1　海をわたるハドラミー（第4章）

現在のイエメンにあたるハドラマウト地方は，ハドラミーを移民として海外に絶え間なく送り出してきた。その移住先は，東南アジア，インド亜大陸，西アジア，東アフリカと，インド洋に面した諸地域に広がっている。しかし，20世紀中盤を境に，インド洋の東海域へ向かう彼らの移住活動は事実上終焉した。その一方で，ザンジバルを中心とするインド洋の西海域では，この時期以降も移住活動が継続している。そこで，彼らが東アフリカを目指した理由を多角的に考察した。

ハドラミーを故郷から追い立てた「プッシュ要因」としては，第二次世界大戦が引き起こした，ハドラマウト社会における経済不況がある。もともと安定した産業構造を欠いていたこの地域は，海外で成功したハドラミー移民からの支援に頼っていた。ところが，大戦の影響下で送金網が寸断され，現地経済は大打撃を受けた。また，ハドラマウトは歴史上，干ばつや自然災害などによって飢饉が繰り返されており，大戦期のハドラミーは，経済不況との二重苦に苛まれることに

なった。そこで，彼らは生き延びるための手段として海外移住を選択した。

　移住活動における外部的な「プル要因」としては，イギリスの存在が大きい。19世紀から20世紀にかけて，大英帝国として一時代を築いていたイギリスは，大戦後もインド洋の西海域においては，多くの地域を支配し続けた。その結果，ハドラマウトとザンジバルは保護領としての地域的な連続性を獲得し，人や物の流動性が高められた。また，両地域の間にはダウ船の航路も存在し，故郷を後にしたハドラミーに，ザンジバルという新天地へ向かう手段を提供した。

10.3.2　アイデンティティの周辺（第5章）

　現在のザンジバル社会では，複数世代にわたるハドラミー移民が暮らしている。移住の当事者である第一世代から子・孫世代，中にはひ孫世代以上の者もいる。一般に移民のコミュニティにおいては，世代が下るごとにホスト社会の先住者との通婚が進み，言語や習慣などの特徴が薄れていくが，その一方で，エスニック集団としての感覚は持続すると考えられている。そこで，ザンジバルのハドラミー移民が持っている民族集団意識を，データ分析によって考察した。

　まず，移民の世代と民族的なアイデンティティとの関係について分析すると，第一世代，第三世代，第四世代には，ハドラミーとしての意識が強く，第二世代だけザンジバル人としての意識が強いという傾向が現れた。次に，移民の各世代とアラビア語の口語および文語の能力の相関を調べてみると，第一世代では口語のみ，それ以外の世代では口語・文語ともに一定レベルの運用力があることが分かった。続いて，民族的アイデンティティとアラビア語の相関を分析したところ，ハドラミー意識の高い者が，アラビア語を重視するという傾向が見られた。またこの特徴は，第二世代を除く，移民のすべての世代に共通していた。

　分析結果を総合すると，ホスト社会の住民を母親に持つ第二世代は，アラビア語を重視せず，ザンジバル人としての意識が強い傾向が見られ，第三世代・第四世代は，ザンジバル生まれであるが，再びハドラミー意識が芽生えていることが分かった。ホスト社会に定着し，先住者との通婚などを経て世代交代が行われる過程で，移民が持つハドラミーとしての意識にも変化が生じていること，そして世代ごとに，アイデンティティには一定の傾向があることが明らかになった。

10.3.3　ハドラミーのザンジバル革命（第6章）

　1964年に勃発したザンジバル革命は，抑圧的支配者である「アラブ」に対して，従属を強いられてきた「アフリカ人」が蜂起し，最終的に勝利した階級闘争劇として語られる。この二項対立的な枠組みにおいて，ハドラミーは言及されることもなく，その存在は歴史の闇の中に葬り去られている。そこで，ザンジバル革命の時代を，成人として経験したハドラミー移民のライフ・ストーリーから，彼ら

の見た革命の姿を描き，革命をめぐる言説の問題点を検証した。

　ザンジバルに定着したハドラミーは，水運びや畑作などの肉体労働や小売業で生計を立てており，彼らの置かれた社会経済的な地位は，オマーン系の新参移民やアフリカ系住民のそれと近かった。しかし革命に際しては，彼らはオマーン系の古参移民とともに打倒すべき支配者「アラブ」の中に含められた。革命の実行者たちは，ハドラミーを家から引きずり出して，投獄ないしはその場で殺害した。また，革命後に成立した政権も，「アラブ」を狙い撃ちにした弾圧的な政策を取り，ハドラミーは財産を没収され，移住当初のような貧困に喘ぐことになった。

　これまで流布されてきた革命をめぐる言説において，一枚岩的に語られてきた「アラブ」と「アフリカ人」という二項対立的な構造は，ザンジバル社会が誇ってきた民族的な多様性を，巧みに覆い隠していた。その実態とは，革命に正当性を与えるために操作される，民族に見せかけた恣意的なカテゴリー化であった。

10.4　アラウィー教団とは何か（第Ⅳ部）

　本書の第Ⅳ部のテーマは，「アラウィー教団とは何か」である。ホスト社会に対する，ハドラミーの移住の文化的な影響を理解するため，彼らがザンジバルにもたらしたアラウィー教団の活動について，3つの章にわたって検討した。まず第7章では，ザンジバルにおいてアラウィー教団が行う儀礼にはどのようなものがあるのか，その詳細を明らかにした。次に第8章では，ザンジバル住民の間に浸透している同教団の祝祭に注目し，その機能と役割について考察した。最後の第9章では，同教団におけるメンバーシップ観の分析によって，アラウィー教団とはいかなるタリーカであったのかを解明した。以下，アラウィー教団を通したハドラミーと周囲の住民の関わりをめぐる各章の議論を総括する。

10.4.1　ザンジバルのアラウィー教団（第7章）

　ハドラミーの移住活動には，定着先であるホスト社会のイスラーム化を進める側面があった。彼らには固有のタリーカとしてアラウィー教団があり，同教団はハドラミーたちの宗教行為だけではなく，多様な民族的背景を持つ他の住民や，ホスト社会で共有されるイスラーム的な価値観の形成に関わってきた。つまり，彼らの移住活動から生じた文化的なインパクトを可視化した存在となっているのである。しかし，その重要性に比して，同教団の活動実態については，これまでほとんど知られていなかった。そこで，現在のザンジバルで活動するアラウィー教団の集団儀礼を取り上げ，その具体的な内容を明らかにした。

　ザンジバルのアラウィー教団は，当地で活動する他教団のような修道場などの

常設の教団拠点を所有していない。都市部のストーンタウンを中心に点在する，教団にゆかりの深い人物が建設したモスクが，メンバーの集う場所となっている。モスクは基本的にムスリムの義務である礼拝のための空間であるが，それ以外の空き時間を利用して，各種の儀礼が行われる。アラウィー教団の儀礼は，公衆に開放されており，一般のムスリム住人が参加する様子がよく見られる。

　アラウィー教団の儀礼には周期性がある。メンバーが毎日自宅で実践するもの，モスクにおいて曜日ごとに集団儀礼として行われるもの，関係者に加えて多数の住民が参加する，年周期の祭事の形式で開催されるものがある。また，同教団の儀礼の根底には，11世紀のイスラーム学者，ガザーリーの思想があった。

10.4.2　預言者生誕祭の構造（第8章）

　アラウィー教団がザンジバルに導入した儀礼の中で，最も規模が大きいものは，預言者ムハンマドの生誕を祝した「マウリディ」である。この儀礼は，モスクを会場とした普段の教団活動に参加することのない女性や子供を含めて，すべてのザンジバル住民が関わる一種の祝祭となっている。そこで，参与観察を通して，大衆化が進むこの儀礼の背景にある，機能と役割について考察した。

　預言者生誕祭自体は，エジプトなどの他のイスラーム諸国でも報告事例がある。しかし，ザンジバルで預言者生誕祭として行われるマウリディには，ムハンマドの生誕日以降，月末までの2週間強にわたって，場所を変えながら繰り返し実施されるという特徴がある。また祝祭においては，会場内に設置されたステージに専門のパフォーマーが上がって，預言者物語とカスィーダと呼ばれる詩を交互に朗誦するなど，演目として行うべき内容が細かく定められている。

　マウリディは毎年，複数回開催されるため，その都度，主催者が変わる。また，祝祭が有する性質や目的も，主催者によって違いが見られる。ザンジバル政府が主催するマウリディは，ムスリム有権者を動員できるイベントとして，政治的なアピールのための場となっていた。一方，住宅地や家庭内におけるマウリディは，祝祭自体が地域住民の手作りで，参加者同士を結び付ける工夫があった。また，通常アラビア語で朗誦される演目でも，スワヒリ語が使われるなど，民衆の祭という性質が強く現れていた。このように，ザンジバルのマウリディは，アラウィー教団の儀礼という枠組みを超えて，様々な意味と機能を担っていた。

10.4.3　タリーカの境界線（第9章）

　ザンジバルのアラウィー教団の特徴として，儀礼における開放性がある。他のタリーカでは，加入儀礼を行った者だけが教団活動への参加資格を得る。これに対してアラウィー教団には，モスクの儀礼やマウリディに見られたように，誰でも参加できるという性質があった。そこで，メンバーシップ観をめぐる関係者の

語りを手がかりにして，同教団のタリーカとしての位置付けを探った。

　タリーカの成り立ちにおいて，鍵となる概念が「イジャーザ」である。これは免状を意味する日常用語であるが，タリーカではメンバーシップと関わっている。通常の教団では，入門に際して象徴的な儀礼が行われ，加入イジャーザが与えられる。これは許可であると同時に，共同体としてのタリーカのルールに従う意思表明になる。また，タリーカの指導者と弟子の関係において，教育内容を弟子が理解したと認められた場合にもイジャーザが出される。これは修了免状であり，弟子は自分が学んだ内容を，他の人に指導することが可能になる。

　タリーカのメンバーシップについて，アラウィー教団は独特のとらえ方をしている。修了イジャーザは他教団と同様であるが，加入資格の面では，普段の儀礼に参加するだけで教団員とみなされ，入門儀礼や加入イジャーザは不要となる。この姿勢は，組織としての教団構造にも影響しており，他教団が指導者を頂点とするピラミッド型の階層機構を持つことに対して，アラウィー教団では，教師を軸にした弟子のサークルが相互にゆるやかに結び付くことで，ネットワーク型の組織体が形作られている。タリーカの内外を峻別する境界線を持たない同教団は，この柔軟な仕組みによってホスト社会に浸透してきたのであった。

10.5　今後の展望

　インド洋の周辺部を目指すハドラミーの動きは，複数世紀にわたって継続した現象であり，定着先であるホスト社会の成り立ちにも彼らは深く関わってきた。地理的に遠く離れた場所において，同質の生活習慣や社会規範が観察されるなど，彼らの移住活動によって生じた影響は，現在でも色濃く残っている。そのため，ハドラミーに対する研究上の関心は，これからも様々な領域の研究者を巻き込みながら，より一層，高まっていくと思われる。そこで，将来に向けた展望として，ここで 2 つの課題を取り上げ，ハドラミー研究をさらに発展・深化させるために，今後の研究にどのような視点が必要になるか考えたてみたい。

10.5.1　社会階層論を再考する必要性

　ハドラミー研究者が今後取り組むべき課題の一つには，彼らのコミュニティにおける社会階層の問題がある。その概要については本書の第 5 章 5.2.2 節でも触れたが，血統的な出自に基づいて，各人の所属する社会的地位が決まるような，層化された社会関係が，ハドラミーの間には存在するという考え方である。

　ハドラミーの社会階層については，ブジュラによる古典的な研究［Bujra 1971］が現在も基本文献とされている。しかしながら，彼の研究はハドラマウトの特定

村落における事例であり，その枠組みがどの程度の普遍性を持っているのかは，不明な部分が多い。本来であれば，現地社会を実地に調査すべきところであるが，ハドラマウトを含むイエメンの政治状況から，現在のところ外国人研究者が入国すること自体が極めて危険な状態であり，事実上，フィールドワークは不可能となっている。したがって，ブジュラによって提示された枠組みは，十分に検証されることのないまま，今日でもなお再生産され続けている[2]のである。

一方，近年のハドラミー研究における関心は，ハドラマウトのローカルな現象よりも彼らの移住活動そのものに向けられている［Bang 2003: 4］。しかし，この階層制度が移住先における社会関係にどのように影響しているか，そもそも階層システム自体がホスト社会で機能しているのかについては，やはり手が付けられないまま課題として残されている。そこで，今後のハドラミー研究においては，彼らのコミュニティの成り立ちに大きく関わるこの問題について，様々な地域と時代から事例を集めながら，研究を進めていく必要があるだろう。

10.5.2　ライフ・ストーリー論のさらなる深化

今後のハドラミー研究において，さらに重要性を増す可能性のあるもう一つの課題が，ライフ・ストーリー研究である。歴史研究に比重を置いてきた，従来のハドラミー研究において，唯一欠けていたのが今日的な視点からとらえた移民の姿であった。この点において，ライフ・ストーリーは貴重な情報を提供してくれる存在であり，本書の研究においても第Ⅲ部の基幹部を構成していた。

しかしながら，ライフ・ストーリー研究は比較的新しい手法であり，社会学者を中心に，研究者ごとに異なった方法で取り組まれているのが現状である。この分野のパイオニアである，フランスの社会学者ベルトーによると，数十人ほどのライフ・ストーリーを集めていく過程で，各人のライフ・コースの中に反復して観察される共通した要素が現れたという［ベルトー 2003: 212–214］。この状態をベルトーは飽和と呼んでおり，同じ社会背景を持つ人々の語りが相互に関連付けられ，社会的プロセスの根底にあるパターンが明らかになるとされる。

この考え方は，実は微妙な問題を含んでいる。それは，飽和プロセスの背景として，特定の属性を共有した人々からなる社会に注目する場合，そこで語られたライフ・ストーリーの最大公約数的な類型化によって，彼らが属するコミュニティ全体に投射可能なビジョンが得られるという，暗黙の了解が存在するからである。これはややもすれば，本書の第 6 章でも議論した，「アラブ」対「アフリカ人」という枠組みに似た状況に陥る可能性がある。つまり，多様な背景を持った人々を，

---

[2] 例えば，近年刊行されたハドラマウト社会とハドラミー研究の現状を整理したボックスバーガーの著作［Boxberger 2002］においても，従来通りの社会階層の枠組みがそのまま登場している。

質的に一様な集団のように描いてしまう危険性があるのである。

　この問題には，一朝一夕には解決しがたいところがある。人々の共通項を評価せずに，個々人のディテールだけを追うのであれば，そもそもハドラミー移民という集団を前提にした研究など不可能だということになってしまう。その一方で，過度な一般化を押し進めるのは，社会をあたかも一枚岩のように扱うことにつながる。現実的な解決策としては，この両極の間でバランスを取りながら，研究者それぞれの課題に合わせて最適解を求めていくしかないと思われる。

　本書に収録したライフ・ストーリーの扱いも，筆者なりのバランスを取るよう努めた[3]。その試みがどの程度うまく行ったかは，読者の方々の判断に委ねたいが，移民の語るライフ・ストーリーの分析がハドラミー研究における有力な手法となるためには，この問題について議論の深化が求められるであろう。

10.6　結語：越境するアラブ

　ザンジバル社会にとって，ハドラミーは外の世界からの来訪者であった。前近代までは，イスラーム諸学に通じた知的エリートとして，19世紀以降は肉体労働者として，彼らは遠く離れたアラビア半島から船で海をわたってきた。しかし，その移住のプロセスは決して平坦なものではなく，常にインド洋海域全体の動きに影響を受けていた。第二次世界大戦による海上ネットワークの寸断や，故郷であるハドラマウト社会の荒廃といった出来事は，移住活動のあり方自体に大きく関わっていた。また，ザンジバル独立から革命までの流れのように，ホスト社会における情勢の変化は，移住後もハドラミーを翻弄してきた。

　その一方で，ハドラミーはザンジバル社会の一員として，確かな歴史を重ねてきた。彼らによってもたらされたスンナ派シャーフィイー法学派は，この地域における社会システムとしてのイスラームのあり方を規定してきた。また同様に，ハドラミーのタリーカであるアラウィー教団は，ザンジバル住民の日々の暮らしの中に深く根を下ろしており，彼らのイスラーム実践における指針となっている。社会生活における基本的な価値観を，ザンジバルの先住者たちと共有しているという点において，ハドラミーはもはや異邦人ではない。

　本書では，ハドラミーの移住活動を縦糸に，アラウィー教団を通したホスト社会との関わりを横糸にして，彼らの現在の姿を論じてきた。それは，ザンジバルを目指したハドラミー移民の生きる世界がどのようなものであるか，その一端を垣間見ようとする試みであった。本書の議論から明らかになったように，彼らは

---

[3] 例えば，研究対象となる集団の枠を広げ過ぎないこと，出身者の地域や時代を絞ること，それぞれの語りを，背景となる社会的コンテクストの中に位置付けて理解することなどである。また，本書の第6章の議論には，この問題を意識化する目的もあった。

ホスト社会の片隅でひっそりと暮らすマイノリティではない。むしろ，自分たちのコミュニティの内と外において，人々の間に柔軟なネットワークを築き，その存在感を示していた。そこに現れていたハドラミー像とは，インド洋という舞台装置を最大限に活用し，地理的な境界や民族的背景の相違を，海をわたるように乗り越えて生き抜いてきた，「越境するアラブ」であった。

謝辞

　本書は，2016 年に京都大学へ提出した博士論文に加筆・修正し，書籍として再構成したものです。元となった研究をまとめるにあたり，主指導教員であった梶茂樹名誉教授（京都大学大学院アジア・アフリカ地域研究研究科）からは，丁寧かつ熱心なご指導を賜りました。遅筆でなかなか研究の進まない筆者に対して，温かい目で励まし続けていただき，ゴールまで導いていただきました。心より感謝申し上げます。また，副指導教員であった山越言准教授（同研究科），東長靖教授（同研究科），副査をお引き受けいただいた荒木茂名誉教授（同研究科），そして Michael Gilsenan 教授（ニューヨーク大学）からは，調査中そして帰国後に，研究を進める上で，多くのご助言をいただきました。ここに感謝の意を表します。

　ザンジバルにおける臨地調査に際しては，多くの方々から惜しみない支援と協力を受けました。特にアラウィー教団のアーリムであり，現地イスラーム文化の研究者でもあった故ムハンマド・イドリース氏（ザンジバル・イスラミック・ヘリテージ）には，ひとかたならぬお世話を賜りました。また，ムハンマド・ウマル・ジュダ氏（ヤミーン慈善協会）には，現地ハドラミー・コミュニティとの橋渡しをしていただきました。加えて，数十人にのぼる調査協力者の方々にも，筆者の取材にお付き合いいただき，貴重なお話を伺うことができました。ザンジバルにおいて，ご協力いただいたすべての皆様へ，心からの御礼を申し上げます。

　本研究は，以下の研究助成によって可能になりました。「魅力ある大学院教育」イニシアティブ・プログラムによる問題発見型フィールドワーク派遣（2006 年度），「魅力ある大学院教育」イニシアティブ・プログラムによる問題発見型フィールドワーク派遣（2007 年度），松下国際財団 2008 年度「研究助成」（人文科学・社会科学領域，助成番号：08‐204），グローバル COE プログラム「生存基盤持続型の発展を目指す地域研究拠点」特別経費「ライフとグリーンを基軸とする持続型社会発展研究のアジア展開」フィールド・ステーション等派遣によって，臨地調査を実施できました。また本書の刊行は，京都大学アフリカ地域研究資料センター・アフリカ研究出版助成（平成 28 年度総長裁量経費：若手研究者に係る出版助成事業）受けて実現しました。貴重な機会を賜り，心より感謝いたしております。

　最後に，身近な場所で，いつも筆者を支えてくれている妻，そしておおらかに見守ってくれている両親と弟に対して，感謝の念を表したいと思います。

2017 年初春
朝田　郁

付録 A
用語集

アーリム（ar. ʿālim）
イスラーム諸学に通じた知者・学者。ウラマーの単数系。かつてはスーフィーと対立したが，現代では両方のイジャーザを持つ者も一般的である。

アーンミーヤ（ar. ʿāmmīyah）
口語アラビア語。アラビア語とは呼ばれても，地域ごとに異なる言語体系を持つ。アラブの母語であるが，出身地が違うと意思の疎通は困難である。

アラウィー教団（ar. al-Ṭarīqah al-ʿAlawīyah）
ハドラミーのサイイド一族の間で行われていた儀礼が一般化してタリーカとなったもの。ハドラミーの移住活動とともにホスト社会に浸透した。

イジャーザ（ar. ijāzah）
原義は許可や免状。タリーカの文脈では加入許可であるイジャーザ・アル＝イラーダと，修了免状を表すイジャーザ・アッタバッルクが区別される。

ウィルド（ar. wird）
タリーカにおける日常的な修行。また，その際に用いられる祈祷句。アラウィー教団では，1日を12の日課に分け，各区分もウィルドと呼ばれる。

ウラディ（sw. uradi, ar. awrād）
アラウィー教団の儀礼の一つで，ウィルドの複数形アウラードが転訛したもの。ウィルドを集団で行うこと。内容はラーティブ読誦が中心となる。

ウラマー（ar. ʿulamāʾ）
イスラーム諸学に通じた知者・学者。アーリムの複数形。日本のイスラーム研究においては，一人の学者でも，ウラマーの用語を使う場合がある。

カスィーダ（ar. qaṣīdah）
詩の形式の一種。長詩と訳される。一定の決まりで韻を踏むように構成されている。宗教儀礼の合間に，安息のために読誦されることがある。

カビーラ（ar. qabīrah）
慣習的に「部族」と訳されてきたが議論も多い。アラブにおける特定の名祖を基準にした，血気の単位。誰を基準にするかで集団の規模が伸縮する。

キヤーマ（ar. qiyāmah）
敬意を払って起立すること。マウリディの預言者物語において，ムハンマドの生誕シーンになると行われる。参加者は香を焚き染め，身を清める。

サイイド（ar. sayyid）
預言者ムハンマドの血を引く一族。ハドラミーにおいては，全サイイドがアラウィー家の出身者である。高い社会的・宗教的ステータスを持つ。

サラフィー主義（ar. al-Salafīyah）
預言者ムハンマドとその教友が生きた時代のイスラームを理想とする原点回帰主義的な考え。イスラーム改革運動に思想的な裏付けを与えている。

ザンジバル革命（en. Zanzibar Revolution）
1964年1月12日に生じた「革命」。スルターンを推戴するザンジバルの政体を転覆した。代わって成立した革命政権が，現在まで与党の座にある。

シャイフ（ar. shaykh）
原義は年長者であるが，タリーカの文脈では教団指導者を指す。歴代の教団指導者の系譜に連なる人物で，バラカなど特別な力を受け継ぐとされる。

ジャハーズィー（ar. jahāzī）
ダウ船の一種。インド洋西海域を中心に，貨物輸送船として用いられた。東アフリカ沿岸部を目指したハドラミーは，この船で貨物と共に移住した。

シラズィ（sw. shirazi）
民族集団としての起源を，古代ペルシャからの移住者に求める人々。実質的に，ザンジバル先住民の地位を占める。地域によって呼び名が変わる。

ズィクル（ar. dhikr）
神を想起すること。タリーカにおける最も基本的な儀礼。キリスト教の連祷に近い。定式化した短い祈祷句を，独特の呼吸法や発声法で反復する。

スーフィー（ar. ṣūfī）
修行者。イスラーム神秘主義者とも訳される。しばしば聖者として奇蹟を起し，民衆から尊崇される。近代以降は集団化してタリーカを構成する。

スワヒリ（sw. Swahili）
東アフリカ沿岸部の基底を成す文化，またそこで話されている言語。アフリカ・バントゥー系の民族とアラブ・イスラームとの接触によって生じた。

ダウ船（en. dhow, ar. dāw）
インド洋海域世界で伝統的に使われてきた木造帆船。この船とモンスーンを利用することで，ヨーロッパの進出前から，遠洋航海が可能となった。

タサウウフ（ar. taṣawwuf）
スーフィズムやイスラーム神秘主義と訳される。ただし歴史上，神秘主義以外に様々な活動を含んでいた運動であり，これらの訳語には批判もある。

タリーカ（ar. ṭarīqah）
スーフィー教団。イスラーム神秘主義教団と訳されるが，その活動は必ずしも神秘主義思想に限定されない。民衆の宗教実践と深く関わっている。

ドゥアー（ar. du'ā'）
神への祈願。儀礼の前後や墓参など，宗教的な活動に際して行われるほか，食事の際にも唱えられる。場面によって，祈祷句の内容も異なる。

ナシーダ（sw. nashida, ar. nashīd）
カスィーダの一種。位置付けはカスィーダと同様であるが，歌のようにメロディーを付けて読誦される。宗教儀礼より結婚式などの祭事で好まれる。

ハウリ（sw. hauli, ar. ḥawl）
原義は変転。アラウィー教団の集団儀礼の一つで，聖者やウラマーを祝う祭。ザンジバルでは，預言者ムハンマド以外のマウリディをハウリと呼ぶ。

ハドラマウト（ar. ḥaḍramawt）
現在のイエメンとオマーンにまたがる地域名。高地帯と砂漠が大半で，居住可能地はワーディー周辺と海岸部に限られる。多数の移民を送り出した。

ハドラミー（ar. ḥaḍramī）
ハドラマウト出身のアラブ。移民として，インド洋に面する広範な地域にわたった。彼らの移住活動の影響で，イスラーム化が進んだ地域も多い。

バラカ（ar. barakah）
神からの恩寵。預言者ムハンマドや聖者など，神と近しい存在に与えられた聖なる力。これらの人物の所持品や墓所にも宿ると考えられている。

ハリーファ（ar. khalīfah）
原義は代理人。タリーカの文脈ではシャイフに代わって，各拠点でムリードを直接指導する立場にある人物を指す。ムルシドと呼ばれることもある。

ビドア（ar. bid'ah）
イスラームの本質から外れるされる行為や考え。何がビドアかは，依拠する思想的背景によって異なるが，タサウウフはしばしば攻撃対象となった。

フスハー（ar. fuṣḥā）
文語アラビア語。クルアーンのアラビア語を標準化したもの。古典語と現代語があり，メディアのアラビア語でもある。アラブも学習で身に付ける。

マウリディ（sw. maulidi, ar. mawlid）
預言者や聖者の生誕祭。ザンジバルではもっぱらムハンマドに限定して用いられており，祝祭では預言者物語とカスィーダの読誦が行われる。

マドラサ（ar. madrasah）
イスラーム諸学を教育する学校。伝統的にはモスクで行われる座学であったが，専用の学校施設を持つ場合もある。しばしばタリーカが関わる。

マンガ（sw. Manga）
オマーン出身のアラブ。オマーン移民は古参移民と新参移民に分けられ，マンガは後者のグループを指す。インフォーマル・セクターを構成した。

ムヒッブ（ar. muḥibb）
原義は愛好家。タリーカの文脈では教団加入のイジャーザを受けていない者を指す。集団儀礼への参加を許されても，メンバーとは認識されない。

ムリード（ar. murīd）
タリーカのフォロワー。シャイフやハリーファの指導を受ける立場の者。階層化された教団においては，ヒエラルキーの最下層に位置付けられる。

ラーティブ（ar. rātib）
アラウィー教団が儀礼で使う祈祷書。クルアーンやドゥアーを含む様々な祈祷文が含まれる。複数種類が使い分けられ，編纂者の名前を冠している。

ラウハ（ar. rawḥah）
アラウィー教団が行う儀礼の一つ。同教団のウラマーの墓所に参詣することで，タリーカの一般的な用語では，ズィヤーラと呼ばれるものに近い。

付録B
歴史年表

ザンジバル・スワヒリ世界		中東・イスラーム世界		インド洋海域世界	
1世紀半	『エリュトゥラー海案内記』で東アフリカ沿岸部とアラビア半島間の交易活動について言及			1世紀半	インド洋交易商人によって航海手引書『エリュトゥラー海案内記』が書かれる
4-5世紀	マレー系民族が東アフリカ沿岸部へ移住			4-5世紀	マレー系民族インド洋横断
		610	ムハンマドが神の啓示を受け預言者としての活動開始		
		622	イスラーム暦元年		
		632	ムハンマド没、正統カリフ時代開始		
		651	イスラーム軍のペルシャ征服、サーサーン朝滅亡		
		661	第4代カリフ・アリー暗殺、ウマイヤ朝の開始		
		684/5	バスラでイバード派が成立		
		8世紀	シーア系の諸派が成立		
8世紀半	東アフリカ沿岸部における最古のモスク建設（ケニア）	750	ウマイヤ朝滅亡、アッバース朝の開始	8世紀半	アッバース朝の成立で交易ルートがペルシャ湾中心に
9世紀半	東アフリカ沿岸部においてイスラーム都市建設が進行（ペルシャ諸侯のペンバ、キルワなどへの移住伝説）▶シーラーズィー伝承				
		909	エジプトを中心にファーティマ朝成立（1171年まで）▶同朝下で預言者生誕祭		
		925	サイイドのムハージルがイラクのバスラからハドラマウトへ移住		
10世紀半	ハドラマウト商人の往来増加	10世紀半	アラウィー家の成立	10世紀半	ファーティマ朝の影響下で交易ルートが紅海中心に
1107	ザンジバルにキズィムカズィ・モスク建設				
		1207	イラクでマウリドの記録		
		13世紀	ファキーフ・ムカッダムがアラウィー教団を創始		
13世紀半	マルコ・ポーロの『東方見聞録』でザンジバル言及	13世紀半	マムルーク朝開始（1250）、アッバース朝滅亡（1258）	13世紀半	マルコ・ポーロの東行、帰路で杭州からインド洋経由
		1299	オスマン朝成立		
		14世紀	イブン・バットゥータが5次にわたる大旅行を敢行	14世紀	イブン・バットゥータが東アジアまでインド洋を横断
1331	イブン・バットゥータがモンバサとキルワに来訪				

ザンジバル・スワヒリ世界		中東・イスラーム世界		インド洋海域世界	
				15世紀	明がインド洋に7次にわたって艦隊を派遣
		1453	オスマン・東ローマ戦争の結果，ビザンツ帝国滅亡		
1498	ヴァスコ・ダ・ガマがモンバサとマリンディに来訪			1498	ヴァスコ・ダ・ガマのポルトガル艦隊がインドに到達
1509	ザンジバルがポルトガルの支配下に入る			16世紀	ポルトガル艦隊のインド洋に対する本格的な進出
		1517	マムルーク朝滅亡		
1592	モンバサ陥落，沿岸部一帯がポルトガルの支配下に			16世紀半	ポルトガルがインド洋交易を直接支配下に
		1650	オマーンがマスカトのポルトガル人勢力を駆逐		
1652	オマーンがザンジバルのポルトガル人勢力を駆逐				
17世紀半	オマーン進攻で東アフリカ沿岸部からポルトガル撤退			17世紀半	オマーンがインド洋交易に進出
		1720	オマーンで内戦勃発，対外プレゼンスが低下		
1832	サイイド・サイードがオマーン首都をザンジバルに遷都	19世紀	サイイド・サイードの治世下でオマーンが東アフリカ再進出	19世紀	ヨーロッパ列強による保護領化・植民地化が進展
1856	オマーンからザンジバル分割	1856	ザンジバルからオマーン分割		
				1869	スエズ運河開通 ▶蒸気船の本格的導入
1873	ザンジバル奴隷市場閉鎖				
		1882,86	英国がハドラマウトのクアイティー王国を保護領化		
1890	英国がザンジバルを保護領化				
		1891	英国がオマーンを保護領化		
		1918	英国がハドラマウト全域を保護領化	1914-18	第一次世界大戦
		1922	オスマン朝滅亡		
				1939-45	第二次世界大戦
		1945	アラブ連盟結成	1945-57	旧植民地諸国の独立
1963	ザンジバル独立				
1964	ザンジバル革命，同年タンガニーカと合邦しタンザニアに				
		1967	南イエメン（ハドラマウト）独立		
		1971	オマーン独立		
1972	ザンジバル大統領カルメ暗殺 ▶宗教活動への制限緩和	1970年代	イスラーム復興運動の顕在化	1970年代	アメリカのプレゼンス増加
		1990	南北イエメン統合		
1992	ザンジバルに複数政党制導入				
2000	ストーンタウンが世界遺産に	2000年代	アル＝カーイダ台頭		

付録C
預言者生誕祭のプログラム

　預言者物語の演目では，預言者ムハンマドの生誕シーンが描かれる場面（バルザンジー4章，ハブシー8章）に入ると，途中で朗誦を中断してキヤーマ儀礼に移行する。キヤーマ終了後は，章の続きの部分から朗誦を再開する。なお，ダイバイーには，章の区分が無いため，便宜上，キヤーマの前後で別の演目とした。

1. 政府主催のマウリディ［2007年3月31日，会場：マイサーラ］

	演目		演目
1	ザンジバル大統領の入場	11	預言者物語4(バルザンジー4章)+キヤーマ
2	最高裁判官のフトゥバ	12	スワヒリ語によるフトゥバ
3	クルアーン読誦	13	カスィーダ5
4	クルアーン解説	14	預言者物語4(バルザンジー5章)
5	カスィーダ1	15	カスィーダ6
6	預言者物語1(バルザンジー1章)	16	預言者物語5(バルザンジー6章)
7	カスィーダ2	17	カスィーダ7
8	預言者物語2(バルザンジー2章)	18	ドゥアー(バルザンジー19章)
9	カスィーダ3	19	ファーティハと閉会の辞
10	カスィーダ4	20	ザンジバル大統領退場

2. アラウィー教団のマウリディ［2007年4月12日，会場：バルザ・モスク］

	演目		演目
1	ドゥアー1	10	預言者物語6(ハブシー6章)
2	カスィーダ1(ヤー・ラッビ・サッリ)	11	カスィーダ4
3	預言者物語1(ハブシー1章)	12	預言者物語7(ハブシー7章)
4	預言者物語2(ハブシー2章)	13	預言者物語8(ハブシー8章)+キヤーマ
5	カスィーダ2	14	カスィーダ5
6	預言者物語3(ハブシー3章)	15	預言者物語9(ハブシー13章)
7	預言者物語4(ハブシー4章)	16	預言者物語10(ハブシー14章)
8	カスィーダ3	17	ドゥアー2(ハブシー15章)
9	預言者物語5(ハブシー5章)	18	会食

3. 政治団体のマウリディ［2007年4月10日，会場：ブワニ・ホテル］

	演目		演目
1	クルアーン読誦	6	預言者物語2（バルザンジー3章）
2	フトゥバ	7	預言者物語3（バルザンジー4章）＋キヤーマ
3	カスィーダ1	8	カスィーダ3
4	預言者物語1（バルザンジー1章）	9	ドゥアー
5	カスィーダ2	10	会食

4. ヤミーン慈善協会のマウリディ［2007年4月11日，会場：ハイレ・セラシエ中学］

	演目		演目
1	ドゥアー1	8	預言者物語4（バルザンジー4章）＋キヤーマ
2	クルアーン読誦	9	ナスィーダ
3	カスィーダ1（ヤー・ラッビ・サッリ）	10	フトゥバ
4	預言者物語1（バルザンジー1章）	11	預言者物語5（バルザンジー6章）
5	預言者物語2（バルザンジー2章）	12	ドゥアー2（バルザンジー19章）
6	預言者物語3（バルザンジー3章）	13	カスィーダ3
7	カスィーダ2	14	ドゥアー3

5. 街区のマウリディ［2007年4月16日，会場：ムウェンベタンガ］

	演目		演目
1	ドゥアー1	7	預言者物語4（バルザンジー4章）＋キヤーマ
2	クルアーン読誦	8	フトゥバ
3	カスィーダ1（ヤー・ラッビ・サッリ）	9	預言者物語5（バルザンジー6章）
4	預言者物語1（バルザンジー1章）	10	ドゥアー2（バルザンジー19章）
5	預言者物語2（バルザンジー2章）	11	カスィーダ2
6	預言者物語3（バルザンジー3章）	12	カスィーダ3

6. 家庭のマウリディ［2007年4月26日，会場：ラジャブ・モスク］

	演目		演目
1	カスィーダ1（ヤー・ラッビ・サッリ）	5	カスィーダ2
2	預言者物語1（ダイバイー）	6	ドゥアー1
3	キヤーマ	7	ドゥアー2
4	預言者物語2（ダイバイー）	8	カスィーダ3

付録 D
アラウィー教団の教育用テキスト

　分野別にテキストが編まれているが，複数の教科を同時に進める形で教育が行われている。また，同じ分野の学習であっても，指導の場が旧来のモスクにおける座学か，近代的なイスラーム教育機関（マドラサ）かによって，使用されるテキストに違いが出ている。なお，タサウウフ（スーフィズム）やハディース（預言者言行録）のように，初等レベルが設定されていない教科もある。

1. タジュウィード（al-Tajwīd：クルアーン読誦術）

レベル		タイトル	備考
基本	1	*Al-Qur'ān*	解釈なしの読誦指導に用いる。
	2	*Hidāyah al-Mustafīd fī Aḥkām al-Tajwīd*	クルアーン読誦における規則集。

2. フィクフ（al-Fiqh：イスラーム法）［モスクでの指導］

レベル		タイトル	備考
基本	1	*Risālah al-Jāmi‘ah*	タサウウフの要素も若干含む。
	2	*Irshād al-Muslimīn*	別名『*Bāb Mā Jā'*』，『*Tiryāq al-Nāfi‘ah*』という注釈書もある。
	3	*Matn Safīnah al-Najā / Matn Safīnah al-Ṣalāh*	これらは 1 冊に合本されている。
	4	*Al-Durar al-Bahīyah*	マーリク派のイバーダート（ar. ‘ibadāt：神と関係を規定）に同名の書籍がある。
	5	*Al-Muqaddimah al-Ḥaḍramīyah*	別名『*Rub‘ al-‘Ibādāt*』，複数のシャルフ（ar. sharḥ：注釈書）とハーシヤ（ar. ḥāshiyah：注釈書に対する注釈）も出ている。
高度	1	*Matn al-Ghāyah wa-al-Taqrīb*	別名『*Abū Shujā‘*』，この本に対して 5 種類以上の注釈書が書かれている。
	2	*Fatḥ al-Qarīb al-Mujīb*	『*Matn al-Ghāyah wa-al-Taqrīb*』のシャルフ。
発展	3	*‘Umdah al-Sālik wa-‘Uddah al-Nāsik*	2 種類以上の注釈書が書かれている。
	4	*Fatḥ al-Mu‘īn*	『*Qurrah al-‘Ayn*』のシャルフ，この本に対するハーシヤもある。
	5	*Minhāj al-Ṭālibīn*	100 種類以上の注釈書が書かれている。

3. フィクフ（al-Fiqh：イスラーム法）[マドラサでの指導]

レベル		タイトル	備考
基本	1	Al-Mabādi' al-Fiqhīyah	現代的な構成で書かれたフィクフの基本書，4部から成り1冊に合本されている。

4. スィーラ（al-Sīrah al-Nabawīyah：預言者ムハンマド伝）

レベル		タイトル	備考
基本	1	Khulāṣah Nūr al-Yaqīn 1-3	概略書，第3部は正統カリフ伝。
	2	Hidāyah al-Aṭfāl	タウヒード（ar. tawḥīd：一神論）とフィクフの内容も含む。

5. ルガ（al-Lughah al-'Arabīyah：アラビア語）

レベル		タイトル	備考
基本	1	Al-Jadīd 1-2	語彙の修得が主目的の本，インドネシアと東アフリカで使用されている。
	2	Matn al-Ājurrūmīyah	アラビア語の統語論と形態論。

6. タサウウフ（al-Taṣawwuf：スーフィズム）

レベル		タイトル	備考
高度	1	Bidāyah al-Hidāyah / Ta'līm al-Muta'allim	前者はガザーリーの著作。
	2	Risālah al-Mu'āwanah	著者はハドラミー・サイイド。
	3	Al-Naṣā'iḥ al-Dīnīyah	著者はハドラミー・サイイド。
	4	Minhāj al-'Ābidīn	ガザーリーの著作。

7. ハディース（al-Ḥadīth：預言者言行録）

レベル		タイトル	備考
高度	1	Matn al-Arba'īn al-Nawawīyah	
	2	Mukhtār al-Aḥādīth al-Nabawīyah	
	3	Ḥāshiyah 'alā Mukhtaṣar Ibn Abī Jamrah li-al-Bukhārī	ブハーリーの『真正集』に対するハーシヤ。
	4	Riyāḍ al-Ṣāliḥīn	
	5	Taysīr Muṣṭalaḥ al-Ḥadīth	バイクーニー（al-Bayqūnī）の研究書。

付録 E
アラウィー教団の日課

　日課にどの程度したがうかは，個々人の宗教的なステータスによる。例えば，モスクにおいて教育や助言を行うのは，基本的にウラマーの役割であり，一般のメンバーは，世俗的な職業に従事することが期待されている。

	ウィルド	儀礼・活動内容	使用テキスト
●	ファジュル	ファジュル礼拝（ar. Ṣalāh al-Fajr：暁の義務礼拝）	
1	ファジュルから日の出まで	朝のウィルド（ar. wird / awrād：私的礼拝）	al-Wird al-Laṭīf, Wird al-Nawawī
2	早朝	クルアーン読誦	クルアーン［1 ジュズウ］
3	朝8時まで	モスクまたは家庭で教育活動	
4	午前中	カイルーラ（ar. al-Qaylūlah：仮眠）［深夜にキヤーム・ライルを行った場合］	
5	ズフル前	ドゥハー礼拝（ar. Ṣalāh al-Ḍuḥā：午前の自発的礼拝）［仮眠後，もしくは仕事前に行う：2 ラクア］	
●	ズフル	ズフル礼拝（ar. Ṣalāh al-Ẓuhr：昼の義務礼拝）	
6	午後	昼食および休息	
●	アスル	アスル礼拝（ar. Ṣalāh al-ʿAṣr：午後の義務礼拝）	
7	アスル後	アフマド・イブン＝スマイトの墓所を訪問（ar. al-Rawḥah：墓参儀礼）［金曜には集団で行う］	クルアーン［ヤースィーン章］, Rātib al-ʿAṭṭās
8	日の入りまで	モスクにおいて教育および助言活動，火曜と木曜はラーティブ（ar. rātib：祈祷書）の読誦	Rātib Bā-Sawdān［火曜］, Rātib al-ʿAṭṭās［木曜］
●	マグリブ	マグリブ礼拝（ar. Ṣalāh al-Maghrib：日没の義務礼拝）.	
9	夕方	モスクにおいて教育および助言活動*），ラーティブの読誦	Rātib al-Ḥaddād
●	イシャー	イシャー礼拝（ar. Ṣalāh al-ʿIshāʾ：夜の義務礼拝）	
10	イシャー後	ラーティブの読誦［夕方に行わない場合］	Rātib al-Ḥaddād
11	夜間	就寝	
12	深夜からファジュルまで	キヤーム・ライル（ar. Qiyām al-Layl / Ṣalāh al-Tahajjud：深夜の自発的礼拝）［夜明け前に少なくとも1時間行う］	クルアーン［1 ジュズウ］, al-Maslak al-Qarīb

引用文献

1. 英語・欧米諸語文献

Agius, D. A. 2008. *Classic Ships of Islam: From Mesopotamia to the Indian Ocean*, (Handbook of Oriental Studies sec. 1, The Near and Middle East vol. 92), Leiden: Brill.

Alatas, S. F. 1997. "Hadhramaut and the Hadhrami Diaspora: Problems in Theoretical History," in Freitag, U., Clarence-Smith, W. G. eds. *Hadhrami Traders, Scholars and Statesmen in the Indian Ocean, 1750s-1960s*, Leiden: Brill: 19-34.

———— 2005. "The ʿAlawiyyah Ṭarīqah: A Preliminary Outline," in Usuki, A., Bajunid, O. F., Yamagishi, T. eds. *Population Movement Beyond the Middle East: Migration, Diaspora, and Network*: Japan Center for Area Studies, National Museum of Ethnology: 225-247.

Allen, J. d. V. 1993. *Swahili Origins: Swahili Culture & the Shungwaya Phenomenon*, (Eastern African Studies), London, Nairobi, Athens, OH: J. Currey, E.A.E.P., Ohio University Press.

Babu, A. R. M. 1991. "The 1964 Revolution: Lumpen or Vanguard?" in Sheriff, A., Ferguson, E. eds. *Zanzibar under Colonial Rule*: James Currey: 220-247.

Bang, A. K. 2003. *Sufis and Scholars of the Sea: Family Networks in East Africa, 1860-1925*, (Indian Ocean Series), New York, NY: RoutledgeCurzon.

Bangstad, S. 2007. *Global Flows, Local Appropriations: Facets of Secularisation and Re-Islamization among Contemporary Cape Muslims*, (ISIM Dissertations): ISIM: Amsterdam University Press.

Bennett, N. R. 1978. *A History of the Arab State of Zanzibar*, (Studies in African History 16), London: Methuen & Co Ltd.

Berkey, J. 2004. "Education," in Martin, R. C. ed. *Encyclopedia of Islam and the Muslim World*, vol. 1, New York, NY: Macmillan Reference USA: 202-206.

Boxberger, L. 2002. *On the Edge of Empire: Hadhramawt, Emigration, and the Indian Ocean, 1880s-1930s*, (SUNY Series in Near Eastern Studies), Albany, NY: State University of New York Press.

Bujra, A. S. 1971. *The Politics of Stratification: A Study of Political Change in a South*

Arabian Town, Oxford: Clarendon Press.

Camelin, S. 1997. "Reflections on the System of Social Stratification in Hadhramaut," in Freitag, U., Clarence-Smith, W. G. eds. *Hadhrami Traders, Scholars and Statesmen in the Indian Ocean, 1750s-1960s*, Leiden: Brill: 147-156.

Clarence-Smith, W. G. 1997a. "Hadhramaut and the Hadhrami Diaspora in the Modern Colonial Era: An Introductory Survey," in Freitag, U., Clarence-Smith, W. G. eds. *Hadhrami Traders, Scholars and Statesmen in the Indian Ocean, 1750s to 1960s*, Leiden: Brill: 1-18.

―――― 1997b. "Hadhrami Entrepreneurs in the Malay World," in Freitag, U., Clarence-Smith, W. G. eds. *Hadhrami Traders, Scholars and Statesmen in the Indian Ocean, 1750s-1960s*, Leiden: Brill: 157-174.

Clayton, A. 1981. *The Zanzibar Revolution and its Aftermath*, London: C. Hurst.

Eickelman, D. F. 2005. "Mawlid," in Jones, L. ed. *Encyclopedia of Religion*, vol. 9, Detroit, MI: Macmillan Reference USA, 2nd edition: 5788-5790.

Ernst, C. W. 2004. "Tasawwuf," in Martin, R. C. ed. *Encyclopedia of Islam and the Muslim World*, vol. 2, New York, NY: Macmillan Reference USA: 684-690.

Ewald, J., Clarence-Smith, W. G. 1997. "The Economic Role of the Hadhrami Diaspora in the Red Sea and Gulf of Aden, 1820s to 1930s," in Freitag, U., Clarence-Smith, W. G. eds. *Hadhrami Traders, Scholars and Statesmen in the Indian Ocean, 1750s-1960s*, Leiden: Brill: 281-296.

Farsy, A. S., Pouwels, R. L. 1989. *The Shafi'i Ulama of East Africa, c. 1830-1970: A Hagiographic Account*, Madison, WI: African Studies Program, University of Wisconsin.

Freitag, U. 2003. *Indian Ocean Migrants and State Formation in Hadhramaut: Reforming the Homeland*, (Social, Economic, and Political Studies of the Middle East and Asia 87), Leiden: Brill.

Freitag, U., Clarence-Smith, W. G. eds. 1997. *Hadhrami Traders, Scholars and Statesmen in the Indian Ocean, 1750s-1960s*, (Social, Economic, and Political Studies of the Middle East and Asia, vol. 57), Leiden: Brill.

Fujii, C. 2007. "Data on Zawiyas in Contemporary Zanzibar," *Kyoto Bulletin of Islamic Area Studies*, 1(1): 135-149.

Geoffroy, E. 2000. "Ṭarīḵa," in Bosworth, C. E. ed. *The Encyclopaedia of Islam*, New edition, vol. 10, Leiden: Brill: 243-246.

Gilbert, E. 2004. *Dhows & the Colonial Economy in Zanzibar: 1860-1970*, (Eastern African Studies), Oxford: James Currey.

Gilsenan, M. 1973. *Saint and Sufi in Modern Egypt: An Essay in the Sociology of Religion*, (Oxford Monographs on Social Anthropology), Oxford: Clarendon Press.

Gray, J. M. 1955a. "Nairuzi or Siku ya Mwaka," *Tanzania Notes and Recordes*, 38: 1-22.

──────── 1955b. "Nairuzi: Some Additional Notes," *Tanzania Notes and Recordes*, 41: 69-72.

──────── 1977. "The Hadimu and Tumbatu of Zanzibar," *Tanzania Notes and Recordes*, 81-82: 135-154.

Guennec-Coppens, F. l. 1997. "Changing Patterns of Hadhrami Migration and Social Integration in East Africa," in Freitag, U., Clarence-Smith, W. G. eds. *Hadhrami Traders, Scholars and Statesmen in the Indian Ocean, 1750s-1960s*, Leiden: Brill: 157-174.

Harries, L. 1962. *Swahili Poetry*, Oxford: Clarendon Press.

Hartley, J. G. 1961. *The Political Organization of an Arab Tribe of the Hadhramaut*, (Ph.D. dissertation), London: University of London.

ICRC 1964a. *The International Review of the Red Cross*, 37: International Committee of the Red Cross.

──────── 1964b. *The International Review of the Red Cross*, 41: International Committee of the Red Cross.

Ingrams, W. H. 1931. *Zanzibar: Its History and its People*, London: H.F. & G. Witherby.

──────── 1942. *Arabia and the Isles*, London: John Murray.

Isajiw, W. W. 1993. "Definition and Dimensions of Ethnicity: A Theoretical Framework," in *Challenges of Measuring an Ethnic World: Science, Politics and Reality*, (Proceedings of the Joint Canada-United States Conference on the Measurement of Ethnicity, 1-3 April, 1992), Statistics Canada and U.S. Bureau of the Census, Washington, WA: U.S. Government Printing Office: 407-427.

Johns, A. H., Lewis, F. D. 2005. "Ṭarīqah," in Jones, L. ed. *Encyclopedia of Religion*, vol. 13, Detroit, MI: Macmillan Reference USA, 2nd edition: 9003-9015.

Kaptein, N. J. G. 2004. "Bid'A," in Martin, R. C. ed. *Encyclopedia of Islam and the Muslim World*, vol. 1, New York, NY: Macmillan Reference USA: 107-108.

Kharusi, A. S. 1967. *Zanzibar, Africa's First Cuba: A Case Study of the New Colonialism*, Richmond: Foreign Affairs Publishing Co.

Knappert, J. 1971. *Swahili Islamic Poetry*, vol. I, Leiden: Brill.

Kushimoto, H. 2013. "Re-formation of the Saint's Image in Contemporary Malaysia: The Impact of Maulid Events and the Role of Hadrami Sayyids," *The Journal of Sophia Asian Studies*, 31: 51-68.

Lane, E. W. 1860. *Account of the Manners and Customs of the Modern Egyptians: Written in Egypt During the Years 1833, -34, and -35*, Lonon: John Murray, 5th edition.

Lekon, C. 1997. "Impact of Remittances on the Economy of Hadhramaut, 1914-1967," in Freitag, U., Clarence-Smith, W. G. eds. *Hadhrami Traders, Scholars and Statesmen in the Indian Ocean, 1750s-1960s*, Leiden: Brill: 264-280.

Lofchie, M. F. 1965. *Zanzibar: Background to Revolution*, Princeton, NJ: Princeton University Press.

Manger, L. O. 2014. *The Hadrami Diaspora: Community-Building on the Indian Ocean Rim*, New York, NY: Berghahn.

Mapuri, O. R. 1996. *Zanzibar, the 1964 Revolution: Achievements and Prospects*, Dar es Salaam: TEMA Publishers Co.

Martin, B. G. 1971. "Notes on Some Members of the Learned Classes of Zanzibar and East Africa in the Nineteenth Century," *African Historical Studies*, 4(3): 525-545.

───── 1976. *Muslim Brotherhoods in 19th-century Africa*, (African Studies Series 18), Cambridg; New York, NY: Cambridge University Press.

Middleton, J., Campbell, J. 1965. *Zanzibar: Its Society and its Politics*, London: Oxford University Press.

Mohammed, A. A. 1991. *A Guide to a Hostory of Zanzibar*, Zanzibar: Good Luck Publishers.

Nimtz, A. H. J. 1980. *Islam and Politics in East Africa: The Sufi Order in Tanzania*, (Minesota Archive Editions), Minneapolis, MN: University Of Minnesota Press.

Okello, J. 1967. *Revolution in Zanzibar*, Nairobi: East African Pub. House.

Pickard, G. L., Emery, W. J. 1990. *Descriptive Physical Oceanography: An Introduction*, Oxford, England: Pergamon Press, 5th edition.

Pouwels, R. L. 1987. *Horn and Crescent: Cultural Change and Traditional Islam on the East African Coast, 800-1900*, (African Studies Series 53), Cambridge; New York, NY: Cambridge University Press.

Prins, A. H. J. 1961. *Swahili-Speaking Peoples of Zanzaibar and the East African Coast (Arabs, Shirazi and Swahili)*, London: International African Institute.

Purpura, A. 1997. *Knowledge and Agency: The Social Relations of Islamic Expertise in Zanzibar Town*, (Ph.D. dissertation), New York, NY: City University of New York.

Riddell, P. G. 1997. "Religious Links between Hadhramaut and the Malay-Indonesian World, c.1850 to c.1950," in Freitag, U., Clarence-Smith, W. G. eds. *Hadhrami Traders, Scholars and Statesmen in the Indian Ocean, 1750s-1960s*, Leiden: Brill: 217-230.

Royce, A. P. 1982. "Neither Christian nor Jewish...," in *Ethnic Identity: Strategies of Diversity*: Indiana University Press: 17-33.

Sanger, C. 1967. "Introduction," in Okello, J. ed. *Revolution in Zanzibar*, Nairobi: East African Pub. House: 6-23.

Sheriff, A. 1995. "Mosques, Merchants & Landowners in Zanzibar Stone Town," in Sheriff, A. ed. *The History & Conservation of Zanzibar Stone Town*, Athens, OH: Ohio University Press: 46-66.

Tomczak, M., Godfrey, J. S. 1994. *Regional Oceanography: An Introduction*, Oxford, England: Pergamon Press.

Trimingham, J. S. 1964. *Islam in east Africa*, Oxford: Clarendon Press.

―――― 1968. *The Influence of Islam upon Africa*, (Arab Background Series), London: Longman, Librairie du Liban.

―――― 1971. *The Sufi Orders in Islam*, Oxford: Clarendon Press, Oxford University Press.

Trudgill, P. 2000. *Sociolinguistics: An Introduction to Language and Society*, London, New York, NY: Penguin, 4th edition.

Walker, I. 2012. "Comorians and Hadramis in the Western Indian Ocean: Diasporic Practices in a Comparative Context," *Journal of Social Dynamics*, 38(3): 435-453.

Wehr, H., Kropfitsch, L. 1985. *Arabisches Wörterbuch für die Schriftsprache der Gegenwart: Arabisch-Deutsch*, Wiesbaden: Otto Harrassowitz, 5th edition.

Zein, A. H. M. 1974. *The Sacred Meadows: A Structural Analysis of Religious Symbolism in an East African Town*, Evanston, Il: Northwestern University Press.

2. アラビア語・スワヒリ語文献

Abdulla, S. 2003. "Maulidi ya Hom," in *Zanzibar Leo*, 18 May.

Al-Ghazālī, A. Ḥ. 1998. *Iḥyā' 'Ulūm al-Dīn: al-Juz' al-Awwal*: Maktabah Miṣr.

Baraza la Wadhamini wa Jumuiya 1993. *Katiba ya Jumuiya Zawiyatul Qadiriya Tanzania*, Dar es Salaam: Asah Offset Printers & Stationers.

Barzanjī, J. 2003. *Tafsiri ya Maulidi ya Barzanji*: Iqra.

─────── n/a. *Majmūʿah Mawlūd Sharaf al-Anām: Mawlid Barzanjī*, Delhi: Ishāʿah al-Islām.

Ghassānī, N. Ḥ. 1972. *ʿAbd al-Qādir fī Īḍāḥ al-Taṣawwuf*, Cairo: Muṣṭafā al-Bābī al-Ḥalabī wa Awlād-hu.

Ḥabshī, A. n/a. *Simṭ al-Durar fī Akhbār Mawlid Sayyid al-Bashar*, Kota Baharu: Sulaymān Marʿī.

Juma, A. S. 2007. *Zanzibar hadi Mwaka 2000: Kitabu cha Historia ya Zanzibar kuanzia Karne ya Kumi na Sita hadi Mwaka Elfu Mbili*, Zanzibar: Rafiki Publishers.

Mashhūr, A. M. 1984. *Shams al-Ẓahīrah*, Jiddah: ʿĀlam al-Maʿrifah.

Musa, S. 1986. *Maisha ya al-Imam Sheikh Abdulla Saleh Farsy katika Ulimwengu wa Kiislamu*, Dar es Salaam: Lillahi Islamic Publications Centre.

Zanzibārī, M. n/a. *Manbaʿ al-Wurrād fī al-Adhākr wa-al-Awrād*, Delhi: Ishāʿah al-Islām.

3. 公文書館資料・政府刊行物

Afro-Shirazi Party 1967. *1964-1967, We Have Completed Three Years: Tanzania is Forging Ahead: The Fruits of the Revolution in the Islands*, Zanzibar: The Government Printer.

Colonial Office, G. B. 1948. *Annual Report on Zanzibar for the Year 1947*, London: His Majesty's Stationery Office.

─────── 1949. *Annual Report on Zanzibar for the Year 1948*, London: His Majesty's Stationery Office.

─────── 1955. *Annual Report on Zanzibar for the Years 1953 & 1954*, London: Her Majesty's Stationery Office.

Zanzibar Commission of Inquiry 1961. *Report of a Commission of Inquiry into Disturbances in Zanzibar during June 1961*, London: Her Majesty's Stationery Office.

ZNA AB|12|22. *The Arab Hathramaut Association*, Zanzibar: National Archives.

─────── AB|12|28. *Arab Association*, Zanzibar: National Archives.

─────── AB|26|35. *Passport Regulations: Aden Colony and Protectorate*, Zanzibar: National Archives.

―――― AB|33|3. *Native Census 1924*, Zanzibar: National Archives.

―――― AB|33|9. *Population Census 1948*, Zanzibar: National Archives.

―――― AB|45|45. *Arrival of Dhows 1942*, Zanzibar: National Archives.

―――― BA|106|13. *Notes on the Hadhrami and Shihiri Community in Zanzibar*, Zanzibar: National Archives.

―――― BA|34|3. *Report on the Census Enumeration of the Whole Population on the Night of the 28th-29th March, 1931*, Zanzibar: National Archives.

4. 日本語文献

朝田郁 2007.「ザンジバルにおけるタリーカの展開」,『大阪外大スワヒリ＆アフリカ研究』, 17: 29-58.

―――― 2016.「アラビア語から見たスワヒリ語」, 西本希呼（編）『科学で旅する世界―フィールドワークの現場から』, 春日 : 72-74.

綾部恒雄 1987.「エスニシティ」, 石川栄吉・梅棹忠夫・大林太良・蒲生正男・佐々木高明・祖父江孝男（編）『文化人類学事典』, 弘文堂.

新井和広 2000a.「インド洋におけるハドラミーネットワークと英国：1920年代の事例より」,『日本中東学会年報』, 15: 175-203.

―――― 2000b.「ハドラミー・ネットワーク」, 尾本惠市・濱下武志・村井吉敬・家島彦一（編）『モンスーン文化圏』, 岩波書店 : 237-264.

―――― 2002.「旅する系図：南アラビア, ハドラマウト出身サイイドの事例より」, 歴史学研究会（編）『系図が語る世界史』, 青木書店 : 213-240.

―――― 2010.「南アラビア、ハドラマウト地方出身移民の変遷」, 宮治美江子（編）『中東・北アフリカのディアスポラ』, 明石書店 : 223-243.

―――― 2012.「変わる移住先、変わらぬ構造」, 三尾裕子・床呂郁哉（編）『グローバリゼーションズ：人類学、歴史学、地域研究の現場から』, 弘文堂 , 233-256.

―――― 2013.「アジアをつなぐ親族・ネットワーク」, 片岡樹・新吉楽図・山田仁史（編）『アジアの人類学』, 春風社 : 245-271.

―――― 2015.「海を渡る聖者の「記憶」：ハドラマウトとインドネシアにおけるハウル（聖者記念祭）を通じて」, 堀内正樹・西尾哲夫（編）『〈断〉と〈続〉の中東：非境界的世界を游ぐ』, 悠書館 : 183-212.

イブン・バットゥータ 1998.『大旅行記』, 3, 平凡社,（家島彦一訳）.

大川真由子 2010a.「オマーンと東アフリカ間の移民：帰還移民を中心に」，宮治美江子・駒井洋（編）『中東・北アフリカのディアスポラ』，明石書店：244-264.

─── 2010b.『帰還移民の人類学：アフリカ系オマーン人のエスニック・アイデンティティ』，明石書店.

大久保孝治 2009.『ライフストーリー分析：質的調査入門』，社会調査のリテラシー 6，学文社.

大塚和夫 1993.「民族・部族・宗派」，『民族に関する基礎研究：国家と民族』，総合研究開発機構：27-46.

─── 1998a.「スーダンの「部族」と「民族」：「未開」社会のダイナミズム」，小松久男・樺山紘一（編）『イスラーム世界とアフリカ：18世紀末-20世紀初』，岩波書店：265-284.

─── 1998b.「部族・宗派・民族：北スーダンの事例から」，原尻英樹（編）『世界の民族：「民族」形成と近代』，放送大学教育振興会：212-230.

─── 2000.『近代・イスラームの人類学』，東京大学出版会.

大塚和夫・小杉泰・小松久男・東長靖・羽田正・山内昌之（編）2002.『岩波イスラーム辞典』，岩波書店.

大坪玲子 2002.「ハドラマウト」，大塚和夫・小杉泰・小松久男・東長靖・羽田正・山内昌之（編）『岩波イスラーム辞典』，岩波書店：770.

大稔哲也 2008.「ムスリム社会と参詣と聖者聖誕祭：エジプトの歴史と現況から」，赤堀雅幸（編）『民衆のイスラーム：スーフィー・聖者・精霊の世界』，山川出版社：74-102.

小田淑子 2002.「シャイターン」，大塚和夫・小杉泰・小松久男・東長靖・羽田正・山内昌之（編）『岩波イスラーム辞典』，岩波書店：445.

金明哲 2005.「Rと対応分析」，*Estrela*，138: 62-68.

榮谷温子 1997.「アラビア語ダイグロシア研究の現状：El-Said M. Badawi 著 Mustawayāt al-ʿArabiyyah al-Muʿāṣirah fī Miṣr: Baḥth fī ʿAlāqah al-Lughah bi-l-Ḥaḍārah を中心に」，『日本中東学会年報』，12: 329-363.

桜井厚 2012.『ライフストーリー論』，現代社会学ライブラリー 7，弘文堂.

スチュアート ヘンリ 2002.『民族幻想論：あいまいな民族つくられた人種』，解放出版社.

高橋圭 2014.『スーフィー教団：民衆イスラームの伝統と再生』，イスラームを知る 16，山川出版社.

谷口一美 2003.『認知意味論の新展開：メタファーとメトニミー』，英語学モノグ

ラフシリーズ 20，研究社.

鄭躍軍・金明哲 2011.『社会調査データ解析』，R で学ぶデータサイエンス 17，共立出版.

東長靖 1993.「スーフィーと教団」，山内昌之・大塚和夫（編）『イスラームを学ぶ人のために』，世界思想社：69-85.

────── 2005.「タサウウフ研究の最前線：思想研究の立場から」，赤堀雅幸・東長靖・堀川徹（編）『イスラームの神秘主義と聖者信仰』，東京大学出版会：95-114.

────── 2010.「スーフィー教団の革新と再生」，小杉泰（編）『イスラームの拡大と変容』，山川出版社：68-97.

────── 2013.『イスラームとスーフィズム：神秘主義・聖者信仰・道徳』，名古屋大学出版会.

富永智津子 2001.『ザンジバルの笛：東アフリカ・スワヒリ世界の歴史と文化』，未来社.

富永智津子・宇佐美久美子 2000.「東アフリカのインド人：歴史と現状」，『移民から市民へ：世界のインド系コミュニティ』，東京大学出版会：72-113.

日本学術振興会 2015.『科学の健全な発展のために：誠実な科学者の心得』，（テキスト版），「科学の健全な発展のために」編集委員会.

濱田正美 1994.「スーフィー教団：宗教権威から政治権力へ」，後藤晃（編）『文明としてのイスラーム』，栄光教育文化研究所，悠思社：257-284.

日野舜也 2002.「アフリカにおけるイスラーム」，板垣雄三ほか（編）『イスラームとは何か：「世界史」の視点から』，藤原書店：253-260.

平井正 2007.『オリエント急行の時代：ヨーロッパの夢の軌跡』，中央公論新社.

福田安志 1997.「インド洋交渉史」，宮本正興・松田素二（編）『新書アフリカ史』，講談社：210-248.

藤井千晶 2010.『東アフリカ沿岸部における「スンナの医学」：イスラームをめぐる伝統と改革』，博士学位論文，京都大学.

ベルトー 2003.『ライフストーリー：エスノ社会学的パースペクティブ』，ミネルヴァ書房，（小林多寿子訳）.

堀川徹 2005.「タリーカ研究の現状と展望：道，流派，教団」，赤堀雅幸・東長靖・堀川徹（編）『イスラームの神秘主義と聖者信仰』，東京大学出版会：229-254.

松尾昌樹 2013.『オマーンの国史の誕生：オマーン人と英植民地官僚によるオマーン史表象』，宇都宮大学国際学部国際学叢書，御茶の水書房.

松山優治 2000.「モンスーンの卓越するインド洋」，尾本惠市・濱下武志・村井吉敬・家島彦一（編）『モンスーン文化圏』，岩波書店：5-29.

マルコ・ポーロ 2013.『世界の記：「東方見聞録」対校訳』，名古屋大学出版会，（高田英樹訳）.

宮本正興 1997.「大西洋交渉史」，宮本正興・松田素二（編）『新書アフリカ史』，講談社：249-275.

村武精一 1987.「部族」，石川栄吉・梅棹忠夫・大林太良・蒲生正男・佐々木高明・祖父江孝男（編）『文化人類学事典』，弘文堂.

家島彦一 1990.「ダウ船とインド洋海域世界」，川北稔・柴田三千雄（編）『生活の技術生産の技術』，岩波書店：105-128.

─── 1993.『海が創る文明：インド洋海域世界の歴史』，朝日新聞社.

─── 2013.『イブン・ジュバイルとイブン・バットゥータ：イスラーム世界の交通と旅』，山川出版社.

家島彦一・新井和広 2008.「インド洋西海域と今後の研究の可能性」，小西正捷・門田修・鈴木英明・弘末雅士（編）『インド洋海域世界：人とモノの移動』，葫蘆舎：98-113.

5. ウェブサイト

Anglican Link 2014. "Bomb Blast Rocks Anglican Cathedral in Zanzibar," URL: http://www.anglicanink.com/article/bomb-blast-rocks-anglican-cathedral-zanzibar, accessed on 27th September, 2015.

Central Intelligence Agency 2015. "The World Factbook: Tanzania," URL: https://www.cia.gov/library/publications/the-world-factbook/geos/tz.html, accessed on 20th October, 2015.

National Bureau of Statistics in Tanzania 2012. "Census 2012," URL: http://50.87.153.5/~eastc/sensa/index.php/welcome, accessed on 20th October, 2015.

The National Archives 2008. "Maps in Time," URL: http://www.nationalarchives.gov.uk/cabinetpapers/maps-in-time.htm, accessed on 14th September, 2015.

UNESCO 2000. "Stone Town of Zanzibar," URL: http://whc.unesco.org/en/list/173/, accessed on 1st October, 2015.

U.S. Department of State 2013. "International Religious Freedom Report for 2013," URL:

http://www.state.gov/j/drl/rls/irf/religiousfreedom/index.htm?year=2013&dlid=222105, accessed on 27th September, 2015.

Zanzibar Commission for Tourism 2003. "Indicative Tourism Master Plan for Zanzibar and Pemba: Final Report," URL: http://www.zanzibartourism.net/docs/masterplan.pdf, accessed on 19th October, 2015.

関連文献

1. 英語・欧米諸語文献

Abdullah, A. R. T. 2009. "Arab Hadhramis in Malaysia: Their Origins and Assimilation in Malay Society," in Abushouk, A. I., Ahmed, I. H. eds. *The Hadhrami Diaspora in Southeast Asia*, Leiden: Brill: 45-56.

Abushouk, A. I. 2009. "Al-Manār and the Hadhrami Elite in the Malay-Indonesian World: Challenge and Response," in Abushouk, A. I., Ahmed, I. H. eds. *The Hadhrami Diaspora in Southeast Asia*, Leiden: Brill: 159-189.

Ahounied, S. M. K. 2009. "Hadhramis within Malay Activism: The Role of al-Saqqāf(s) in Post-War Singapore (1945-1965)," in Abushouk, A. I., Ahmed, I. H. eds. *The Hadhrami Diaspora in Southeast Asia*, Leiden: Brill: 225-244.

Arai, K. 2004. *Arabs Who Traversed the Indian Ocean: The History of the al-'Attas Family in Hadramawt and Southeast Asia, c.1600-c.1960*: UMI Dissertation Services.

Azra, A. 1997. "A Hadhrami Religious Scholar in Indonesia: Sayyid 'Uthmān," in Freitag, U., Clarence-Smith, W. G. eds. *Hadhrami Traders, Scholars and Statesmen in the Indian Ocean, 1750s to 1960s*, Leiden: Brill: 249-263.

Badawī, M. 2005. *Sufi Sage of Arabia: Imam Abdallah ibn Alawi al-Haddad*, (The Fons Vitae Imam al-Haddad Spiritual Masters Series), Louisville, KY: Fons Vitae.

Bang, A. K. 2000. "Islamic reform in East Africa, ca. 1870-1925: The Alawi Case," in *Reasserting Connections, Commonalities, and Cosmopolitanism: The Western Indian Ocean since 1800*, (Paper Presented to the Workshop, 3-5 November, 2000), Yale University, New Haven, CT.

―――― 2008. "Cosmopolitanism Colonised? Three Casesfrom Zanzibar, 1890-1920," in Simpson, E., Kresse, K. eds. *Struggling with History: Islam and Cosmopolitanism in the Western Indian Ocean*, New York: Columbia University Press: 167-188.

Basu, H. 2008. "Drumming and Praying: Sidi at the Interface of Spirit Possession and Islam," in Simpson, E., Kresse, K. eds. *Struggling with History: Islam and Cosmopolitanism in the Western Indian Ocean*, New York, NY: Columbia University Press: 291-322.

Becker, F. 2008. "Cosmopolitanism Beyond the Towns: Rural-Urban Relations in the

History of the Southern Swahili Coast in the Twentieth Century," in Simpson, E., Kresse, K. eds. *Struggling with History: Islam and Cosmopolitanism in the Western Indian Ocean*, New York, NY: Columbia University Press: 261-290.

Boulinier, G. 1987. "Le Rôle de Said Mohamed el-Maarouf dans le Developpement de la Confrerie Shadhili," *Ya Mkobe*, 3: 14-18.

Brown, R. A. 2009. "The Decline of Arab Capitalism in Southeast Asia," in Abushouk, A. I., Ahmed, I. H. eds. *The Hadhrami Diaspora in Southeast Asia*, Leiden: Brill: 109-133.

Campbell, G. 2008. "Islam in Indian Ocean Africa Prior to the Scramble," in Simpson, E., Kresse, K. eds. *Struggling with History: Islam and Cosmopolitanism in the Western Indian Ocean*, New York, NY: Columbia University Press: 43-92.

Chande, A. 2000. "Radicalism and Reform in East Africa," in Levtzion, N., Pouwels, R. L. eds. *The History of Islam in Africa*, Athens, OH: Ohio University Press: 349-369.

Chittick, W. C. 1995. "Sufism: Ṣūfī Thought and Practice," in Esposito, J. L. ed. *The Oxford Encyclopedia of the Modern Islamic World*, vol. 4, Oxford: Oxford University Press: 102-109.

Clarence-Smith, W. G. 2009. "Entrepreneurial Strategies of Hadhrami Arabs in Southeast Asia, c. 1750s-1950s," in Abushouk, A. I., Ahmed, I. H. eds. *The Hadhrami Diaspora in Southeast Asia*, Leiden: Brill: 135-158.

Dale, G. 1920. *The Peoples of Zanzibar: Their Custums and Religious Beliefs*, Westminister: The Universities' Mission to Central Africa.

────── 1925. *Islam and Africa*, London: Society For Promoting Christian Knowledge.

Dale, S. 1997. "The Hadhrami Diaspora in South-Western India: the Role of the Sayyids of the Malabar Coast," in Freitag, U., Clarence-Smith, W. G. eds. *Hadhrami Traders, Scholars and Statesmen in the Indian Ocean, 1750s to 1960s*, Leiden: Brill: 175-184.

De Jonge, H. 1997. "Dutch Colonial Policy Pertaining to Hadhrami Immigrants," in Freitag, U., Clarence-Smith, W. G. eds. *Hadhrami Traders, Scholars and Statesmen in the Indian Ocean, 1750s to 1960s*, Leiden: Brill: 94-111.

────── 2009. "In the Name of Fatimah: Staging the Emancipation of the Hadhramis in the Netherlands East Indies," in Abushouk, A. I., Ahmed, I. H. eds. *The Hadhrami Diaspora in Southeast Asia*, Leiden: Brill: 245-262.

Farsy, A. S. 1942. *Seyyid Said bin Sultan*, Zanzibar: Mwongozi Printing Press.

Freeman-Grenville, G. S. P., Voll, J. O. 2002. "Zandjibār," in Bosworth, C. E. ed. *The Encyclopaedia of Islam*, New edition, vol. 11, Leiden: Brill: 446-451.

Freitag, U. 1997a. "Conclusion: the Diaspora since the Age of Independence," in Freitag, U., Clarence-Smith, W. G. eds. *Hadhrami Traders, Scholars and Statesmen in the Indian Ocean, 1750s to 1960s*, Leiden: Brill: 315-329.

────── 1997b. "Hadhramis in International Politics c. 1750-1967," in Freitag, U., Clarence-Smith, W. G. eds. *Hadhrami Traders, Scholars and Statesmen in the Indian Ocean, 1750s to 1960s*, Leiden: Brill: 112-130.

────── 2009. "Reflections on the Longevity of the Hadhrami Diaspora in the Indian Ocean," in Abushouk, A. I., Ahmed, I. H. eds. *The Hadhrami Diaspora in Southeast Asia*, Leiden: Brill: 17-32.

Fyzee, A. A. 1960. "Bohorās," in Gibb, S., Hamilton Alexander Rosskeen, Lewis, B., Pellat, C., Schacht, J. eds. *The encyclopaedia of Islam*, New edition, vol. 2, Leiden: Brill: 1254-1255.

Green, N. 2008. "Saints, Rebels and Booksellers: Sufis in the Cosmopolitan Western Indian Ocean, c.1780-1920," in Simpson, E., Kresse, K. eds. *Struggling with History: Islam and Cosmopolitanism in the Western Indian Ocean*, New York: Columbia University Press: 125-166.

Harries, L. 1954. *Islam in East Africa*, Oxford:: Clarendon Press.

Hartwig, F. 1997. "Expansion, State Foundation and Reform: the Contest for Power in Hadhramaut in the Nineteenth Century," in Freitag, U., Clarence-Smith, W. G. eds. *Hadhrami Traders, Scholars and Statesmen in the Indian Ocean, 1750s to 1960s*, Leiden: Brill: 35-50.

Ho, E. 1997. "Hadhramis abroad in Hadhramaut: The Muwalladin," in Freitag, U., Clarence-Smith, W. G. eds. *Hadhrami Traders, Scholars and Statesmen in the Indian Ocean, 1750s to 1960s*, Leiden: Brill: 131-146.

────── 2000. *Genealogical figures in an Arabian Indian Ocean diaspora*: UMI Dissertation Services.

Ingrams, W. H. 1937. *A Report on the Social Economic and Political Condition of the Hadhramaut*, London: His Majesty's Stationery Office.

────── 1938. "The Hadhramaut: Present and Future," *The Geographical*, 92(4): 289-312.

Kagabo, J. 1988. "Les Réseaux Marchands Arabes et Swahili en Afrique Orientale," in Lombard, D., Aubin, J. eds. *Marchands et Hommes d'Affaires Asiatiques dans l'Océan Indien et la Mer de Chine, 13e-20e Siècles*, Paris: Éditions de l'École des Hautes Études en Sciences Sociales: 237-252.

Kapteijns, L. 2000. "Ethiopia and the Horn of Afrlca," in Levtzion, N., Pouwels, R. L. eds. *The History of Islam in Africa*, Athens, OH: Ohio University Press: 227-250.

Kaptein, N. J. G. 2009. "Arabophobia and Tarekat: How Sayyid ʿUthmān Became Advisor to the Netherlands Colonial Administration," in Abushouk, A. I., Ahmed, I. H. eds. *The Hadhrami Diaspora in Southeast Asia*, Leiden: Brill: 33-44.

Khalidi, O. 1996. "The Arabs of Hadramawt in Hyderabad: Mystics, Mercenaries and Moneylenders," in Kulkarni, A. R., Nayeem, M. A., De Souza, T. R. eds. *Mediaeval Deccan History: Commemoration Volume in Honour of Purshottam Mahadeo Joshi*, Bombay: Popular Prakashan: 52-75.

―――― 1997. "The Hadhrami Role in the Politics and Society of Colonial India, 1750s to 1950s," in Freitag, U., Clarence-Smith, W. G. eds. *Hadhrami Traders, Scholars and Statesmen in the Indian Ocean, 1750s to 1960s*, Leiden: Brill: 67-81.

Knappert, J. 1970. "Social and Moral Concepts in Swahili Islamic Literature," *Africa: Journal of the International African Institute*, 40(2): 125-136.

Knysh, A. 1997. "The Cult of Saints and Religious Reformism in Hadhramaut," in Freitag, U., Clarence-Smith, W. G. eds. *Hadhrami Traders, Scholars and Statesmen in the Indian Ocean, 1750s to 1960s (Social, Economic and Political Studies of the Middle East and Asia)*, Leiden: Brill: 199-216.

Kresse, K. 2008. "The Uses of History: Rhetorics of Muslim Unity and Difference on the Kenyan Swahili Coast," in Simpson, E., Kresse, K. eds. *Struggling with History: Islam and Cosmopolitanism in the Western Indian Ocean*, New York, NY: Columbia University Press: 223-260.

Lekon, C. 2009. "Economic Crisis and State-Building in Hadhramaut, 1941-1949: The Impact of the Decline of Southeast Asian Remittances," in Abushouk, A. I., Ahmed, I. H. eds. *The Hadhrami Diaspora in Southeast Asia*, Leiden: Brill: 81-108.

Loimeier, R. 2009. *Between Social Skills and Marketable Skills: The Politics of Islamic Education in 20th Century Zanzibar*, (Islam in Africa vol. 10), Leiden: Brill.

Maamiry, A. H. 1988. *Omani Sultans in Zanzibar (1832-1964)*, New Delhi: Lancers Books.

Madelung, W. 1986. "Khoja," in Gibb, S., Hamilton Alexander Rosskeen, Lewis, B., Pellat, C., Schacht, J. eds. *The encyclopaedia of Islam*, New edition, vol. 5, Leiden: Brill: 25-27.

Mandal, S. K. 1997. "Natural Leaders of Native Muslims: Arab Ethnicity and Politics in Java under Dutch Rule," in Freitag, U., Clarence-Smith, W. G. eds. *Hadhrami Traders, Scholars and Statesmen in the Indian Ocean, 1750s to 1960s*, Leiden: Brill: 185-198.

Martin, B. G. 1969. "Muslim Politics and Resistance to Colonial Rule: Shaykh Uways b. Muhammad al-Barāwī and the Qādirīya Brotherhood in East Africa," *Journal of African History*, 10(3): 471- 486.

——— 1975.. "Arab Migration to East Africa in Medieval Times," *International Journal of African Historical Studies*, 7: 367-390.

Martin, E. B. 1978. *Zanzibar: Tradition and Revolution*, London: Hamish Mamilton.

Mobini-Kesheh, N. 1997. "Islamic Modernism in Colonial Java: The al-Irshad Movement," in Freitag, U., Clarence-Smith, W. G. eds. *Hadhrami Traders, Scholars and Statesmen in the Indian Ocean, 1750s to 1960s*, Leiden: Brill: 231-248.

Nimtz, A. H. J. 1995. "Tanzania," in Esposito, J. L. ed. *The Oxford Encyclopedia of the Modern Islamic World*, vol. 4, Oxford: Oxford University Press: 182-183.

O'Fahey, R. S. 1990. *Enigmatic Saint*, London: Hurst & Companey.

O'Fahey, R. S., Radtke, B. 1993. "Neo-Sufism Reconsidered," *Der Islam*, 70(1): 52-87.

Othman, M. R. 1997. "Hadhramis in the Politics and Administration of the Malay States in the late Eighteenth and Nineteenth Centuries," in Freitag, U., Clarence-Smith, W. G. eds. *Hadhrami Traders, Scholars and Statesmen in the Indian Ocean, 1750s to 1960s*, Leiden: Brill: 82-93.

Pearson, M. N. 2000. "The Indian Ocean and the Red Sea," in Levtzion, N., Pouwels, R. L. eds. *The History of Islam in Africa*, Athens, OH: Ohio University Press: 37-59.

Pouwels, R. L. 2000. "The East African Coast, c. 780 to 1900 C.E.," in Levtzion, N., Pouwels, R. L. eds. *The History of Islam in Africa*, Athens, OH: Ohio University Press: 251-271.

Reese, S. 2008. "The 'Respectable Citizens' of Shaykh Uthman: Religious Discourse, Trans-locality and the Construction of Local Contexts in Colonial Aden," in Simpson, E., Kresse, K. eds. *Struggling with History: Islam and Cosmopolitanism in the Western Indian Ocean*, New York, NY: Columbia University Press: 189-222.

Roff, W. R. 2009. "The Ins and Outs of Hadhrami Journalism in Malaya, 1900-1941: Assimilation or Identity Maintenance?" in Abushouk, A. I., Ahmed, I. H. eds. *The Hadhrami Diaspora in Southeast Asia*, Leiden: Brill: 191-202.

Saleh, I. 1936. *A Short History of the Comorians in Zanzibar*, Dar es Salaam: Tanganyika Standard.

Schachr, J. 1965. "Notes on Islam in East Africa," *Studia Islamica*, 23: 91-136.

Serjeant, R. B. 1957. "The Saiyids of Ḥaḍramawt," *An Inaugural Lecture at the School of*

Oriental and African Studies, 1956.

———— 1962. "Historians and Historiography of Ḥaḍramawt," *BSOAS*, XXV: 239-261.

———— 1977. "South Arabia," in van Nieuwenhuijze, C. A. O. ed. *Commoners, Climbers and Notables: A Sampler of Studies on Social Ranking in the Middle East*, Leiden: Brill: 226-247.

———— 1988a. "The Ḥaḍramī Network," in Lombard, D., Aubin, J. eds. *Marchands et Hommes d'Affaires Asiatiques dans l'Océan Indien et la M er de Chine, 13e-20e Siècles*, Paris: Éditions de l'École des Hautes Études en Sciences Sociales: 147-154.

———— 1988b. "Yemeni Merchants and Trade in Yemen 13th-16th Centuries," in Lombard, D., Aubin, J. eds. *Marchands et Hommes d'Affaires Asiatiques dans l'Océan Indien et la M er de Chine, 13e-20e Siècles*, Paris: Éditions de l'École des Hautes Études en Sciences Sociales: 61-82.

Silavo, F. 1996-1997. *Zanzibar: A Plan for the Historic Stone Town*, Geneva; Zanzibar: The Aga Khan Trust for Culture, The Gallery Publications.

Simpson, E., Kresse, K. 2008. "Cosmopolitanism Contested: Anthropology and History in the Western Indian Ocean," in Simpson, E., Kresse, K. eds. *Struggling with History: Islam and Cosmopolitanism in the Western Indian Ocean*, New York: Columbia University Press: 1-41.

Sperling, D. C., Kagabo, J. H. 2000. "The Coastal Hinterland and Interior of East Africa," in Levtzion, N., Pouwels, R. L. eds. *The History of Islam in Africa*, Athens, OH: Ohio University Press: 273-302.

Vaughan, J. H. 1935. *The Dual Jurisdiction in Zanzibar*, London: The Government Printer.

Vikør, K. S. 2000. "Sufi Brotherhoods in Africa," in Levtzion, N., Pouwels, R. L. eds. *The History of Islam in Africa*, Athens: OH: Ohio University Press: 441-476.

Voll, J. O. 1995. "Sufism: Ṣūfī Orders," in Esposito, J. L. ed. *The Oxford Encyclopedia of the Modern Islamic World*, vo. 4, Oxford: Oxford University Press: 109-117.

Yahaya, N. 2009. "Tea and Company: Interactions between the Arab Elite and the British in Cosmopolitan Singapore," in Abushouk, A. I., Ahmed, I. H. eds. *The Hadhrami Diaspora in Southeast Asia*, Leiden: Brill: 57-79.

Zakariya, H. 2009. "Sayyid Shaykh Aḥmad al-Hādī's Contributions to Islamic Reformism in Malaya," in Abushouk, A. I., Ahmed, I. H. eds. *The Hadhrami Diaspora in Southeast Asia*, Leiden: Brill: 203-223.

2. アラビア語・スワヒリ語文献

Bā-Kathīr 1985. *Riḥlah al-Ashwāq al-Qawīyah ilā Mawāṭīn al-Sādah al-ʿAlawiyyah*, Cairo: Muḥammad ʿAbd al-Raḥmān Bā-Shaykh.

Farsy, A. 1944. *Tarehe ya Imam Shafi na Wanavyuoni Wakubwa wa Mashariki ya Afrika*, New Delhi: Lancers Books.

Junayd, A. A. 2001. *Al-Islām wa al-Yamnīyūn al-Ḥaḍārim bi Sharq Afrīqiyā*, Dar es Salaam: n/a.

――― 2004. *Nubdhah min Ḥayāh al-Imām al-ʿAlāmah al-Ḥabīb ʿUmar ibn Aḥmad ibn Abī Bakr ibn Sumayṭ*, India: n/a.

Malāḥī, A. A. 2004. *Al-Ḥaḍārīm fī Mumbāsa wa-Dār al-Islām 1930-1960*, al-Mukallā: Dār Ḥaḍramawt.

Mughayrī, S. A. 1994. *Juhaynah al-Aḥbār fī Tārīkh Zanzibār*, 4th edition, Omanes: Ministry of National Heritage and Culture.

Shihāb al Dīn, Ḥ. M. 2002. *Al-Dalīl al-Qawīm fī Dhikr Shayʾ min ʿĀdāt Tarīm*, Tarīm: Maktabah Tarīm al-Ḥadīthah.

Sumayṭ, A. 1961. *Al-Ibtihāj fi Bayān iṣṭilāḥ al-Minhāj*, 2nd edition, Cairo: Al-Janna al-Bayān al-ʿArabī.

Ṭāhir, T. 1998. *Al-Maslak al-Qarīb*, Delhi: Ishāʿah al-Islām.

3. 日本語文献

朝田郁 2013.「アラウィー教団とはなにか：東アフリカ沿岸部ザンジバルにおける儀礼とメンバーシップ観」,『アラブ・イスラム研究』, 11: 27-51.

新井一寛 2006.「マウリド（生誕祭）におけるタリーカ（スーフィー教団）の祝祭性と非祝祭性：現代エジプトにおけるジャーズーリーヤ・シャーズィリーヤ教団の活動状況から」,『宗教と社会』, 12: 37-63.

大塚和夫 2005.「ネオ・スーフィズム論争とその射程」, 赤堀雅幸・東長靖・堀川徹（編）『イスラームの神秘主義と聖者信仰』, 東京大学出版会：137-158.

村川堅太郎 2011.『エリュトゥラー海案内記』, 中央公論新社.

家島彦一 2003.『イブン・バットゥータの世界大旅行：14世紀イスラームの時空を生きる』, 平凡社.

栗山保之 2006.「17世紀のインド洋西海域世界におけるイエメンの対外関係」,『東洋史研究』, 65(2): 1-35.

索引

■数字

14 世紀　　21, 25-27
15 世紀　　25, 27, 96, 161, 205
16 世紀　　26-28, 62, 147, 149
17 世紀　　25, 28, 62
18 世紀　　28-29
19 世紀　　5, 8, 22-23, 25, 29-31, 48-49, 51-52, 61-64, 80, 84-85, 116, 130-131, 134, 141, 143, 149, 154, 161-162, 165, 167, 206, 213, 216, 218, 223
20 世紀　　5-6, 8, 23, 25, 29, 31, 61-64, 81, 84-85, 89, 116, 131, 134, 144, 217-218

■英文字

ASP（アフロ・シラズィ党）　33-34, 118-120, 122-124, 126, 130-131, 133-135
CCM（タンザニア革命党）　35, 123
CUF（市民統一戦線）　169
ZNP（ザンジバル国民党）　33-34, 117-119, 121-122, 126, 130-131, 133-134
ZPPP（ザンジバル・ペンバ人民党）　33-34, 118-119, 121, 134-135

■あ

アーリム　140, 188-189, 191-192
アーンミーヤ（口語）　110-111
アイデンティティ　5, 7, 10, 32-33, 38, 40, 46-47, 51, 53, 87-88, 93, 95, 102-104, 112-114, 119, 131, 133-135, 216-218
アスル礼拝　153, 155, 178
アデン　42-43, 59, 66, 80-82, 85, 144
アフリカ系住民　21, 33, 43-47, 50, 57, 76, 80, 117, 125, 128-129, 132, 136, 216, 219
アフリカ人　7, 26, 32, 39-40, 44, 46, 87, 115-118, 123, 125-127, 129, 131-135, 218-219, 222
アフリカ人協会　117-118, 133
アフリカ民族主義　116-118, 133
アメリカ　20-21, 29, 45, 48, 62, 73, 102, 109, 122
アラウィー教団　7-8, 10, 63, 139-141, 143-159, 162, 168-169, 177, 181, 183-193, 195, 197-209, 219-221, 223
アラビア語　5-6, 9, 11, 18-19, 45, 47-48, 88, 90, 93, 96, 98-99, 108-114, 142, 150-152, 154, 156, 160, 167-169, 175-176, 180, 193, 201, 203, 209, 213, 218, 220
アラビア半島　3, 7, 20-21, 26-32, 40-42, 44, 57-58, 60, 62, 65-66, 68, 82-85, 141, 144-146, 148, 162, 213-214, 216, 223
アラブ　3, 10, 15-16, 18-19, 21, 23, 26, 30-33, 37, 39-48, 50-52, 57, 61, 63, 80, 82, 84, 89-90, 98-99, 106, 108, 110-111, 115-122, 124-126, 128-136, 144, 148, 151, 160-162, 177-178, 181, 194, 213-214, 216, 218-219, 222-224
アラブ協会　82, 89, 116-117, 130

アラブ系住民　　　21, 23, 33, 41, 80, 122, 125, 128-130, 136, 216
アラブ首長国連邦　　　61, 144
アラブ民族主義　　　116-117

■い
イエメン　　　24, 27, 58-59, 85, 89-90, 101, 126, 144, 146, 217, 222
イギリス　　　8, 10, 16, 25, 29-33, 38-39, 41-42, 46, 49-52, 61, 65-66, 68, 72, 74, 78, 80-81, 83, 85, 88-89, 109, 116-120, 122, 130-132, 134, 144, 161, 216, 218
意識　　　7, 10, 33, 50-52, 87-88, 97, 102-103, 105-108, 112-114, 186-187, 203, 216-218
イジャーザ　　　142-143, 147, 154, 184-188, 191-193, 200-202, 204-205, 208-209, 221
イシャー礼拝　　　153
移住　　　3, 6-8, 10, 22, 25-27, 29, 31-32, 37, 39, 41-44, 46-48, 50-52, 57-58, 61-64, 66-67, 69-80, 82-85, 87-89, 94, 100, 102, 104, 106-107, 111, 113, 117, 119, 126-130, 135, 139-140, 145, 148-149, 167, 181, 193, 207, 214-215, 217-219, 221-223
イスマーイール派　　　24
イスラーム　　　3-10, 15-16, 18-32, 35, 37, 40, 45-47, 50-51, 58, 60-64, 86, 90, 93-97, 99-102, 107-108, 111, 132, 136, 139-143, 145-146, 148-151, 153-154, 156-167, 170, 173, 175, 177-178, 180-181, 185, 188-189, 194, 196, 198-200, 202, 205-207, 209, 213-216, 219-220, 223
イスラーム暦　　　93, 151, 159-160

イダーファ　　　11
イタリア　　　26, 30, 83
イバード派　　　23-24, 31, 63, 141, 149, 216
イブン・スマイト　　　5, 149, 154-155, 158
イブン・バットゥータ　　　21-22, 27
移民　　　3-10, 21-22, 24-25, 41-44, 51-53, 57-58, 60-66, 68-78, 80-82, 84-90, 93, 95, 97-98, 102-109, 111-114, 116, 121, 126-131, 133-136, 139-140, 148-149, 152, 158, 162, 167, 181, 193-194, 197, 207, 214-219, 222-223
　（第一世代）　　　8, 66, 69, 71-72, 74, 76, 87, 103-107, 109, 111-113, 126-127, 193-194, 218
　（第二世代）　　　69, 74-76, 87, 103-109, 111-113, 128, 218
　（第三世代）　　　87, 103-104, 106, 108-109, 111-113, 218
イルティバート　　　189, 209
インド亜大陸　　　4, 24, 40, 51, 145, 217
インド系住民　　　24-25, 50-52, 118, 124, 126-129, 136, 216-217
インドネシア　　　84-85, 144, 167
インド洋　　　3-7, 10, 15-16, 18-19, 22, 25-28, 30-32, 51, 57-58, 60-66, 69, 76, 78, 80, 83-86, 101, 139-140, 145, 148-149, 190, 207, 214-218, 221, 223-224
　（西海域）　　　3, 6, 31-32, 57-58, 62, 66, 78, 80, 83-85, 214-215, 217-218
　（東海域）　　　6, 65, 84, 215, 217

■う
ヴァスコ・ダ・ガマ　　　27
ウィルド　　　152, 156

ウラディ 152-156, 186
ウラマー 8-9, 24, 142, 149, 151-153, 155, 185, 187, 199, 201, 203-204, 208-209
ウングジャ（島） 8, 16-18, 26, 29-30, 32, 47-50, 58, 65, 75-76, 91-92, 117, 119, 126, 141, 144, 155, 166, 172

■え
エジプト 60, 110, 150, 160-161, 165, 167, 177, 203, 206, 213, 220
エスニシティ 10, 35, 37-38, 41, 52-53, 215-216
越境 10, 223-224
エリート 42, 44, 51, 86, 101, 223
沿岸部 3, 5-7, 15-16, 19-20, 22, 25-32, 42, 45-49, 51-52, 57, 62-64, 66, 81, 83-85, 94, 130, 132, 140-141, 144, 146, 149, 160, 167, 177, 181, 208, 213, 216

■お
王族 47-48, 63
オケロ（ジョン） 33, 115, 120-124, 128, 130-131, 133, 135
オマーン 7, 21-25, 28-33, 41-45, 47-52, 59, 62-64, 75-76, 80, 85, 116-117, 119-121, 125-131, 133-135, 141-142, 146, 149, 216, 219
オマーン系 21, 23-24, 31, 41-44, 52, 75-76, 80, 116-117, 119-120, 125-131, 133-135, 216, 219
オマーン人 7, 22-23, 28-33, 45, 47-50, 62-63, 85, 119-120, 127, 130, 142

■か
カーディリー教団 140-143, 145, 149, 158, 184, 187-189, 199, 201-202, 204, 206
海域世界 6, 10, 15-16, 19, 35, 58, 61-63, 148, 207, 215
会食 169-170, 174, 177, 180
学者 5, 8, 22, 25, 37, 45-47, 51, 60-63, 70, 94-97, 101-102, 104, 109, 132, 142, 149-151, 154, 158, 161-162, 178, 185, 199, 213, 220, 222
革命政府 52, 57, 90, 122, 124, 136, 157, 169, 173
革命評議会 122, 125, 128
ガザーリー 152, 156, 199, 220
カスィーダ 151-152, 154-155, 167-168, 170-171, 173-177, 179, 220
カスィーリー（王国） 80-81, 89
カテゴライズ 38, 131
カバーイル 100-102
カビーラ 68, 96-99, 101-102, 178
家名 96, 98-99, 148
カリフ 20
カルメ（アベイド） 34, 52, 90, 118, 122, 124, 136
カレンダー 162-164
艦隊 27
干ばつ 76, 79, 85, 217

■き
飢饉 61, 73, 76, 79, 217
季節風 18, 66, 145, 216 （→モンスーン）
帰属 87, 186-187, 216

貴族	29, 130, 134, 216
喜望峰	27, 65
キヤーマ	151, 168, 176
教育	4, 24, 33, 38, 42, 58, 70, 77-78, 80, 93, 111, 113, 122, 128, 131, 143, 149-150, 153, 157, 170, 189-190, 192, 201, 221
教師	161, 169-171, 175, 189-192, 198, 201, 204-205, 207, 221
強制結婚	128
キリスト教	16, 21, 25, 33, 39, 45, 115, 119-120, 194, 217
キルワ	26-28, 47
儀礼	7-8, 10, 90, 93, 140, 142-145, 147, 149-163, 168-169, 177-180, 183-188, 191, 193, 197-199, 201-202, 204-205, 208, 219-221
金曜モスク	24, 71, 155

■く

クアイティー（王国）	80-81, 89
クラン	96, 98-99
クローブ	29, 42, 52, 63, 75, 80, 92, 117, 130

■け

経済危機	85, 131
血縁	24, 40, 68, 97-99, 101-102
結婚式	142, 145, 171-172, 176-177, 180, 194
ケニア	8, 26, 30, 32, 65, 77, 95, 162, 167
言語	5-6, 11, 45, 50, 97, 103, 107, 109-112, 114, 132, 214, 218

■こ

ゴア州	25, 39, 217
交易	15, 19-20, 25-26, 28-29, 45-46, 51, 60-61, 86, 214, 216
紅茶	72-74, 80
港湾都市	19, 26, 28, 32, 51, 60, 66, 162, 190
コーヒー	72, 80, 154-155, 170
国勢調査	10, 20-21, 38-47, 50, 52, 131-133, 135
古参（移民）	42, 44, 76, 80, 116, 129-131, 133-134, 216, 219
国境	30, 84, 213
コフィア	171
コミュニティ	4-6, 8, 24, 32, 68-69, 88-90, 93-95, 98, 101, 106, 108, 139, 158, 169, 187, 194, 200, 207, 214, 218, 221-222, 224
コモロ	21, 30, 37, 39, 44-45, 50-52, 64, 143-145, 154, 217
コレスポンデンス分析	104, 113-114
混血	45-47

■さ

ザーウィヤ	142, 149
サーダ	100-101
サイイド	63, 94-95, 100-102, 146-147, 149
サイイド・サイード	29-30, 42, 48-49, 52, 62, 85, 130
サイウーン	71, 78
サウジアラビア	68-69
砂漠	59-60

サラフィー主義	157	社会主義	90, 122, 129, 135, 155, 157, 173
サワーヒル	19, 27	ジャハーズィー	66, 71, 76-77, 83-85, 126

ザンジバル　3, 6-8, 10, 15-26, 28-35, 37-39, 41-53, 57-58, 62-69, 71-85, 87-95, 98, 102-103, 105-107, 111, 113, 115-136, 139-145, 149-151, 153-160, 162-167, 169-170, 172-173, 175-181, 183-185, 189-190, 193-202, 204, 206-208, 213-220, 223

シャムテ（ムハンマド）　120-122

シャリーア　22, 63, 149, 199

集団儀礼　8, 10, 140, 145, 150, 158-159, 168, 183-184, 186, 193, 197-199, 201-202, 204, 208, 219-220

ザンジバル革命　7, 10, 25, 33, 39, 52, 64, 67, 74-75, 90, 106, 115-116, 124-125, 127-128, 134-135, 155, 169, 173, 216-218

十二イマーム派　24, 216

宗派　10, 16, 21-24, 31, 35, 37, 63, 216

住民　7, 10, 20-25, 31-35, 37-39, 41-52, 57-58, 63, 75-76, 80-81, 83, 87-91, 100, 106, 115-120, 122-130, 132-133, 135-136, 140, 142, 149, 151, 157, 159, 163, 165-166, 169, 174-177, 180-181, 183, 193, 195, 197, 199, 202, 208, 215-220, 223

ザンジバル人民共和国　34, 122-123

■し

シーア派	24-25, 160, 162, 213, 216	蒸気船	31, 61, 64-66, 68, 84, 120
シーラーズ	26, 47-49	商人	18-19, 22, 26, 45, 47-48, 51, 60-61, 80, 86, 102, 158, 214, 216
シーラーズィー伝承	47-49		
シェタニ	193-197, 202	植民地	5, 30-32, 38, 61, 63, 84, 143, 206-207
シェハ	43, 48-49		
シヒリ（ムシヒリ）	39, 42-43 （→ハドラミー）	女性	49, 107, 119, 121, 128, 143, 183, 220
シフル（港）	42-44, 59, 66, 81, 89, 129, 216	シラズィ	33, 39, 44, 47-50, 117-119, 132-135, 216-217
シャーズィリー教団	140, 143, 147, 158, 184-185, 187, 191, 201-202, 204, 206	シラズィ協会	117-119
		シンガポール	5, 8, 61, 65, 139
シャーフィイー法学派	21-22, 24, 63, 132, 141-142, 148-149, 216, 223	シンクレティズム	6
		人口	17, 20-21, 29, 38-39, 44, 129, 133, 216
シャイターン	193-194		
シャイフ	101-102, 141-143, 188-190, 201, 206	新参（移民）	42-44, 72, 120-121, 129-130, 134, 216, 219
社会階層	4, 44, 63, 88, 95-96, 100-101, 146, 221		

人種　　　32, 39-41, 44-45, 50, 52, 115, 125, 216

親族　　　68, 76-77, 93, 99, 111, 124, 169, 180

神秘主義　　　5, 7, 10, 22, 51, 63, 139, 158, 161, 165, 178-179, 193, 199, 202-203, 209

■す

ズィクリ　　　152, 154, 188 （→ズィクル）

ズィクル　　　8, 142, 144, 152, 161, 178-179

スィルスィラ　　　147

スーフィー　　　8, 27, 139, 142, 144-145, 147, 161, 178-179, 183, 193, 198-201, 203-204, 206, 208

スエズ運河　　　30, 61, 65

ストーンタウン　　　16, 23-25, 37, 71, 76, 92, 118, 120-121, 128, 131, 133, 136, 149, 155, 172, 174, 195, 220

スルターン　　　22, 27, 30-34, 48-49, 80, 85, 89, 117, 119-121, 124, 128, 130, 134, 141-143, 161

スワイニー（サイード）　　　30

スワヒリ・コースト　　　19, 21, 25-27, 29-32, 47, 62-64, 66, 146, 148, 162-163, 165

スワヒリ語　　　11, 45-47, 88, 90, 93, 111, 130-132, 145, 152, 156, 160, 162-163, 167-169, 175, 180, 188, 216, 220

スワヒリ人　　　44-46, 50, 53, 107, 132-135

スンナ派　　　21-24, 63, 132, 141-142, 148-149, 216, 223

■せ

聖者　　　101, 150-152, 157, 160, 197, 205

政府　　　17, 20, 25, 30, 38, 42, 52-53, 57, 65, 69, 81-82, 90, 115, 119-125, 131, 133, 136, 143, 151, 156-157, 162, 169-170, 172-174, 179-180, 220

世代交代　　　7, 10, 88, 95, 102-103, 106, 114, 129-130, 217-218

説教　　　161, 168-169, 176

■そ

相互扶助　　　69, 89, 93, 95, 169

ソマリア　　　19, 30, 32, 83, 141

■た

ターバン　　　171, 185

ダール・アル＝ムスタファー　　　190

第一次世界大戦　　　31-32

大英帝国　　　31, 218

ダイグロシア　　　109

大航海時代　　　25, 27

第二次世界大戦　　　61, 63-64, 67, 69, 71, 73, 75-80, 83-85, 217, 223

ダウ（船）　　　18, 32, 42, 61, 64-66, 77, 83-85, 142, 189, 204, 216, 218

タサウウフ　　　193, 199-200

タバカ　　　95

ダラジャニ　　　120

タリーカ　　　7-8, 10, 63, 139-151, 156-159, 183-191, 193, 195, 197-209, 219-221, 223

タリーム　　　60, 73-75, 77-78

ダル・エス＝サラーム　65, 67-68, 94, 124, 136, 143, 162, 167, 190

タンガニーカ　30-32, 34-35, 37-38, 90, 121-123

タンザニア　15-16, 20, 25-26, 32, 34-35, 38, 52, 68, 73, 87, 90, 105-106, 108, 123-124, 136, 142, 162, 190, 204, 215

断食　93, 163-164

■ち

地域研究　6

知識人　62-64, 86, 100, 158, 215

中国　40, 122

中東　4, 16, 19-20, 47-48, 50, 143

■つ

通婚　23, 26, 51-52, 130-131, 218

■て

ディアスポラ　4-5, 60-61, 63, 207, 214

定住　51, 64, 68, 83-84, 214

ディワニ　48

出稼ぎ　31, 58, 68, 71, 130, 134

弟子　147, 188-192, 200-201, 204-205, 209, 221

■と

ドイツ　11, 29-31, 58, 122, 213

ドゥアー　93, 151-156, 167, 169, 176-177, 197

ドゥアファー　100, 102

東南アジア　3-6, 8, 19, 22, 32, 62-63, 65, 76, 78, 81, 84-85, 145, 207, 214, 217

ドゥフ　174

トゥンバトゥ（島）　18, 39, 44, 47, 49-50, 132, 141, 166

独立　16, 28, 30, 32-33, 41, 48-49, 61, 64, 68, 84-85, 89-90, 95, 116-120, 122-123, 130, 132, 216, 223

都市　3, 10, 15-17, 19, 25-30, 32, 35, 37, 45-47, 50-51, 60, 62, 65-67, 76, 83, 85-86, 94-95, 100-102, 124, 131-132, 141-143, 149, 155, 162, 172, 174, 190, 195, 204, 213, 215-216, 220

都市国家　10, 16, 25, 28, 30

奴隷　29, 45-48, 50, 52, 102, 125, 132-135, 217

■な

内陸部　16, 29, 37, 39, 45, 79, 89, 142

ナサブ　98

ナシーダ　177

ナショナリズム　32

名乗り　35, 52, 133, 217

難民　77, 80, 86, 127, 131

■に

ニエレレ（ジュリウス）　34, 121

肉体労働者　22, 44, 75, 78, 216, 223

ニザール派　24

西アジア　3-4, 6, 19-20, 217

ニスバ　98

■ね

ネットワーク　　　　　　　　　4, 19,
51-52, 57-58, 60, 62, 66, 68, 71, 76, 84-86,
148, 205-208, 221, 223-224

■は

バーアラウィー　　　　　　　　　　100
ハウタ　　　　　　　　　　　　　　102
ハウリ　　　　　　　　　150-152, 154, 160
パスポート　　　　　　　　　67, 72, 74, 81
ハッジ　　　　　　　　　　　　　　 68
ハディム　　　　　　　39, 44, 47-50, 132
ハドラマウト　　　　　　　　　3-5, 21,
24, 27, 31-32, 41, 43, 57-61, 63-69, 71-85,
87-90, 93-96, 100-102, 106, 111, 113, 126,
128-129, 131, 140, 145-146, 148-149, 162,
177, 190, 193, 207, 214, 216-218, 221-223
ハドラミー　　　　　　　　　3-10, 21-22,
24-25, 29, 31-32, 41-44, 51, 53, 57-58, 60-
108, 111-116, 125-131, 134-136, 139-140,
142-146, 148-149, 152, 158-159, 162, 167,
181, 183, 193-194, 197-198, 207, 214-219,
221-224
ハドラミー・ネットワーク　　　　　 4
バラカ　　　　　　　　150, 158, 177, 180,
185, 200
ハリーファ　　　　　　　143, 188, 201,
204, 206
バルガシュ（サイード）　　　　　　141
バルザンジー　　　　　　　166-168, 171,
175-176
ハワーリジュ派　　　　　　　　23, 216
バントゥー　　　　　　　19-20, 30, 45, 50

■ひ

東アフリカ　　　　　　　　3-8, 15-16, 19-20,
22, 25-32, 42, 45-47, 49-52, 57, 62-66,
68-69, 72, 74, 76, 78, 81, 83-85, 94, 123,
130, 132, 139-141, 144-146, 149, 159-160,
162-163, 167, 177, 181, 208, 213-217
ヒジュラ（暦）　　　　　18, 47, 144, 150,
163-165, 172, 178
ビドア　　　　　　　　　　　　157, 196
秘密警察　　　　　　　　　　　34, 122
ヒンドゥー教　　　　　　　　　　21, 25

■ふ

ファーティハ（章）　　　　150, 154, 167
ファキーフ・ムカッダム　　　　147-148
フィクラ　　　　　　　　　　　189, 208
ブーサイード朝　　　　　　　29, 141, 149
フスハー（文語）　　　　　　　110-111
部族　　　　　　　　　　　46, 96-97, 100
プッシュ要因　　　　　　　61, 80, 85, 217
フランス　　　　　5, 29-30, 62, 104, 143, 222
プランテーション　　　　29, 32, 42, 52,
63, 75, 80, 116, 128, 130-131, 133-134
フリー・ポート　　　　　　　　　　32
プル要因　　　　　　　　　61, 80, 85, 218

■へ

ペルシャ語　　　　　　　　　　　11, 48
ペンバ（島）　　　　　　　8, 17, 26, 29-30,
32-33, 39, 44, 47-48, 50, 58, 65, 74-75, 91,
117-118, 123, 132-133, 144

■ほ

ホージャー　　　　　　　　　　　　24

ボーホラー 24
母語 110-111, 130-132, 180
保護領 8, 10, 30-32, 38, 42-44, 49, 51-52, 61, 72, 81-83, 85, 89, 116-118, 131, 144, 216, 218
ホスト社会 5-7, 10, 22, 58, 61, 68-71, 73-74, 76, 86, 88, 90, 95, 102, 106-108, 111, 113-114, 130-131, 139-140, 149, 207-208, 214-215, 217-219, 221-224
墓地 89, 92-93, 157
ポルトガル 16, 25, 27-30, 39, 48

■ま

マージド(サイード) 30, 49
マイノリティ 224
マウリディ 145, 150-152, 159-160, 162-163, 165-181, 183, 186, 220
(→マウリド)
マウリド 142, 144-145, 150, 160-162, 165, 177-179, 181
マグリブ礼拝 153, 178
マサーキーン 76, 100, 102
マシャーイフ 100-102
マスカト 28, 42, 59
マズハブ 21, 23-24
マダガスカル 30
マドラサ 25, 93, 111, 143, 170-171, 175, 187
マリンディ(地区) 71, 92, 128, 155
マルコ・ポーロ 26-27
マレー半島 32
マンガ 42-44, 119-121, 126, 129-131, 134

■み

水売り 72, 80, 131
ミティ・シャンバ 195, 198
民間医療 195, 197
民族 7, 10, 16, 21, 32, 35, 37-41, 43-47, 49-53, 87-88, 90, 95, 97, 102-105, 107-108, 112-118, 123-126, 129-136, 140, 197, 215-219, 224

■む

ムカッラー(港) 66, 71, 76, 81-82
ムガンガ 196, 198
ムシヒリ 42
(→ハドラミー)
ムスタアリー派 24
ムスリム 7, 11, 20-27, 35, 45-46, 63, 95, 118-119, 132, 139, 149, 151, 153, 156, 158, 160, 163, 167, 169-170, 175, 178, 180, 183-186, 193-195, 197, 199, 208-209, 216-217, 220
ムター 43, 91
ムハージル(アフマド・イーサー) 100-101
ムヒッブ 188, 201-202
ムフティー 22
ムフンゴ・スィタ 165-166, 172, 176-178
ムペンズィ 186, 188, 201
ムランゴ 167
ムリード 188-191, 201, 204, 206

■め

名祖 98, 101-102, 141, 143-144

メンバーシップ　　　10, 184-187, 191, 193, 199-200, 208, 219-221

も

モガディシュ　　　19
モザンビーク　　　19, 29
モスク　　　23-24, 26-27, 71, 92, 142-145, 149-150, 153, 155-156, 158, 175, 180, 183, 193, 197, 202, 220
モロッコ　　　21, 27, 110, 143, 213
モンスーン　　　18, 84
モンバサ　　　26-28, 65, 77, 167

や

ヤアーリバ朝　　　28-29
ヤミーン慈善協会　　　58, 69, 88, 90-95, 103, 113

よ

要塞　　　28
ヨーロッパ　　　15-16, 25, 27, 30, 39-40, 61, 63, 84-85, 117, 206, 213
預言者生誕祭　　　7, 10, 93, 142, 145, 151, 159-163, 165-167, 169, 171, 175-178, 180-181, 220（→マウリディ，マウリド）
預言者ムハンマド　　　7-8, 18, 94-95, 100-101, 142, 147-148, 150-151, 157, 159-161, 165, 167-168, 175-179, 183, 195, 197, 206, 209, 220

ら

ラーティブ　　　152-155
ラービタ　　　189, 192, 209

ライフ・ストーリー　　　8, 10-11, 58, 64, 67, 69-71, 74, 78, 80, 86, 106-107, 116, 126-127, 136, 218, 222-223
ラウハ　　　152, 154-156, 158
ラカブ　　　98, 100
ラマダーン　　　93, 164
ラム（島）　　　8, 162, 167

り

リネージ　　　96, 98-99
リファーイー教団　　　140, 144-145
旅行　　　21-22, 27, 154-155

れ

霊廟　　　155-156

わ

ワーディー　　　59-61, 73, 79
ワーリー　　　30
ワズィーファ　　　144

The Arabs across the Ocean:
Travels of Hadhrami Immigrants Headed for Zanzibar in East Africa

AKIRA ASADA
Kyoto University

Abstract

This book discusses the background of *Hadhrami* immigration journeys to East Africa and their social and cultural impacts on the host society. Hadhramis are Arabs, who originated from Hadhramaut, the present Yemeni eastern region. They have been moving to lands all over the Indian Ocean, such as East Asia, India, West Asia, and East Africa, since over 1,000 years ago. As well as being entrepreneurs of maritime trade in the Indian Ocean, Hadhramis were transporters of Islam and its system. That is why their immigration has caused various effects on the formation of societies, economies, cultures, and languages in the Indian Ocean World. This book focuses on Hadhramis, who crossed over the ocean to Zanzibar, one of the leading Islamic cities in the East African coastal area, and sheds light on factors behind their immigration and its influences on the local communities.

By the middle of the 20th century, the immigration of Hadhramis toward the Eastern Region of the Indian Ocean, such as Southeast Asia, had virtually ended. However, their movement to the Western Region, including Zanzibar, continued even after World War II. There were compounded reasons behind the scene. The Hadhramaut society that economically depended on remittance from abroad by successful immigrants became impoverished by disconnection from the outer world because of the war. Repeated famine, resulting from droughts and natural disasters, made many people starve to death. The remnant of the British Empire that had enjoyed power over the Indian Ocean from the 19th to 20th century and established the golden age, called "Pax Britannica", was still connecting Hadhramaut to East Africa as its protectorates. Against these backdrops, Hadhramis attempting to escape overseas for life had set their destination to the East African Coast, especially Zanzibar, which was more prosperous than other ports.

The most remarkable effect brought by the immigration of Hadhramis was the Islamization of the host society. The medium spreading Islam among local people was *Ṭarīqah ʿAlawīyah*, the Sufi order established in Hadhramaut and absorbed Hadhramis as main members. The key feature of the order has been an open-minded character in performance of rituals. In other orders, those who have had an official entrance ceremony are eligible to participate in religious activities of the brotherhoods. In contrast, Ṭarīqah ʿAlawīyah has made its sacred rites and festivals open to public, so anyone has been able to join the circle as long as they are Muslims. The order has the belief it should go for bonding ordinary people loosely through rituals, rather than forming a secret society by enclosing members with boundaries. As a result, Ṭarīqah ʿAlawīyah has not only engaged in the faith-based life of Hadhramis, but it has also produced common Islamic values in the local communities by connecting them to surrounding inhabitants from diverse ethnic backgrounds.

Hadhrami immigrants are never minorities who have lived in the shadows of the host society. Rather, their real figures are "the Arabs across borders" of countries and of ethnicities by making the most of the stage settings in the Indian Ocean World.

京都大学アフリカ研究シリーズの刊行にあたって

　京都大学アフリカ地域研究資料センターは、1986年に我が国初の総合的なアフリカ研究機関として設立されたアフリカ地域研究センターを前身とする研究機関です。設立以来、アフリカ地域を対象とする学術研究の拠点として、アフリカセンターの愛称で親しまれてきました。
　現代アフリカは、自然、社会、文化、政治、経済等、すべての領域で大きな変貌をとげつつあります。地球上でアフリカの占める位置とその果たす役割はますます重要になっていくと予想されます。アフリカの存在意義がさまざまな場面で問われようとする時代にあって、私たちはアフリカと向き合い、アフリカについて学びつつ、同時代人として共に生きるという姿勢を常に保っていきたいと考えています。
　このような想いのもと、若きアフリカ研究者が京都大学で続々と育っています。本シリーズは、意欲的な若手研究者たちの緻密なフィールドワークと斬新な分析による研究成果を広く世に問うことをめざし、アフリカセンターの設立25周年を記念して2010年度京都大学総長裁量経費（若手出版助成）の支援をうけて創刊されました。

2011年2月
京都大学アフリカ地域研究資料センター

朝田 郁

京都大学大学院アジア・アフリカ地域研究研究科、特任研究員。京都生まれ。大阪外国語大学（現大阪大学）外国語学部地域文化学科卒業。2016 年、京都大学大学院アジア・アフリカ地域研究研究科博士課程修了、博士（地域研究）。専門は、アフリカ地域研究、イスラーム学、文化人類学。東アフリカ沿岸部のスワヒリ・コーストを中心に、インド洋西部地域に展開するイスラーム社会の研究に取り組む。主な論文に、「ザンジバルにおけるタリーカの展開」『大阪外大スワヒリ＆アフリカ研究』17:29-58（2007）、「アラウィー教団とはなにか：東アフリカ沿岸部ザンジバルにおける儀礼とメンバーシップ観」『アラブ・イスラム研究』11：27-51（2013）がある。

Akira Asada

Akira Asada is a Research Fellow at Graduate School of Asian and African Area Studies, Kyoto University. Born in Kyoto, Japan, he obtained his Doctor of Area Studies, Kyoto University in 2016. He specializes in African Area Studies, Islamic Studies, and Cultural Anthropology. His research focuses on Islam in East Africa and the Western Indian Ocean World, especially on local Islamic societies in the Swahili Coast. His works include "Development of the Sufi Orders in Zanzibar", *Journal of Swahili and African Studies* 17: 29-58 (2007) and "What is the Ṭarīqah - 'Alawīyah?: A Study on their Rituals and View on Membership in Zanzibar", *Journal of Arabic and Islamic Studies* 11: 27-51 (2013).

京都大学アフリカ研究シリーズ　017

海をわたるアラブ
　－東アフリカ・ザンジバルを目指したハドラミー移民の旅－

2017 年 3 月 21 日　初版発行
著者　朝田 郁
発行者　松香堂書店
発行所　京都大学アフリカ地域研究資料センター
〒606-8503　京都市左京区吉田下阿達町46
TEL：075-753-7800
Email：caas@jambo.africa.kyoto-u.ac.jp

©2017　Akira Asada
Printed in Japan
ISBN978-4-87974-726-6　C3029